浙江省哲学社会科学重点研究基地项目（20JDZD036）资助
浙江理工大学人文社科学术专著出版资金资助（2019年度）

论间接占有制度在我国的构建

倪龙燕　著

浙江理工大学法学文库

法律出版社
LAW PRESS · CHINA
北京

图书在版编目(CIP)数据

论间接占有制度在我国的构建 / 倪龙燕著. -- 北京 : 法律出版社, 2022

(浙江理工大学法学文库)

ISBN 978-7-5197-6554-5

Ⅰ. ①论… Ⅱ. ①倪… Ⅲ. ①物权法-研究-中国 Ⅳ. ①D923.24

中国版本图书馆 CIP 数据核字(2022)第049763号

论间接占有制度在我国的构建
LUN JIANJIE ZHANYOU ZHIDU ZAI WOGUO DE GOUJIAN

倪龙燕 著

策划编辑 周丽君
责任编辑 周丽君
装帧设计 贾丹丹

出版发行 法律出版社
编辑统筹 法律应用出版分社
责任校对 晁明慧 王 皓
责任印制 刘晓伟
经 销 新华书店

开本 A5
印张 6.5 **字数** 188千
版本 2022年5月第1版
印次 2022年5月第1次印刷
印刷 北京建宏印刷有限公司

地址:北京市丰台区莲花池西里7号(100073)
网址:www.lawpress.com.cn
投稿邮箱:info@lawpress.com.cn
举报盗版邮箱:jbwq@lawpress.com.cn

销售电话:010-83938349
客服电话:010-83938350
咨询电话:010-63939796

书号:ISBN 978-7-5197-6554-5
定价:35.00元

凡购买本社图书,如有印装错误,我社负责退换。电话:010-83938349

目　录

CHAPTER 01 >>

第一章

导　言

一、问题的提出

占有为《中华人民共和国民法典》(以下简称《民法典》)物权编上的一项基本制度,在物权法、民法乃至整个私法的建构上占据基础性地位。《民法典》物权编维持了《物权法》的立法体例,分为通则、所有权、用益物权、担保物权、占有五个分编,即所有权、他物权、占有一起构成了整个物权法体系。但相较于所有权和他物权而言,占有制度有其独特的意义。一方面,占有为客观的事实,占有人基于该事实享有法律所赋予的特定利益,占有独立于任何权利。而占有这一事实又与社会观念紧密相连,对于占有的理解随着社会交易的发展也在不断地进行修正。另一方面,占有不仅是所有权、用益物权的权能,也是动产物权的公示方式。因此,占有又与权利不可避免地交织在一起。基于占有的事实性及重要性,有关占有的论题变得特别有趣与复杂。因此,正如澳大利亚学者瑞安所述“在有关占有的法律中,各种构成现代民法本质的线索如此紧密而错综地交织在一起,恐怕是法律的任何其他领域都无法与之相比较的”。[①]

与占有相比，间接占有相关制度更是错综复杂。早在 2000 年，最高人民法院《关于适用〈中华人民共和国担保法〉若干问题的解释》（以下简称《担保法司法解释》）第 88 条规定中明确提及“间接占有”。之后在《物权法》的立法过程中，不少学者就是否应设立间接占有制度提出过自己的观点。但最终，我国《物权法》仅以五条极其简单的规定，成立专门的占有一章，这 5 条规定中，4 条涉及的是占有与权利人的关系，1 条为占有人的保护，并未对“占有”这一概念本身作出解释。正是如此“简洁”的规定给“占有”的理解留下了充分的解释空间。2020 年颁布的《民法典》中关于占有的规定基本沿袭《物权法》，而仅做部分词句的细微修改，并未增加对占有的定义。而随着最高人民法院《关于适用〈中华人民共和国民法典〉有关担保制度的解释》的颁布，上述唯一提及“间接占有”的《担保法司法解释》也就此失效。至此，我国现行的《民法典》及相关的司法解释中已经没有“间接占有”这一概念的踪迹。

虽然在《民法典》及相关司法解释中，并未直接提及“间接占有”这一概念，但为阐述如观念交付等诸多具体制度，相关的立法释义往往又转借间接占有理论来予以说明，如人大常委会法工委对《民法典》相应的释义中指出“占有改定与返还请求权让与作为观念交付的主要方法，其前提是民法学理上的直接占有与间接占有的区分”。[②] 实务判例中对于间接占有也持肯定态度。经笔者检索，自 2012 年至 2021 年在裁判文书网公布的判例中，提及“间接占有”的判例多达 3000 多份，详细数据如图 1 所示。

---

① 参见[澳]瑞安：《财产法中的占有与所有权》，载《外国民法论文选》（第 2 辑），中国人民大学出版社 1986 年版，第 162 页。

② 参见黄薇主编：《中华人民共和国民法典物权编释义》，法律出版社 2020 年版，第 40 页。

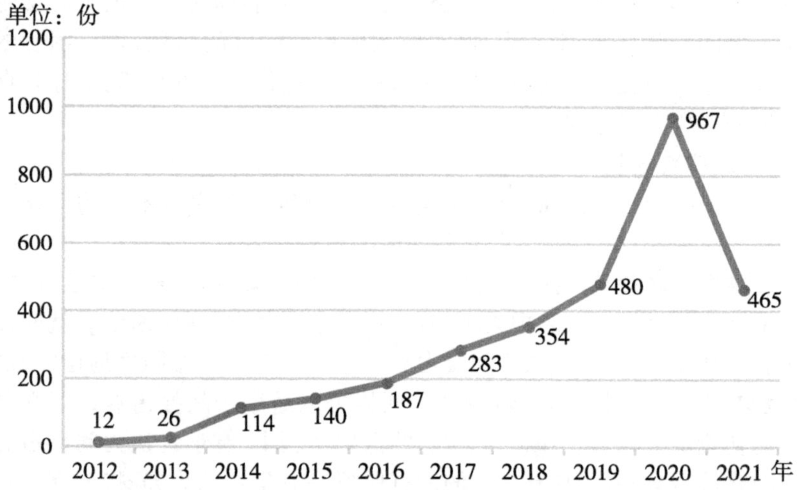

图 1　2012 年至 2021 年涉及"间接占有"的判例数量

与此同时,在最高人民法院的判例中提及"间接占有"的有 114 起,权威案例 4 起。可见,间接占有制度有重要的现实意义。与此同时,对于某些条文中提到的"占有",司法实务中也高度一致性地认为包括"间接占有",如相关案例对于最高人民法院《关于人民法院办理执行异议和复议案件若干问题的规定》第 28 条中提及的占有的理解,法院均认为不仅包括直接占有,也包括间接占有。① 在涉及所有权变动等问题上,法院对于间接占有的承认也成为常态。② 因为现行法律规范中对于间接占有并未直接规定,立法机关对于间接占有态度含混不清,理论界对于间接占有制度未引起足够的重视,导致在涉及占有、交付等相关问题上,司法实务也存在诸多疑问。例如,《民法典》第 462 条规定的占有保护的对象是否包括间接占有值得讨论;《民法典》第 311 条规定的善意取得中,买受人取得动产的所有权以交付为前提条件,此处的"交付"

① 参见最高人民法院民事裁定书(2021)最高法民申 2299 号;最高人民法院判决书(2019)最高法民终 1473 号。

② 参见重庆市第四中级人民法院民事判决书(2021)渝 04 民终 653 号;四川省达州市中级人民法院民事裁定书(2020)川 17 民终 1317 号;陕西省高级人民法院民事裁定书(2019)陕民申 2997 号等。

是仅包括移转直接占有的现实交付还是包括移转间接占有的观念交付不无疑问。此外,对于占有推定、时效取得等制度的适用,均以明确的占有概念为前提。因此,不对间接占有制度进行深入的分析,上述各项制度的适用必然存在疑问。

二、研究现状

对于间接占有的研究,我国与德国的研究呈现完全不同的两种态势。

德国学者关于间接占有的功能、本质、构成要件之争,在立法理由、法典评注、教科书、专著中无不体现,可谓学说林立,众说纷纭。就间接占有的功能而言,通说认为间接占有与直接占有处于相同之地位,当法律没有明确强调特指直接占有时,同样可以适用于间接占有。但在具体的功能下,却争议不断。如占有的保护功能中,有学者认为间接占有应与直接占有一样,具有完全的占有保护;①有学者认为,间接占有仅在占有媒介人的直接占有受到禁止之私力时得以主张占有保护请求权。②关于占有之本质论,主要分成两派:一派认为间接占有与直接占有一样,存在控制力,不过该控制力为观念化的控制力;③另一派认为间接占有无任何事实上的控制力,仅仅为法律为保护该部分人,而规定其在特定的情形下,得适用占有之规则。④ 此外,有学者从外观持有的角度进行论证,认为间接占有之所以能承担物权移转功能、善意取得功能、占有保护功能等,其基础在于间接占有符合占有之“外观持有”的本质。⑤《德国民法典》第 868 条规定了间接占有,从该法条出发,占有媒介人的直接占有、占有媒介关系为间接占有的要件不存在疑问。但仔细研究,学者对于“占有媒介关系”的理解,各不相同,对于其要件的理解也众说纷纭。即使较为成熟的返还请求权这一要件,也受到了魏灵(Wieling)教授猛烈的抨击。除了上述有实体法依据的要件外,通说还认为占有

① Vgl. Jürgen F. Baur/ Rolf Stürner, Sachenrecht, 18. Aufl., München 2009, § 9, Rn. 23.

② Vgl. Hans Josef Wieling, Sachenrecht, 5. Aufl., Wien, 2006, § 19 Ⅲ b.

③ Vgl. Bruns, Besitzerwerb durch Interessenvertreter, S. 4 und 155ff; Strohal JdogmJ31, 17.

④ Vgl. Biermann § 868 Anm. I b c, Wendt, AcP87, 49; Wieling, Der mittelbare Besitz, Studi in onore di Cesare Sanfippo, 1982, 736ff.

⑤ Vgl. Westermann, Sachenrecht, Band I Grundlagen und Recht der beweglichen Sachen, 6. Aufl. § 17, S. 117; Müller K., Sachenrecht. C. Heymann, § 17. Rn. 118.

媒介人的占有媒介意思也至关重要。但对于占有媒介意思的具体理解、占有媒介意思的可识别性要件等,无一不存在争议。① 对此,伯默(Bömer)教授关于占有媒介意思之论著有重要意义。②

相较于德国相关研究的繁荣蓬勃,我国关于间接占有的研究可谓寥寥无几。关于间接占有的论文,很多在2007年《物权法》制定之前,讨论《物权法》中是否需要规定间接占有。③ 其中,关于间接占有制度的功能分析得较为透彻的为张双根老师的《间接占有制度功能论》一文,其就间接占有制度历史起源入手,论证间接占有的功能,认为我国有引入间接占有之必要,并认为应该借鉴德国的相关理论。此后,可见关于间接占有的论文,多从间接占有制度与观念交付之间的关系为切入点,分析了间接占有在观念交付中作用的发挥,如庄加园老师的《间接占有与占有改定下的所有权变动》④《间接占有与动产物权变动——肯考帝亚公司诉富虹公司案二审判决评释》,⑤赵斌峰的《论间接占有在观念交付中的扩大适用》,⑥郑佳敏的《间接占有下的善意取得再解读》⑦等。以"间接占有"为直接研究对象的专著目前仅有南京大学周梅老师于2007年出版的《间接占有中的返还请求权》一书,该书立足于"占有媒介关系",重点阐述了占有媒介关系的构成要件,并以德国著名的铣床案为引子详细分析了占有媒介关系与善意取得之间的关系。书中整理了较多近现代的著名学者,如韦斯特曼(Westerman)、魏灵等对于占有媒介的观点及论证,分析较为深入。但该书仅立足于"返还请求权",缺乏对其他要件的分析,且其对间接占有之本质的理解是否正确有待考证。

---

① Vgl. Hans Josef Wieling, Vorassetzung, Übertragung und Schutz des mittelbaren Besitzes, AcP184(1984), S. 446ff.

② Vgl. Guido Bömer, Besitzmittlungswille und mittelbarer Besitz, Tübingen 2009.

③ 参见温世扬、廖焕国:《论间接占有制度之存废》,载《北京市政法管理干部学院学报》2001年第3期;蔡琳:《我国物权立法的间接占有制度探讨》,载《广东青年干部学院学报》2005年第2期;陈英:《论间接占有与物权立法》,载《河南广播电视大学学报》2006年第2期。

④ 参见庄加园:《间接占有与占有改定下的所有权变动——兼评〈中华人民共和国物权法〉第27条》,载《中外法学》2013年第2期。

⑤ 参见庄加园:《间接占有与动产物权变动——肯考帝亚公司诉富虹公司案二审判决评释》,载《交大法学》2014年第5期。

⑥ 参见赵斌峰:《论间接占有在观念交付中的扩大适用》,载《黑河学刊》2011年第4期。

⑦ 参见郑佳敏:《间接占有下的善意取得再解读》,载《南开法律评论》2018年第13辑。

相较于国内现有的研究而言，本书试图通过间接占有的比较法研究、历史研究等方法，分析间接占有应具有的功能，并以功能论为出发点，借助德国法现有的研究，分析在构建我国间接占有制度时应考虑的要件，最终立足于我国本土的立法及司法实践，提出立法论的构想以及如何解决我国以间接占有为基础理论的相关疑难问题。

三、主要研究内容

本书选择“间接占有”这一在民法体系中若隐若现而又极其重要的制度为研究对象，按照“理论基础分析—构成要件解构—中国法下的相关制度构建”的逻辑，对间接占有的相关问题进行探析。本书第一部分为间接占有的理论基础，包括制度溯源与本质论两部分。《德国民法典》是成文法上首次引入间接占有制度的法律。有学者认为，德国法上的间接占有制度的规定事实上是对罗马法与日耳曼法中关于占有制度融合的错位，间接占有本身就不应存在。因此，本书以梳理德国法上间接占有制度的历史发展为起点，明确作为首个引入“间接占有”制度的成文立法，背后的立法考量。通过梳理《德国民法典》首创间接占有制度的立法演进，明确其立法理由及期望通过间接占有所发挥的制度功能。在此基础之上，进一步提炼间接占有的本质。间接占有的本质决定了“间接占有人”的范围。对于间接占有本质，不同的学者有不同的观点：有学者认为间接占有为外观持有；有学者认为间接占有为观念上的控制力；有学者认为间接占有无事实上的控制力，为法律拟制。对于间接占有的本质，学者从不同的角度进行论证分析。究竟何者符合间接占有的立法目的及制度功能仍须进一步明确。借助对德国立法及理论争议的发展，可以外为中用。通过对已经为德国学术探讨理论的学习，对于与我国国情相符合的部分，可以适当地进行制度移植；对于不合时宜的部分修订，可以避免在我国间接占有的理解上误入歧途。

要正确判断间接占有，必须先明确间接占有的构成要件。对此，我们有必要转向对间接占有制度有较为成熟的理论及立法实践的德国。对于间接占有的构成要件，德国通说认为包括直接他主占有和占有媒介关系。直接他主占有的认定，难点在于占有媒介人主观意思的判断。占有媒介人需要具有占有媒介意思，但该占有媒介意思与他主占有意思是否有所区别、该占有媒介意思的变化是否会导致间接占有的变化、何种占有媒介意思的变化会导致间接占有的终止等均存在疑问。当然,更大的争议在于占有媒介关系的界定。占有媒介关系与基础的权利义务关系之间的联系与区别一直困扰着学者。早期学者认为间接占有必须有完全有效的权利关系,但该观点已经被通说所抛弃。现在通说认为,占有媒介关系与基础的法律关系的有效性无关。如此产生的问题是,既然基础法律关系无效不影响占有媒介关系的认定,为何《德国民法典》关于间接占有的定义中还有"订立相关的权利义务关系"的要求。欲回答此问题,需要进一步明确占有媒介关系究竟为何种关系,具备哪些要件。对此,必须分别就占有传来、特定性、时间上的限制、返还请求权等德国通说下的占有媒介关系的要件进行逐一分析。如何理解占有权的传来,占有权的传来对于间接占有的界定有何意义;特定性的具体含义为何,特定性的要件是否重要;时间上的限制之要件是否需要作为独立的要件,是否可以为其他要件所包含;返还请求权的要件的意义及返还请求权与占有媒介关系之间的关系;间接占有人的占有意思要件的现实意义为何,如何体现间接占有人的占有意思等,这些疑问都需要进一步回答。

本书的重点落脚于间接占有相关制度的中国适用。占有具有保护功能、所有权移转功能、占有推定功能、时效取得功能等,间接占有与直接占有具有相同的本质,是否认为间接占有也完全无差别地具有上述功能不无疑问。因此,本书的第四章至第七章就占有的不同功能分别展开讨论。第四章重点讨论间接占有的占有保护适用问题。占有保护包括占有自力救济与占有保护请求权。《德国民法典》规定了占有自力救济的占有取回权与占有防御权,但我国现行法中并未有相关的规定。因此,有必要对我国现有的自力救济体系进行梳理,将德国法上的占有自力救济与我国现有的自力救济体系进行比较,从而合理地判断我国现有的自力救济体系能否覆盖对占有的救济,是否有单独规定的必要。《民法典》第462条规定了占有保护请求权,但此处的占有保护对象是否包括间接占有需要进一步明确。占有保护的适用前提包括侵占与妨碍,如何判断侵占与妨碍不无疑问。占有保护的法律效果包括占有返还请求权、排除妨碍与消除危险及占有损害赔偿,厘清各个效果之间的关系,分析其具体内容对于占有保护的适用有重要意义。

所有权移转功能是间接占有的重要功能,既是《德国民法典》引入间接占有的重要理由,也是在我国司法裁判中提及间接占有最主要的情形。通过间接占有的理论,建构了现实交付与观念交付的二元交付情形,从而完善了我国“债权行为+交付”的动产物权变动体系。涉及间接占有的观念交付主要的情形包括返还请求权让与与占有改定。我国《民法典》第227条返还请求权让与的规定,较《物权法》有所进步,但仍然存在较多疑问。返还请求权让与中“第三人”的范围界定、让与的返还请求权的性质以及向占有媒介人为通知是否必要等问题理论及实务上仍然有不同观点。《民法典》第228条规定了占有改定,但由于没有以间接占有为基础,在占有改定的适用上对所有权移转时间点的界定、是否成立占有改定等仍然存在疑问。因此,需要借助间接占有理论,对《民法典》第227条、第228条的相关问题进行分析。善意取得是我国物权取得的法定方式之一。保障交易安全是从善意取得的法政策考量,但从法逻辑内的基础来看,合理的善意取得构建应平衡真正的权利人与交易相对人之间的利益关系。从权利外观说到放弃权利外观说等,相关的学说理论在不停地变化,但“善意”与“交付”两者作为善意取得的基础要件却一直存在。借助善意取得的基础理论,我们进一步厘清善意与间接占有、交付与间接占有之间的关系。

最后,由于我国未规定占有推定与时效取得,因此,本书将这两部分的讨论合二为一,一起放在第七章。虽然我国未规定占有推定,但我国司法实务中,常常会以占有为进行民事诉讼初步证据,相对人要推翻该证据,则需进行举证。间接占有是否享有同样的举证优待需要进一步明确。司法实务中,对于间接占有人—直接占有关系下,是否可以适用占有推定、如何适用占有推定存在不同观点。因此,须结合占有推定的原理、占有推定的内容,对间接占有的占有推定进行分析。我国未规定时效取得制度,部分学者认为诉讼时效等可以替代其功能。但两者之间的差别不容忽视,时效取得有其独立的制度意义,我国也有规定时效取得的基础。若时效取得予以认可,间接占有制度得以适用时效取得能让其制度功能最大化地发挥作用。

CHAPTER 02 >>

第二章

间接占有的基础理论

《民法典》于 2021 年 1 月 1 日起正式实施,其物权编仍然维持了原有的《物权法》中关于占有的简洁规定,未明确承认间接占有制度;但在构建关于观念交付等不同制度时,相关释义及理论学说又借助间接占有制度,似乎间接占有是一项不言而喻的制度存在。但事实上,间接占有的认定并非易事。若不对"间接占有"这一基础理论有充分的理解,搭建在间接占有这一理论基础上的其他制度将变成空中楼阁,难以自圆其说。因此,为了让间接占有制度在我国民法上得以正确的适用,本书的第二章将围绕间接占有的基础理论展开,对间接占有进行制度溯源,并讨论间接占有的本质。

第一节　间接占有的制度溯源

间接占有制度源于德国,其实质上是罗马法与日耳曼法两种不同占有观念融合的产物。《德国民法典》第 854 条提出了占有之概念,即享有对物的事实上的控制力。提出占有的重要理由之一在于维系稳定的社会秩序。任何人不得以禁止之私力的方式侵害到他人的控制力范围。占有人根据占有事实,对于侵害人有独立的占有法上的保护请求权。此外,占有是其他规定的基础。《德国民法典》中第929条第1款关于所有权取得的规定即以占有作为基础要件。此外,第900条及第937条规定的时效取得、第955条孳息的善意取得以及第1006条规定的所有权推定均以占有概念作为基础。除了对物有事实上控制力的直接占有外,第868条还规定了间接占有,即通过与占有媒介人存在一定的法律上的联系,从而间接地与物存在某种特殊的关系。原则上,间接占有与直接占有做统一对待,如第865条规定的部分占有、第866条规定的并存占有、第872条规定的自主占有的相关规定,均可以适用于间接占有人。

虽然间接占有通过《德国民法典》第868条予以确认,但德国理论上关于间接占有存在较多的疑问。首先,间接占有规定所位于的体系位置就较为奇怪。《德国民法典》的体例通常将一般定义性的条款放在前面,据此,间接占有的定义应紧接在直接占有之后。但《德国民法典》从第854条至第867条这13个法条均围绕占有进行规定,包括占有的一般规定及特别规定,在对占有的内容全部规定完毕后,第868条单列关于间接占有定义的规定。因此,这一位置的摆放就饶有趣味。

其次,《德国民法典》第868条明确间接占有人与占有媒介人的法律地位相同。但事实上,间接占有的保护非常有限。一方面,法律排除了间接占有人的私力救济。按照体系解释,第869条是间接占有人占有保护的权利基础规范,也是唯一的规范。虽然有学者试图通过解释进行缓和,认为当出现第三人对占有媒介人之禁止私力,而占有媒介人基于现实的原因无法阻止时,间接占有人可以例外地享有第859条关于占有的私力救济。但该解释并无任何实体法上的依据。因此,也不为多数学者所采信。现行通说认为,间接占有并无私力救济。另一方面,第869条虽然赋予间接占有人占有保护请求权,但同时对其请求权范围进行了限制。间接占有的占有保护请求权的行使前提为占有媒介人不积极行使该项权利,这就使间接占有人的权利成为一项替补性的权利。此外,在间接占有人与占有媒介人的关系下,当占有媒介人有越权行为时,间接占有人不得根据第862条占有保护请求权提起诉讼。可见,在德国法上,间接占有的占有保护地位与直接占有相差甚远,实际上仅在非常小的范围内受占有保护。

就间接占有的所有权移转功能而言也存在疑问。《德国民法典》第

933条和第934条的善意取得之间的价值存在明显冲突。根据第934条的规定，若当事人通过返还请求权让与的方式转让标的物所有权，只要出让人为间接占有人就可以善意取得。若当事人通过占有改定的方式来移转所有权，受让人只有在取得人将标的进行交付时，才可以善意取得。可见在善意取得上，以直接占有为基础的现实交付与以间接占有为基础的观念交付并不能等同视之。

针对上述德国民法上关于间接占有的种种疑问，有必要对间接占有制度的立法史做梳理，对其进行制度溯源，从而了解其产生的根本原因。间接占有制度在《德国民法典》第868条规定以前，并未被其他法律做相关规定。因此，对间接占有制度的制度溯源，不应仅追溯至该概念本身，而应结合与间接占有人具有相同地位之人在立法史中的占有法地位进行梳理。

一、罗马法时期的占有

在罗马法上，占有为与权利无关的事实，对占有进行保护的理由在于维护社会之和平和秩序。[1] 罗马法上的占有，实质上的构成要件包括心素与体素两个方面。[2] 但学者对于心素与体素的理解有所不同。萨维尼对于心素的界定要求极高，占有人需如同所有权人一样对物进行支配，不承认他人更有资格（据为己有）进行占有。[3] 而霍姆斯指出，只需排除他人的意图即可，该种心素的要件是相对的；耶林则进一步将此要件进行弱化，认为此处的心素仅为自然意图，应当以客观的人与物的空间控制关系加以判断，这种空间控制关系是当事人意思的反应，所以，占有应符合占有意思的空间支配关系。换言之，只要存在某种空间控制，即可认为存在相应的心素。对于体素的理解，学者们多强调某种物理关系，认为体素须达到体控的标准，即直接接触和拟制体控，直接作用于物的能力即为体控（对物的物理关系）。而霍姆斯则认为须弱化此项要求，当某人存在与占有标的之间的物理关系，即在对象上具有某

---

① 参见谢在全：《民法物权论》（下册），中国政法大学出版社2011年版，第1144页。

② 参见［德］拉尔·冯·萨维尼：《论占有》，朱虎、刘智慧译，法律出版社2007年版，第79页。

③ 参见［德］拉尔·冯·萨维尼：《论占有》，朱虎、刘智慧译，法律出版社2007年版，第79页。

种程度的权力即可。虽然对于心素与体素的理解存在差异,但二要件被认为是判断罗马法上的占有的基本理论。

事实上,在承认二要件作为判断罗马法上占有的基本理论外,仍存在一些例外的情形,即虽然不符合体素或心素中的某一要件,但罗马法仍然认可其构成占有。例如,传来占有即突破了心素这一要件。典型的传来占有如永佃权、质押契约、临时受让及寄托等,对于传来占有人而言,并无支配标的物的意图。这些例外情形的产生均存在其特殊的原因。就质押契约而言,所有权担保的方式包括两种:其一为先将物交给质权人,然后再予以返还,限于要式物;其二为将物移交给债权人,除了债务人今后可以提起质押之诉要求返还外,移交不产生任何其他权利。之所以承认质押契约下的占有,是基于其制度功能而生。债权人通过交付取得了自然担保,丧失了自然占有就丧失了所有的担保。债权人享有令状占有,但不能时效取得(因为不存在正当原因和善意),债务人不享有令状占有,因此无法时效取得,但这与质权人的利益相违背。无时效取得,其他所有权人可以通过所有权之诉而取回物,因此,认为债权人享有令状权,债务人虽不享有令状占有,但继续其时效取得。①

二、日耳曼法上的占有

日耳曼法上的占有之词源为 Gewere。Gewere 相当于"着装",意味占有移转之行为(借占有来着装)。② 所有的物权均以占有的外形来表现,具有占有表征者视为物权,而受物权法的保护(因此,占有被称为物权之外装或表征形式)。占有与本权为不可分之结合体,由占有一面视之乃为占有,从另一面视之,乃本权,此为日耳曼法下占有的本质。日耳曼法上的占有一般与物的事实上支配相结合,但存在观念上的占有与重叠性占有两种特殊类型。当占有受不法侵占时,被侵占者与侵占者之关系,被认为是观念上的占有关系;继承开始时,对于继承财产尤未取得现实占有之继承人,对潜称继承人或其继承财产现有人之关系,也被认为是观念上的占有关系;因判决确定土地之归属时,胜诉者在受

---

① 参见[德]拉尔·冯·萨维尼:《论占有》,朱虎、刘智慧译,法律出版社 2007 年版,第 233 页。

② 参见刘得宽:《民法诸问题与新展望》,中国政法大学出版社 2001 年版,第 353 页。

判决时对败诉者之间的关系；以动产所有权移转之合意方式让与不动产行为时，受让人未取得现实占有之交付时，对让与人的关系，也认为构成占有，即观念上的占有。重叠的占有是在不动产占有要件上的事实上支配或用益，不问其为直接性还是间接性的。在土地租赁关系中，对土地直接使用人享有占有，征收地租的地主或领主对于该土地也享有占有，此即在同一个不动产上成立几重占有。日耳曼中世纪的封建性土地阶层组织，反映在物权法上，依占有所表现的权利可以分为所有权占有（eigen Gewere）、封土（lehns Gewere）、用益租赁（Gewere）以及质权占有（pfand Gewere）等，这些占有的种类，相当于近代法上物权（本权）的种类。[①] 正是基于占有为权利表征的作用，占有具有权利推定的效力，即伴有占有的对物支配在未经判决推翻前，应属正当。占有还具有防卫的效力，伴有占有的对物支配如受到妨害时，具有排除妨害，以实现该占有所表现的支配权适当状态之效力。最后，占有还具有移转的效力，对物支配权的移转，应依物的占有移转方式完成。[②]

三、间接占有在《德国民法典》中的立法演进

《德国民法典》是引入这一间接占有概念的第一部成文法典，融合了罗马法与日耳曼法的部分制度功能。但也有学者指出，间接占有其实是德国法对罗马法与日耳曼法中关于占有制度融合的错位，间接占有本身就不应存在。事实上，间接占有在《德国民法典》的立法过程中也经历了较多的讨论。《德国民法典》立法经历了预草案、第一草案与第二草案等过程，下文按照立法的过程，对间接占有的相关制度予以梳理。

（一）预草案

预草案物权部分由约霍（Johow）主持，主要工作是对德意志帝国中已经实施的法规进行整理确认。而在当时实施的法规中，关于占有的理论多继承罗马法的思想。因此，该预草案中也多以罗马法中的占有理论作为基础，并就当时社会生活中的需要，对占有理论进行了一些修正。

该草案中第 48 条规定了持有人与占有人的界定。所谓持有人是

① 参见刘得宽：《民法诸问题与新展望》，中国政法大学出版社 2001 年版，第 356 页。

② 参加谢在全：《民法物权论》（下册），中国政法大学出版社 2011 年版，第 1145 页。

对标的物有事实上控制的人。若持有人的意思为“该事实上的控制力仅为他人支配”，而该他人也认可此种意思，此种情形下，该他人为占有人；在其他情形下，持有人为占有人。由此可见，判断占有的决定作用因素为具有事实上控制力的人的意思。一般情形下，持有人即为占有人；只有在例外的情形下，持有人非占有人。持有人基于事实上的控制力享有占有之利益。① 只有具有事实上的控制力而无须满足其他的积极要件，就可以认定持有人为占有人。在此基础之上检索是否有阻止其成为占有人的消极要件，即持有人意为他人进行占有，且他人亦认可此种意思。

对于该规定，预草案委员会的成员存在较大的疑虑：出租人仅被授权在一定的期限内使用租赁物。此种情形下，持有人对于租赁物的持有意思，是否符合预草案第48条所称的“该事实上的控制力仅为他人支配”，是否足以使承租人成为占有人？经过长时期的讨论，最后，预草案委员会并未给出明确回应，提出对于此种情形该草案中暂不予以回答，而是将该问题留给理论及实务界进行讨论。

在预草案中提及了持有这一概念的基础上，则需要进一步回答持有人是否可以享有占有法上的保护。一般认为，当持有人在他人之物上有自己利益时，是否享有占有法上保护请求权取决于该债权或物权关系。但这并非意味着，持有人必须先忍受占有人的处分行为，嗣后才享有相应的权利。在紧急情况下，占有法上的保护与持有关系直接相关，预草案第72条及第73条规定则规定了相应的情形。该规定与罗马法有所不同，赋予了承租人对于影响其使用的第三人或所有权人以自力救济的权利，且该项权利属于物权性的权利。预草案会员会成员认为，第72条是基于交易习惯的改变，同时考虑承租人之利益，而作出的相应的调整，避免承租人无任何物权上的保护，对于其他的占有法上保护的权利仍然保留在占有人处。相应地，第74条及以下条文专门规定了占有人因占有权被侵害的损害请求权，特别是占有保护之诉。②

---

① Vorlagen der Redaktoren, S. 357.

② Vgl. Peter Schnatenberg, Der falsch verstandene Mittelbare Besitz, Verlag Shaker Aachen 1955, S. 90.

(二)第一草案

1. 第一草案的立法规定

1881年开始,第一草案立法委员会开始正式提出议案。约霍并未对于第48条作更加确定的规定。约霍甚至建议,应将“持有人”定义为“为明知标的物为他人所有而进行事实上控制之人”。但第一草案立法委员会否定了预草案第48条的规定以及约霍修正的观点。否认约霍修正观点的理由在于,废除“自主占有”(Eigentumsbesitzes)是错误的。因此,最终取代预草案第48条规定的为第一草案中的第797条,其条文内容表述为“通过对物事实上的控制力(Inhebung)以及取得人欲为自己之物进行占有之意愿,取得对物之占有。”

根据第一草案第797条的表述,占有必须包含“欲为自己之物进行占有之意愿”,即占有仅包括自主占有。这一占有的定义与罗马法以及当时土地法之规定相一致。第一草案立法委员会对于占有的概念规范并未取消自主占有的意思要件,其原因在于此时萨维尼的重要影响力,萨维尼认为维持(Beibehalutng),准确地说是恢复(Wiederherstellung)罗马法的规定是非常重要的。占有必须有控制的意思(animus domini),准确地说是占有的意思(animus possidendi)以及为自己占有(Aneignungswille)的意思。基于第一草案对于占有的定义,若持有人自己利用标的物,但不包含自己所有的意思的情形,均不认为是占有人,其典型情形即承租人不再认可其占有法上的地位,相应的质权人和地上权人也不再享有占有。但这一结论却与罗马法已经出现了明显不同。根据罗马法的规定,质权人和地上权人等人虽然不符合占有的一般要件,但却可以作为占有的例外情形,如传来占有或权利之占有等而肯定其占有地位。

虽然对于占有的定义,第一草案回归至罗马法时期对占有的理解。但让人意外的是,对于占有保护第一草案立法委员会不仅追随预草案的观点,甚至有过之而无不及。占有保护的直接联系点从占有转变到了持有。根据第一草案的规定,是否享有占有保护取决于是否持有,即不仅仅是占有人(根据其规定,仅为自主占有人),通常情况下持有人也享有占有保护请求权。第一草案的规定具体如下:第814条规定,“法律无特别之规定,任何人未经持有人同意不得侵占或妨碍其持有”。第

815 条规定，“持有人有权以强力防御禁止之私力。当动产被禁止之私力已从持有人处取走，则持有人可以以强力向当场被捉住或被追赶的行为人夺回它。当标的物取回时，占有并不认为被中断……上述权利，持有人为他人持有时，也能对该他人行使”。第 819 条规定，“第三人通过禁止之私力侵占持有人之持有，原持有人对于侵占人（侵占人对于原持有人为瑕疵持有）享有恢复其持有的请求权。当持有人对于其前手为瑕疵持有时，该请求权被排除”。第 820 条规定，“当第三人通过禁止之私力妨碍持有人之占有时，持有人享有消除妨碍之请求权”。

第一草案第 814 条首先将占有保护的前提，即禁止之私力的界定与持有人的意思相联系。禁止之私力为第三人违反持有人的意思而侵占或妨碍其占有。第 815 条规定，持有人有权防御禁止之私力。该权利可以通过第 815 条第 2 款扩大至在追捕过程中。根据第一草案第 819 条、第 820 条的规定，有权提起占有保护之诉的并非占有人，而为持有人。需要注意的是，根据第一草案第 815 条第 5 款的规定，持有人的占有保护请求权甚至可以针对占有人，在租赁关系下意味着承租人可以对出租人行使上述权利。关于该条规定的立法理由，在立法记录和立法理由书里均未明确。从上述规定可以看出，第一草案对于持有人的占有保护远远超出了预草案的规定。预草案中，仅有在紧急情况，如预草案第 72 条、第 73 条规定的情形下，才例外赋予持有人以占有保护。第一草案确认持有人享有全面的占有保护，甚至可以通过起诉占有人的方式来实现其占有保护，这一对持有人的保护已经超过之前任何法律中的规定。基尔克对此批评道，第一草案中对于“持有”的规定几近挑战历史主义。

持有人享有充分的占有的保护为第一草案的基本原则，但也存在例外。例外情形在第一草案的第 821 条，该条规定“持有人非同时为占有人时，持有人所享有的第 819 条、第 820 条之权利，占有人也可以享有。当占有被侵占时，原持有人不愿意取回的，占有人可以要求向自己返还。若持有人为第三人持有，而该第三人是为占有人而进行事实上的控制，则该第三人也可以享有占有人基于第 1 款所享有的权利。”根据第一草案的上述规定，无持有的占有人仅在一定程度上享有占有保护，同时仅在“持有人不愿意取回”的情形下，可以要求向占有人自己返还。但该草案和立法理由书均未说明此时应为何种占有人与持有人之间的法律上的关系。根据第一草案的立法记录仅可以推出，该草案并不欲对此种法律关系的类型进行界定，只要是将标的物的使用移转(Gebruchsüberlassung)给持有人即可。因此，租赁合同亦属其列。按照该条规定，由于出租人的占有保护都是有利于承租人的，因此，出租人仅享有补充的——准确地说取决于承租人的保护。对于如何认定此种情形下的禁止之私力，第一草案立法委员会在讨论中明确，该禁止之私力指向持有人。对于其他人来说，占有保护请求权在一定程度上为他人的请求权。① 如同立法理由书所述，引入无持有的占有人可以享有部分占有保护的理由并非基于法教义学上的安排。根据立法记录可以推知，第一草案立法委员会认为，对于无持有的占有人完全不享有占有保护不能满足现实生活之需要，但为何不能满足现实生活需要，第一草案立法委员会并未举例说明。此外，第 821 条的另一立法理由在于，若不作该规定，其效果则将会与现行生效的法律相违背，因此有此规定。②

对此学者批评的观点认为，在租赁关系下，出租人与承租人同为占有人，却给予区分对待。但这一批评并不符合第一草案当时的立法状况，因为在第一草案中，无持有的占有人如出租人并非如《德国民法典》一样，规定为“间接占有人”。根据立法理由书的记载，在此也未意图设置相同之地位。在第一草案中明确规定，通过持有人代理为事实上的控制力的行使，仅应该为间接持有，只能作为占有要件的直接持有的替代(Aequivalent)。立法理由书中也阐述道，第 821 条的作用在于考虑到占有保护，以代理来替代自主持有。因为禁止之私力的占有瑕疵仅指向代理人，因此占有保护请求权取决于代理人亦为合理。③

综上可知，在第一草案中，对于占有的界定增加了“自主占有”的意思要素，但在占有保护上，却赋予持有人以全面的占有保护，非持有的占有人仅享有有限的占有保护。

---

① Vgl. Kommission zur Ausarbeitung des Entwurfs eines Bürgerlichen Gesetzbuchs, Berlin 1880, S. 3552.

② Vgl. Kommission zur Ausarbeitung des Entwurfs eines Bürgerlichen Gesetzbuchs, Berlin 1880, S. 3522.

③ Vgl. Motive zu dem Entwurfe eines Bürgerlichen Gesetzbuchs für das deutsche Reich. Band 3 Sachenrecht, Berlin 1896, S. 127.

2. 学者对第一草案的评论

第一草案的编撰中缺乏对当时司法或经济现状的考虑,因此,第一草案在公布之后受到激烈地抨击也不足为奇。大众对此普遍批评的是:生硬而晦涩的语言,教条主义的体系以及指示参照其他法律规定的情况非常严重。更严重的是脱离生活。学者指出,第一草案的条文有避重就轻之嫌,对于政府(Behoerden)、法人(Juristischen Personen)、经济实体(Wirtschaftlichen Verbaenden)、合意(Vereinigung)甚至教授(Professor)等近600条容易理解的生活用语进行了解释,但对真正难以理解的法律术语,如占有等解释却未做深入探讨。

(1)基尔克(Otto Von Gierke)的评论

基尔克认为,关于占有和持有的理论是占有法部分非常糟糕的实例。他认为,这一术语源于与德国法律思维背道而驰的概念构造,已经脱离了日常生活的思维,此草案的罗马法的倾向甚至都超过了罗马法本身。基尔克认为,这里的占有应该仅为物权法上的占有(mit animus domini),即法律的占有。基尔克详细阐述道:"在该草案下的每个占有都不再是占有,也非传来占有,而是抽象的持有。某人根据其全面的、持续性的权利而对某物进行使用持有,但他不能以占有人的名义自称。同时,他还会从法条中知悉,他根本无为自己而对标的物控制的权利,而仅仅是为所有人持有。法律完全否认其有占有之意思,其生硬的反驳理由在于,根据德国立法史和生活习惯的观点,此时对物的控制力为他人持有。用益权人、永佃权人,甚至使用承租人、用益承租人对于标的物的事实上的控制力都仅仅为所有权人之利益而完全不是基于自己的权利为自己持有的。"①

基尔克进一步阐述到,根据立法意见书,对于占有和持有的规定建议是完全奇怪、过于矫揉造作、无实际需要的、苍白的法教义学下的规定。他认为,占有与持有的区分完全是教义学之干涉,而不应该存在。所有权人将标的物出租或者抵押,应该一如既往的享有占有保护,而非享有受限制的占有。根据基尔克的观点,承租人应该与观念上的占有

① Vgl. Gierke Otto, Der Entwurf eines Bürglichen Gesetzbuches und deutsche Recht, Leipzig 1889, S. 31f.

人有相同之地位。[1]

基尔克也批评第一草案中将占有保护与持有相联系的做法。他指出,根据第一草案的规定,对于谁为自主持有人、谁为抽象的占有人均存在疑问。该法律体系存在诸多矛盾:一方面持有人对于占有人有占有保护之权利,另一方面所有权人对于其所有之物有权侵占(Angriffen)而持有人对此不得阻碍。[2]

(2)耶林(Rudolf v. Jhering)的评论

耶林也批判第一草案中对于持有与占有之区分。他认为持有和占有这对概念是第一草案中最失败的创造,占有人的占有保护均由持有人享有,这使得两者的地位相同。因此,耶林认为,事实上第一草案完全去除了占有与持有的区别。无论持有关系为自主使用还是他主使用,罗马法上的持有人变成了以持有人之名的占有人。持有人享有占有人所有的权利,甚至可以指向占有人。相较于持有人而言,占有人仅保留占有人之名义。

耶林通过持有人与占有人之间的占有保护关系进行论证:持有人为行使事实上控制力之人,他享有直接的控制力,可对侵害其占有的人行使自力救济的权利;当他人通过持有人而占有时,无论该他人还是持有人均为占有人,两者并无区别。在持有人为占有人行使事实上控制力、为其对标的物进行保管的时候,占有人仍然可以对标的物进行扣押、取回……但第一草案中占有人不能取回持有……[3]法律给予占有人的保护均由持有人享有,这成为对占有人的讽刺。

接着耶林转向第一草案的第 821 条,认为该规范是为了给占有人正名而给予的一点权利,其实为一种错误尝试。耶林认为第一草案第 821 条的思想是试图将对标的物无事实上关系的人视为占有人,从而给予其一定法律上的保护,完全为多余的。完全可以通过诉讼法上的辅助参与(Inanspruchnahme der Nebenintervention)得以实现。第一草案理

---

① Vgl. Gierke Otto, Der Entwurf eines Bürglichen Gesetzbuches und deutsche Recht, Leipzig 1889, S. 305.

② Vgl. Gierke Otto, Der Entwurf eines Bürglichen Gesetzbuches und deutsche Recht, Leipzig 1889, S. 306f.

③ Vgl. Jhering Rudof von, Der Besitzwille, Jena 1889 S. 492.

解的占有人，成了无法讲得通的概念，并无存在的必要。①

显然，耶林也是基于占有与占有保护相统一的角度来研究类似于承租人等人的占有法上的权利。他清楚地论证了承租人等人为保护其持有应让其享有占有的保护。与罗马法不同，耶林认为将占有保护移转给持有人是其时代意思自由的体现。

（三）帝国司法部门的预草案

帝国司法部门的预草案不再区分占有与持有。任何属于法律范围内的占有关系均为“占有”，占有保护与占有相联系。在1892年9月27日的第90次会议上，间接占有的概念第一次出现。在此次会上讨论了间接占有的丧失与取得的问题。有人建议增加第797b条的规定，其内容为“当某人为他人进行事实上的控制力或者以自己的利益的同时处于他人的利益而进行事实上控制力时，该他人为占有人”。（间接占有人）增加该条款的理由在于据此弥补改变占有理论所可能导致的法律漏洞以及增加对间接占有人保护的需要。提议者认为，在特定关系下，某些人并不愿意完全放弃其占有，但想将标的物移转给他人使用。但该“特定关系”指代哪些法律关系，提议者希望将其留给理论研究，而不直接进行规定。②

但该建议及其论证在当时并未被肯定。批评者指出，从生活角度来看，占有的目的在于保持占有人的占有状态，在对抗第三人的侵扰时才需考虑占有保护。即使间接占有人不享有占有保护，通过合同也足以进行保护。为防止承租人的过分干涉，出租人可以通过合同下的权利进行足够的保护。将占有之概念扩大到间接占有非为必要。③

1892年10月5日的第92次会议否定了对于间接占有即第797b条的提议。虽然否定了间接占有的概念条款，但第821条做了如下规定：某人在法律关系结束之后会将其占有返还给他人，而其占有被第三人以禁止之私力所侵占，则其享有返还请求权。当现占有人不要求返还占有时，该他人可以要求向其为占有的返还。该条文规定一定范围的人，虽对物无事实上的控制力，但赋予其享有取决于直接占有人的占有

① Vgl. Jhering Rudof von, Der Besitzwille, Jena 1889 S. 494.

② Vgl. Protokolle des Reichsjustizamtes, S. 605.

③ Vgl. Protokolle des Reichsjustizamtes, S. 607.

保护。该特定范围的人虽不属于占有人,但却将占有保护扩张到该非占有人。

（四）第二草案

由于第一草案受到了日耳曼法学者,尤其是基尔克的强烈抨击,[①]认为第一草案的相关规定忽视了活生生的德意志法,对"持有"的界定几近挑战的历史主义。[②] 因此,第二草案无论是对占有的界定还是占有的保护上,都对第一草案的规定做了较大的修改。

1. 占有的界定

第二草案立法委员从明确性出发,在法条上只规定有占有保护必要的情形。每个受保护的持有关系都认为是占有,据此,取消了持有和占有的区别。在第二草案中并对占有概念进行界定,认为概念的界定似乎为教科书的内容,而不属于法律条文。此外,第二草案立法委员会一致认为,对于占有的取得和丧失应有所规定。总体上认可将占有与对标的物的外在控制关系相联系。但对于如何界定"外在的控制关系"需要进一步讨论。总体而言包括两种:其中一种观点认为外在的控制关系为对物的"持有",另一种观点认为外在的控制关系为"事实上的控制力"。提出"持有"观点的理由在于,虽然"持有"概念具有不确定性,但它可以包含无事实上的控制力但却应该享受占有保护的情形。经过讨论,第二草案立法委员会采用了"事实上的控制力"的标准。第二草案立法委员会认为"持有"不足以作为判断占有关系的标准。作为法律规范的合理解释,占有的界定不应该完全取决于个案判断。而"事实上的控制力"的表达则清楚地反映了占有的核心,即占有人可以排除其他人侵入权力范围(Machtbereich)。某人对于某物事实上的关系是否成立占有,取决于"事实上的控制力",而"事实上的控制力"的认定应根据交易习惯来予以确定。第二草案立法委员会商议决定修改占有的概念。否认了占有的认定除了事实上的控制力以外还需要其他要件,此与罗马法不同。据此,第二草案立法委员对占有取得的条款进行了修订,第 777 条规定"占有通过取得对物事实上的控制力而取得。"可见,

① 参见张梅:《德国民法典制定的背景和经过》,载《比较法研究》1997 年第 4 期。

② 参见[德]弗朗茨·维亚克尔:《近代私法史》,陈爱娥译,上海三联书店 2006 年版,第 452～453 页。

与占有的定义相一致,占有取得也不要求相应的自主占有的意思,如在立法记录中所述,委员会并不愿意就占有取得是否必须有与事实上的控制力所指向的占有的意思进行规定。①

2. 间接占有人的占有保护

由于只有具有“事实上的控制力”才认为取得占有,因此,第二草案事实上已经取消了占有与持有的区分。相应的第一草案的第 815 条第 4 款被删除。为统一法律的规定,第二草案立法委员会进一步讨论第一草案中所提到的非持有的占有人应如何处理。具体而言,就是在新的占有概念下,如何处理第一草案第 821 条。有人提议完全取消第一草案第 821 条。其理由有二:其一,第一草案第 821 条与取消占有与持有的区别的决定相违背。只有对事实上的控制力的维持作为法律保护的利益时,才认为是占有。立法记录上记载到,承租人事实上的控制力不仅是为了自己,也是为了出租人的想法,与事实背道而驰。② 其二,无现实的需要将占有的保护赋予间接占有人。对于出租人的侵害,可以通过债权债务关系保护足矣,而对于第三人的关系,只会涉及对承租人事实上的占有状态的影响。但多数人否认将第 821 条完全删除。他们认为通过以下解释仍然可以保持占有概念的一致性:某些人虽然将对标的物的直接占有移转给了他人,但该移转占有是基于一定的法律关系,而基于该法律关系,其仍然保有对物的一定的联系,因此应赋予其占有保护,特别是对于出租人。③

事实上对于出租人类似地位之人享有占有法上的保护在教义学上存在不同的观点。无数的观点经过讨论,最终成为两个完全对立的观点。其中一种观点认为,随着将标的物移转给承租人,出租人并未完全丧失占有。除了承租人的占有,出租人还存在受限制的占有(beschränkter/unvollkommener Besitz),承租人基于合同对租赁物享有

---

① Vgl. Protokolle der 2. Kommission für die Zweite lesung des Entwurfs eines Bürgerlichen Gesetzbuches, Band3, Berlin 1899, S. 30f.

② Vgl. Protokolle der 2. Kommission für die Zweite lesung des Entwurfs eines Bürgerlichen Gesetzbuches, Band3, Berlin 1899, S. 222.

③ Vgl. Protokolle der 2. Kommission für die Zweite lesung des Entwurfs eines Bürgerlichen Gesetzbuches, Band3, Berlin 1899, S. 223. f.

有限制的使用。出租人的占有通过相应的规定进行保护。① 另一种观点认为,根据第二草案中新的占有理论,即排他的事实上的控制力,使间接占有人与物之间的关系不能成为合格的(或者是受限)占有人。唯一的、单独的占有人为事实上控制力的享有者,即承租人等。但从保护的现实需要来看,可以认可出租人的占有,因为承租人的占有只是暂时的,对于出租人等地位的人来说有保护之利益:其占有状态不应被第三人的禁止之私力而改变。基于以上原因,当承租人基于租赁关系而占有标的物时,出租人对于第三人应有一定程度的占有保护。

第二草案立法委员会同意何种观点不得而知,似乎对于第二草案立法委员会来说,同意何种观点也并非重要,因为两个观点的结论是相同的,即认可出租人地位的人的占有保护。对于出租人等地位的人的保护构造存在多种不同的建议,但没有一种建议认为应将出租人和承租人等同视之,即完全认可出租人占有法上的地位也是"占有人"。其中,有人提议将出租人的地位描述为"间接占有",并作为独立概念而存在,并就其占有保护提出以下规定内容"某人的占有因禁止之私力被侵占,而其仅是为用益使用人、抵押债权人、承租人、保管人或基于其他的法律关系而占有,而基于该法律关系,其将标的物返还给他人(或该法律关系结束后将标的物返还),该他人也享有第 819 条所确定的请求权,当他人基于相同的法律关系应将标的物返还给第三人的,该第三人也为间接占有人。"经过讨论,对于间接占有保护的构造,第二草案立法委员会最终决定沿用第一草案中的观点。当占有被侵占或妨碍时,间接占有人享有占有人之诉讼,但其仅能要求向占有媒介人要求返还。只有当占有媒介人并不希望重新获得占有时,间接占有人可以主张向自己返还。理由在于,对于占有媒介人的侵害,间接占有人可以通过基础法律关系等途径进行保护;第三人对于占有的侵害,由于侵害最直接的是占有媒介人的占有,因此,应该将占有返还给占有媒介人。

经过讨论,第二委员会将第一草案中的第 821 条的规定修改如下:当某人受他人禁止之私力,但其仅为用益权人、质权人、用益承租人、使用承租人、保管人或其他可识别的,其与他人之间形成的法律关系,而

① Vgl. Protokolle der 2. Kommission für die Zweite lesung des Entwurfs eines Bürgerlichen Gesetzbuches, Band3, Berlin 1899, S. 224.

基于此法律关系，其有权或有义务进行占有，在此法律关系终止后应将标的物返还的，则第818条、第819条规定的请求权该他人（间接占有人）可以享有。当原占有人的占有被侵占，而其不愿或不能要求返还时，该间接占有人可以要求向己返还。此后，经第二委员会对此条文简化，表述成第824条的条文，具体如下：某人作为用益权人、质权人、用益承租人、使用承租人、保管人或在其他据以对他人有权利或负有义务占有的类似关系中，该他人享有对标的物的间接占有……通过该条文可知，法律所禁止的私力对占有媒介人实施的，间接占有人也享有第819条、第820条的请求权。发生占有侵占后，占有媒介人不能或不欲收回占有的，间接占有人有权要求向己返还。虽然此时“间接占有”的概念基本确定，但尚未认为间接占有人与占有媒介人处于同一地位。《德国民法典》中将占有媒介人与间接占有人视为具有同一法律地位可能是在第二草案立法委员会最后决议的版本中确定的。最终决议的版本将第824条的后半句进行了修改，该修改也就成了现在的《德国民法典》中关于间接占有的条款。即“某人作为用益权人、质权人、用益承租人、使用承租人、保管人或在其他据以对他人而暂时有权利或负有义务占有的类似关系中该他人也是占有人（间接占有人）。”作此修订的理由在于，由于法条中取消了占有与持有的区分，则应该引入其他相关的术语来界定本质相同的一组概念。第二草案立法委员会提出了直接占有与间接占有，并认为只有具有事实上控制力的人是占有人，间接占有并非真正的占有，不属于占有的下属分类。因此，占有的法律后果只有法律明确规定才可以适用于间接占有。[①] 但第二草案立法委员会又指出，这种编撰方式不切实际，因为除了对于占有保护的规定，其他几乎所有占有能适用的规定，也可以适用于间接占有。因此将间接占有与直接占有置于同一地位，而对于不同之处进行特别规定的体例，更加合理。[②] 第二草案立法委员会引入了间接占有的概念。将原来的持有人规定为占有人，将原来的占有人规定为间接占有人，据此所有受占有保护的人

① Vgl. Protokolle der 2. Kommission für die Zweite lesung des Entwurfs eines Bürgerlichen Gesetzbuches, Band3, Berlin 1899, S. 584.

② Vgl. Protokolle der 2. Kommission für die Zweite lesung des Entwurfs eines Bürgerlichen Gesetzbuches, Band3, Berlin 1899, S. 585.

对物的关系，在术语上都可以统一称为占有，因此，也承认双重占有。①

四、小结

通过上述立法史的梳理，我们可以发现，间接占有在德国法的引入并非一蹴而就，而是在学者不断地探讨与修订中予以明确。在立法过程中，《德国民法典》关于占有的概念在罗马法与日耳曼法的占有中不断地摇摆，最终在吸收了罗马法的事实上控制的占有概念以外，还对此进行了扩展。从占有保护功能论的角度出发，赋予具有出租人等同一地位的人以直接占有人相同的占有保护。而出租人的占有法上的地位即“间接占有人”。

第二节　间接占有本质论

虽然基于占有保护的需要，《德国民法典》中首创了间接占有制度。但在何种范围的主体可以间接占有的名义享有占有保护，在《德国民法典》立法的过程中一直未予以明确，留给学界予以讨论。要回答该问题，则必须从间接占有的本质出发。在理论上，间接占有的本质存在“外观持有说”“观念上控制力说”“拟制占有说”“法律关系说”等学说。因此，后文将结合间接占有本质的各种学说展开分析。

一、间接占有本质的相关学说及其评析

（一）外观持有说及其评析

有学者认为，间接占有应符合占有“外观持有”之本质。② 其理由如下：首先，占有的结构并不是根据对物的权利中包含的各种价值进行的分类，而是根据对物的“外观持有”。间接占有作为占有的一种，则也应该符合占有“外观持有”的本质。③ 其次，物权不仅涉及当事人，也潜在地对所有民事主体发生影响。从第三人的利益考虑来看，间接占有在

---

① 参见[德]罗士安：《善意取得、间接占有与〈德国民法典〉的设立者》，张双根译，载《中德私法研究》2006 年第 2 卷。

② Vgl. Westermann. Sachenrecht, Band I Grundlagen und Recht der beweglichen Sachen, 6. Auf. § 17 S. 117; Müller K., Sachenrecht. C. Heymann, § 17, Rn. 118.

③ Vgl. Westermann. Sachenrecht, Band I Grundlagen und Recht der beweglichen Sachen, 6. Aufl. § 17 S. 117; Müller K., Sachenrecht. C. Heymann, § 17, Rn. 118.

大部分情况下与直接占有处于相同的地位。[①] 因此,间接占有制度要求第三人需要对于占有媒介人及间接占有人对物的占有关系予以注意。为了使得其作用的发挥对第三人不产生实质性的限制,必须要求间接占有具有公示性。[②] 再次,间接占有同占有一样,具有物权变动功能与占有推定功能:我国物权变动采用公示要件生效主义的原则,如果缺乏公示要件,动产物权的变动就不能发生效力。承认间接占有具有物权移转功能的基础在于间接占有具有公示性。并且也只有引入间接占有才能对各种替代交付的方式构建清晰的理论框架,完满地贯彻物权公示制度内在的逻辑性。[③] 此外,《德国民法典》第1006条明确规定,占有的推定功能适用于间接占有。而推定功能的基础在于公示性。间接占有具有所有权推定功能,则必然符合公示功能。至于间接占有具体的公示方式,有学者提出,是以其合同中特别约定向社会展示物权变动的事实或情况,向人们表明当事人已通过观念交付的方法使财产发生移转。

但笔者认为上述的论证并不充分,现逐一进行分析。认为间接占有作为占有,必然符合占有的"外观持有"本质,以下述两个论据为前提:其一,占有的本质为"外观持有";其二,间接占有必须符合占有的本质,才可以作为占有。对于论据一而言,"外观持有"是否符合占有之本质存在疑问。一方面,事实上的控制力形态多样化。在社会初期,交易活动简单,对于占有的理解也容易分辨,即需要占有人对物有物理上的控制。但随着社会交易活动形态的复杂化,对于事实上的控制力的理解也并非限于直接的、物理的控制,所可能发生的具体占有形态多种多样。例如,在房屋租赁关系中,若出租人与承租人均公开的保有进出出租房的钥匙时,德国通说认为,此种情形下,出租人和承租人均具有对物的直接占有。[④] 再如,在银行的保险箱业务中,德国通说认为,仅仅客

---

① Vgl. Müller K. ,Sachenrecht. C. Heymann, § 17,Rn. 118.

② Vgl. Müller K. ,Sachenrecht. C. Heymann, § 17,Rn. 118.

③ 参见张双根:《间接占有的制度功能》,载《华东政法学院学报》2006年第2期。

④ Vgl. BGH NJW 1979,715 zitiert nach Jens Thomas Füller, Eigenständiges Sachenrecht, 2006,S. 278.

户对于银行柜中的物品具有事实上的控制力。① 另一方面，占有与事实上的控制力这一概念也并非一一对应，在占有辅助人的情形下，占有辅助人有事实上的控制力，但法律却否认其占有，而占有人虽无事实上的控制力，法律却独独认可其占有地位。此外，对于占有公示功能而言，重要的并非占有公示占有的事实状态，而是占有公示了占有背后的权利状态。对于占有与权利之间的关系而言，占有人可以基于物权关系、债权关系等进行占有，占有这一事实本身无法公示其背后的具体的权利状态。占有本身的公示性已经受到了越来越多的学者的质疑。② 因此，"外观持有"为占有的本质，这一前提本身存疑。德国学者也认为，为法律交往的安全，绝对权的移转应当为外部可识别，不动产由不动产登记簿承担此任务，而动产则由占有承担，但显然占有有些"力不从心"。③

即使认可直接占有的本质为"外观持有"，间接占有是否必须满足"外观持有"才能成为占有也存在疑问。对于此点，可以借助亚里士多德的分类学原理进行分析。名字相同的词，有两种可能情形，即同音异义词(Homonymen)和同义词(Synonymen)。前者为名字相同而本质不同；后者为本质相同，但并非在任何方面均相同。例如，人和牛都是生物，从该生物的意义上来看，是同义词，但从"意识"层面来看，两者是不同的。④ 由此可见，名字相同或相似并不必然代表其本质相同。将此关系运用至占有与间接占有关系中来，直接占有和间接占有均为占有，两者有可能是同音异义词，两者的本质并不相同；即使是同义词，即在某些本质上相同，但某些本质上并不相同，间接占有有可能恰恰在"外观持有"这一点上并不相同。因此，仅仅就其名字而言，无法得出间接占有必须符合占有"外观持有"这一本质。

---

① Vgl. Palandt / Bassenge, Bürgerliches Gesetzbuch, 68. Aufl. 2009, § 866, Rn. 2, Joost, Münchener Kommentar BGB, 4. Aufl. 2004 § 866, Rn. 4.

② 参见纪海龙：《解构动产公示公信原则》，载《中外法学》2014 年第 3 期；Johann Kindl, Gutgläubiger Mobillarerwerb und Erlangung mittelbaren Besitzes, AcP 201 (2011), 391, 392f; Wolfgang Brehm, Rezesion zu Eigenständiges Sachenrecht von Jens Thomas Füller, AcP 207(2007), 268, 273.

③ Vgl. Schwab/Prütting, Sachenrecht, 30. Aufl. 2002. Rn. 371.

④ Vgl. Guido Bömer, Besitzmittlungswille und mittelbarer Besitz, Tübingen 2009, S. 5.

认为间接占有必须"外观持有"的另一有力论据是从第三人的利益进行论证。物权公示从功能主义的立场出发,涉及以下三个可能影响第三人利益的情形:其一,权利保护。因物权与债权的区分的重要标志就在于物权具有绝对性,而债权具有相对性。作为绝对权和具有排他效力的物权,不仅牵涉直接占有人,也潜在地对所有的民事主体产生影响。[①] 任何第三人均为物权的义务人,具有不作为之义务。而不作为义务人的义务始于知道物权的权利状态。因为,需要以某种方式进行公示。[②] 其二,权利行使。权利主体行使物权的自助救济或所有物返还请求权,均会对其他主体产生影响,通过占有将所有权公示,能够使潜在的第三人明确权利主体的行使内容。其三,交易安全。任何潜在的交易第三人可以知悉物权的真正归属状态,从而可以放心地与占有人进行交易。依据此传统认识,动产物权必须由占有进行公示。

但仔细分析,发现上述论证并不具有说服力。从权利保护的角度来看,第三人的不作为义务与占有公示的权利状态无关。某人占有标的物,该占有人究竟是基于物权关系还是债权关系进行占有的,从占有之事实本身并无法公示而知。而对于不特定的第三人而言,其不作为义务并不以知悉占有背后的权利状态为前提。例如,车库停有一辆轿车,路人甲无须知悉该汽车真正的所有权人是何者,亦无须知悉占有人是基于何种权利状态而占有标的物,而只需明确自己非权利人,不得侵害轿车的权利即可。任意的第三人不能以占有人非所有权人来与之对抗,除非第三人能够证明有优越于占有人的权利或所有权。[③] 从权利行使角度而言,占有人无论是否为权利人,其同样可以基于占有而针对侵害人进行占有的自力救济。对于侵害人而言,当其侵犯他人之占有时,他人是基于占有还是所有权而主张的救济,二者并无差异。此时,对于第三人的利益亦无差别。从交易安全角度来看,第三人的权利可以通过善意取得等进行保护,因此,占有并非能发挥绝对作用。例如,仓库保管人为占有人,但第三人却不应该对其"占有即所有"产生信赖,因而不能善意取得;被保管人虽然非直接占有人,第三人却可以根据相应的

---

① 参见梁慧星、陈华彬:《物权法》,法律出版社 2011 年版,第 85 页。

② 参见聂卫峰:《交付公示:一个幻象》,载《现代法学》2014 年第 4 期。

③ 参见高富平:《物权公示与公信力原则新论》,载《华东政法学院学报》2001 年第 5 期。

仓储凭证而信赖其为所有权人，从而善意取得。因此，从交易安全的角度来看，起决定作用的是考虑第三人是否依据客观第三人的标准具有善意，而非是否与占有人进行交易。综上可见，第三人的利益也不会因为占有的外观公示而受到影响。从不特定第三人利益的角度无法论证占有需要占有公示。

以上从间接占有是否必须具有公示功能的角度，进行了探讨分析。接下来，从实然性角度来分析，我们会发现间接占有客观上无法具有公示作用。所谓的公示作用，是以某种取信于社会公众的外部表现方法，使得不确定的第三人可以知悉。因此，该公示方式的表现形式必然为某种可以观察到的物理现象。通说认为间接占有的构成要件包括占有媒介人的占有媒介意思、占有媒介关系，两者无一可以承担公示功能。占有媒介人的直接占有可以为外界观之，但该直接占有对于占有媒介人背后的间接占有人而言，毫无公示作用。占有媒介人的他主占有意思无法体现间接占有人。虽然该他主占有的意思，并非完全主观的意愿，可以为外观行为推知。但该他主占有意思本身只能公示出占有媒介人非自主占有，而难以公示出该他主占有的“他主”究竟为何人。例如，对于某仓库内的物品，第三人可以推知，仓储人为他主占有，但据此很难推知究竟何人为间接占有人。间接占有要件中最重要的是占有媒介人与间接占有人之间的占有媒介关系。但占有媒介关系无法公示其间接占有人。占有媒介关系是某种法律上的关系，而非物理现象的事实控制，法律上的媒介关系并不表露于外。[①] 所谓合同中的特别约定的方式不可能成为公示方式。因为无论如何特别约定，该约定仍然为合同的一部分。合同的相对性是基本特性，不会因为特别约定而有所区别。第三人无法知悉他人之间是否有约定、有何种约定，因而无法知悉该特别约定下的间接占有人。此外，通说也认为，当基础的占有媒介关系无效时，间接占有亦可成立。合同无效，当事人是以法定的占有媒介关系为基础而成立间接占有。此时，不存在有效的特别约定，更无从谈及以特别约定的形式进行公示。综上可见，间接占有的要件客观上均无法承担公示之功能。因此，间接占有本身也无法承担公示物权、表征

① 参见纪海龙：《解构动产公示公信原则》，载《中外法学》2014 年第 3 期。

物权的作用。

通过上述实然性与应然性的两个角度分析，我们可以发现间接占有并无公示功能。间接占有的本质为“外观持有”的观点不具有说服力。

(二)观念上控制力说及其评析

德国通说认为，占有为一种事实上的控制力，而该种控制力为对物观念上的控制力(Vergeistigte Sachenherrschaft)。①

人类对于支配力的理解，随着交易习惯的改变，也在不断变化。人类最原始占有的占有方式为直接用手握取的物理上的支配，此种方式已经不能满足现代社会中人们对于控制力的理解。随着社会的发展，占有不再仅仅限于直接的握取，而将思想上的支配视为手的延长，人们彼此互相承认他人对物的控制而不得加以妨碍，此即为观念的支配，即使标的物一时脱离其支配范围，仍然认可占有。间接占有与直接占有相比，其观念上的控制力表现得更为明显。间接占有人的控制力需以占有媒介人为媒介才能够实现，但此种控制力与占有辅助关系中的控制力又有所区别。占有辅助关系中，占有辅助人与占有人之间为上下级的关系，占有辅助人对于标的物没有自己独立的意识，可以认为占有辅助人对于标的物的控制力完全屈从于占有人，占有辅助人相当于占有人的“提线木偶”，占有人可以通过对占有辅助人进行控制，从而实现对标的物的控制。在间接占有关系中，间接占有人与占有媒介人均有相对独立的意思，间接占有人可以按照自己的意思来使用和控制标的物。但此时占有媒介人的意思范围并非完全无限制，占有媒介人必须具有占有媒介意思。占有媒介意思要求占有媒介人承认其占有受间接占有人占有的约束，并且当特定条件满足时，占有媒介人愿意将标的物返还给间接占有人，使间接占有人恢复对标的物的直接占有。该占有媒介意思成了连接间接占有人与标的物的桥梁，在间接占有关系存续期间，占有媒介人的占有状态本身是间接占有人的选择，占有媒介人占有标的物本身体现了间接占有人的占有意思。在占有媒介意思之外，占有媒介人对于标的物的占有和使用均有独立的意识。因此，占有媒

① Vgl. Bruns, Besitzerwerb durch Interessenvertreter, S. 4. und155. ff; Strohal JdogmJ31, S. 17; Wolff Raiser §8Ⅲ.

介意思是保证间接占有人控制力的事实上的因素。除此事实上的因素外,无论是约定的还是法定的占有媒介的基础关系均为间接占有人占有提供了法律上的保证。换言之,借助相应的请求权而要求债务人对特定的物为特定的行为,从而决定了标的物的命运。[①] 占有媒介人基于占有媒介关系而为间接占有人进行事实上的控制力。[②] 其具体表现如下:从占有权限的内容来看,占有媒介关系限定了占有媒介人仅能在特定的范围内使用标的物,此即为间接占有人对于标的物内容上的影响力;[③]占有媒介人仅能在特定的时间内占有标的物,因此,间接占有人得于期满之后,要求占有媒介人返还标的物。[④] 也正是通过法律上和事实上的双重因素的保障,间接占有人对标的物的事实上的控制力在间接占有期间仍然存在。

但对于事实上的控制力说,其他学者提出了尖锐的批判。首先,客观上,对物事实上的控制力(Sachherrschaft)意味着事实上的力量(tatsächlicher Gewalt)。对于间接占有人来说并不存在此种事实上的力量,[⑤]如在租赁期间,出租人作为间接占有人并不得干涉承租人对房屋的使用,也不得随时收回标的物的占有等。其次,间接占有人无法通过占有媒介人来实施事实上的控制力。[⑥] 间接占有关系下的占有媒介人与占有辅助人不同,其并不具有社会从属性,并不受约束于间接占有人,占有媒介人往往是基于自己的利益而行为,而无须考虑间接占有人的意思,也无须听从间接占有人的指令。所谓的观念上控制力的说法非常具有误导性。“精神世界”与“事实”不同。观念上的控制力是思维

---

① Vgl. Westermann H. P. ,Eickmann D. ,Gursky K. H. , Sachenrecht. CF Müller GmbH, 2011. S. 128; Müller K. Sachenrecht. C. Heymann § 17. S. 120.

② Vgl. Frank Hartung,Besitz und Sachenherrschaft,Berlin,2001,S. 257.

③ Vgl. Staudinger,Kommentar zum Bürgerlichen Gesetzbuch. 12. Aufl. ,Berlin 2005, § 868 Rn. 5. ; Werstermann/Gursky,Sachenrecht, § 17 5f. S. 120.

④ Vgl. Soergel/Mühl,Sachenrecht, § 868 Rn. 2.

⑤ Vgl. Joost D. Münchener Kommentar zum Bürgerlichen Gesetzbuch. VI, Sachenrecht, München,2009. § 868,Rn. 5.

⑥ Vgl. Joost D. Münchener Kommentar zum Bürgerlichen Gesetzbuch. VI, Sachenrecht, München,2009. § 868,Rn. 5.

的抽象(以法律效果为导向),其并不存在事实上的控制力。① 再者,通过请求权来实现支配的论点亦不成立。请求权是发生在人与人之间的,是针对某个人,并不设立对物的支配权。可见,间接占有人并不具有事实上的控制力。这一点也通过对《德国民法典》的体系解释得到验证。如果间接占有存在对物的控制力,间接占有则可以直接依据第854条及以下来规范,而第868条到第871条的规定则是多余的。② 可见,立法者也认为间接占有相较于具有事实上的控制力的占有而言,具有特殊性。因而用第868条作专门之规范。此外,对于间接占有的移转,通过当事人返还请求权让与合意即可实现,而这也与事实上的控制力必须通过客观行为来实现相矛盾。③

但上述批判并不完全具有说服力。首先,该观点下的第一个论据认为,间接占有人并无事实上的控制力,并以租赁情形下间接占有人不得干涉占有媒介人的占有使用为说明的例证。如前所述,间接占有与占有辅助并不相同,占有媒介人并不完全屈从于间接占有人。但间接占有关系以占有媒介意思为必要,即占有媒介人主观上是为间接占有人占有,占有媒介人有独立的占有媒介意思,但该意思范围的圈定本身就是间接占有人意思的体现。

其次,该观点提出的“观念上”与“事实上”是对立的概念,所谓的“观念上的控制力”即为伪命题,或者认为“观念上的控制力”的提法正说明了间接占有无事实上的控制力。但显然这一论点对于控制力的理解过于狭隘。观念上的控制力这一概念本身并非为间接占有量身定制,其同样适用于直接占有。随着社会的发展,控制力不仅仅意味着简单的物理性的控制,如握在手中、穿在身上;某些状态下即使没有物理性的控制,也会认为不丧失控制力。例如,甲某将未上锁的自行车停在路边去超市买菜,此时乙靠近自行车。就物理距离而言,乙远远比甲近,但在此种情形下,人们仍然会认为甲具有对自行车的控制力,保有

---

① Vgl. Joost D. Münchener Kommentar zum Bürgerlichen Gesetzbuch. VI, Sachenrecht, München,2009. § 868,Rn. 6.

② Vgl. Hans Josef Wieling,Sachenrecht. 5. Aufl. ,Springer 2006. § 6 I2.

③ Vgl. Joost D. Münchener Kommentar zum Bürgerlichen Gesetzbuch. VI, Sachenrecht, München 2009, § 868,Rn. 6.

对自行车的直接占有。此种情形下的控制力即为一种观念性的控制力。现代社会的建立基础即人与人之间的相互关系,当某种状态下人们公认某物处于某人的控制之下而他人不得侵犯时,某人即具有控制力。随着人们观念的发展,直接占有也呈现出往观念上的控制力发展的样态。由此观之,认为间接占有具有观念上的控制力也并非不可理解。

此外,认为请求权不足以作为控制力的基础这一论据并不存在疑问。但这一论据本身无法直接地反驳间接占有存在事实上的控制力。间接占有的构成要件除了返还请求权以外,还需要占有媒介人有占有媒介意思、存在一定的关于占有的基础法律关系。如上所述,保证间接占有人事实上控制力的并非请求权,而是占有媒介人事实上的占有媒介意思。最后,学者从《德国民法典》的体系解释出发进行论证。但间接占有存在独立的法条规范也无法说明间接占有不符合事实上的控制力这一特点。间接占有存在独立的法条规范说明间接占有相较于直接占有有其特殊性,但该特殊性是否必然表现在事实上的控制力这一点上仍然存在疑问。因此,以间接占有有独立规范来论证间接占有不具有事实上的控制力,难以让人信服。

(三)拟制占有说与法律关系说

有学者提出,间接占有本身并不存在事实上的控制力。间接占有仅为拟制占有①或认为是一种法律关系,②其地位类似于"继承占有",仅为一种拟制。有的学者直接将间接占有与占有继承并列,列于无事实上控制力的占有(tatsächliche Gewalt)。③ 间接占有与直接占有有本质的区别,之所以赋予间接占有一定的占有法上的效力是为了将部分占有的法律效果延伸至间接占有。将间接占有仍然规定为占有的理由在于占有媒介人对物的关系中融合了自己利益及他人利益,两种利益有同等价值的保护需要。同等价值体现在占有所有的功能中。在法律

① Vgl. Biermann § 868 Anm. I b c, Wendt, AcP87, 49, Wieling, Der mittelbare Besitz, Studi in onore di Cesare Sanfippo, 1982, 736ff.

② Vgl. Joost D. Münchener Kommentar zum Bürgerlichen Gesetzbuch. VI, Sachenrecht, München, 2009. , § 868, Rn. 6. Füller 283ff. Hartung 282.

③ Vgl. Hanns Prütting, Sachenrcht, 53. Aufl. , § 10, Rn. , 82.

看来,两种利益均应得到保护。而从民法概念的角度来看,法律概念的形成,乃基于利益衡量和价值判断,赋予不同的法律效果,以满足社会生活的需要。因此,间接占有为扩大占有之概念。虽然无事实的控制力,仍然可以成立占有。① 有学者将该利益进行进一步具体化,认为起决定作用的是持续性的利益。例如,所有权人将车子出租给第三人并已为交付。相较于承租人,所有权人在承租人现有的事实控制力之上,有更大的利益:虽然在租赁期间,若承租人不为占有侵占,则出租人原则上仅有要求支付租金的权利;但若在租赁期间,占有被他人所侵占,则出租人有阻止他人侵占其权利,从而保证标的物按照合同所约定的形式继续利用,并且在租赁期满时能恢复标的物直接占有。②

笔者认为,拟制占有说与法律关系说尚未揭示间接占有的本质。该说提出了某一部分人因与直接占有人之间需要有一定的法律关系,基于具有相同的保护价值等理由,法律认为其构成间接占有。但提出间接占有的本质目的在于划出该一部分人的标准,即到底哪一部分人具有相同的保护价值而法律赋予其保护,哪一部分人被法律排除在此之外。通过持续性利益的标准仍然无法明确哪些人的维持利益需要予以保护。此外,通过相同保护价值的理论,最多也只能为间接占有具有占有保护功能与占有的维持功能提供较为勉强之解释,对于间接占有作为所有权变动之基础、善意取得之基础和占有的推定功能则无能为力。

二、间接占有本质的论证

通过前述的分析,我们明确了间接占有并不具有外观公示功能,以此外观持有说并不合理。拟制占有说与法律关系说因未充分揭示间接占有的根本而不得作为间接占有的本质。对于控制力,人们常常提到对物事实上的支配力、对物的控制力等其区别究竟为何,如何保证间接占有具有对物事实上的支配力、对物的控制力等仍需进一步论证。

(一)论证之前提——对相关概念的辨析

对此进行讨论之前,我们需要对物事实上的支配力(Der tatsächlichen Sachgewalt)、对物的控制力(Der Sachherrschaft)这组概念

---

① 参见王泽鉴:《民法物权》,北京大学出版社2009年版,第407页。

② Vgl. Frank Hartung, Besitz und Sachenherrschaft, Berlin, 2001, S. 283.

进行辨析。对物事实上的支配力或对物的控制力这两个概念在《德国民法典》的相关条文中并未阐释,但却有所提及。“对物事实上的支配力”这一概念在《德国民法典》中第 854 条关于直接占有概念中被提及,即须有事实上的支配力才能获得占有。但何为对物“事实上的支配力”,检索各国的立法,会发现立法者对此都保持沉默。正因缺乏立法解释,不同的学者提出不同的理解方式。有学者直接认为“事实上的支配力与众所周知的某一特定的基本概念并不相同”①,“事实上的支配力无法给出定义,其相当于一个空概念,通过利益的状态而将其内容进行填补”②,“事实上的支配力要结合生活之多种性及考虑具体之情事,无法给出具体的定义”③。黑克则直言,事实上的支配力这一概念本身就是一个不确定的空白概念,由法官根据当事人之利益状态进行平衡填补。④ 这一概念并无法解决实际问题,将是否存在有事实上的支配力完全由法官根据当事人的利益状态进行评估,若对此存在争议时究竟应如何决断,仍然存在疑问。对此,也有学者尝试给出具体的评价标准——最为狭隘的观点为:对物的物理上的支配。最为典型的,如某人直接手握某物等情形。但若对事实上的支配力作此严格的界定,则符合该条件的占有极其有限。有学者将此进行扩大:对物的经济上的支配,依据一般的社会标准对事实支配进行评价。但这一定义只是将问题进行了转化,对于如何认定有经济上的支配力存在疑问。⑤ 从《德国民法典》第 854 条、第 855 条、第 856 条第 1 款的规定来看,对于事实上支配力的理解是非常严格的,仅指任何时候、直接的、物理上的、对物的影响的可能性才被认为是事实上的支配力。⑥ 但该物理上的支配力随

① Vgl. Kipp ZHR52, 298 Goldschmidt, Vermischte Schriften, 1901, 49, 78, Planck Brodamann, Vorben. 3 vor §854, zitiert nach Westermann. Sachenrecht, Band I Grundlagen und Recht der beweglichen Sachen, 6. Aufl. §9 S. 83.

② Vgl. Heck §5, 4ff zitiert nach Westermann. Sachenrecht, Band I Grundlagen und Recht der beweglichen Sachen, 6. Aufl. §9 S. 83.

③ Vgl. Westermann. Sachenrecht, Band I Grundlagen und Recht der beweglichen Sachen, 6. Aufl. §9 S. 84.

④ Vgl. Heck, Sachenrecht, §5. Nr. 5.

⑤ 参见[意]鲁道夫·萨科:《占有论》,贾婉婷译,中国政法大学出版社 2014 年版,第 53 页。

⑥ Vgl. Prot. 2 Komm. Ⅲ, S. 32f.

着社会的发展，范围也逐步变大。但无论如何，事实上的支配力仍应该从事实关系的角度进行判断，[①]主体与物之间存在某种关系，据此，支配人具有影响标的物的可能性，得以排除其他人影响标的物的可能性。[②]判决是否具有事实上的支配力，应结合空间关系、影响力、排他性和可识别性等因素。[③] 首先，这样一种人对物的关系为事实存在的一种客观上的关系，能够让第三人按照社会的一般观念认为，物处于他人的支配范围而应予尊重。[④] 其次，这种物理上的影响力，则要求支配人与标的物在空间上有紧密的联系，这一空间上具体的紧密程度根据不同的标的物而有所不同。[⑤] 最后，从时间上，这种关系要求有一定的持续性(Dauer)[⑥]。

所谓的“对物的控制力”也没有立法上的解释。有学者提出，所谓的对物的控制力为对物影响的可能性，是从价值评判下的交易习惯出发，而不要求任何时候、直接的、物理上的对物的影响力。[⑦] 但与事实上的支配力相同，该种影响力也仅能有一人享有。[⑧] 以影响力为基础的对物的控制力从其本质上来看必须是唯一的。也正基于此，有学者从对物的控制力的唯一性出发，提出控制力就是排除第三人对物的可能的作用力。根据交易之惯例，该标的物只能为一人所有。在此，起决定作用的并非谁有间接的对物的控制力或一定期限后可以重新恢复控制力；而是当出现争议时，根据当时之情形，谁的管理的意思更有可能被

① Vgl. Westermann. Sachenrecht, Band I Grundlagen und Recht der beweglichen Sachen, 6. Aufl. § 9 S. 84.

② Vgl. Erman/Lorenz, Handkommentar zum BGB. 12. Aufl. § 854 Rn. 2.

③ Vgl. Erman/Lorenz, Handkommentar zum BGB. 12. Aufl. § 854 Rn. 2.

④ Vgl. Westermann. Sachenrecht, Band I Grundlagen und Recht der beweglichen Sachen, 6. Aufl. § 9 S. 86; Hans Josef Wieling, Sachenrecht. 5. Aufl. Springer 2006. § 6 I1.

⑤ Vgl. Westermann. Sachenrecht, Band I Grundlagen und Recht der beweglichen Sachen, 6. Aufl. § 9 S. 84; Jürgen F. Baur/ Rolf Stürner, Sachenrecht, 18. Aufl., München 2009, § 7, Rn. 5.

⑥ Vgl. Westermann. Sachenrecht, Band I Grundlagen und Recht der beweglichen Sachen, 6. Aufl. § 9 S. 8; Jürgen F. Baur/ Rolf Stürner, Sachenrecht, 18. Aufl., München 2009, § 7, Rn. 7.

⑦ Vgl. Staudinger, Kommentar zum Bürgerlichen Gesetzbuch. 12. Aufl., Berlin 2005, § 854 Rn. 34; Hans Josef Wieling, Sachenrecht. 5. Aufl. Springer 2006. § 4 I 1a; Jürgen F. Baur/ Rolf Stürner, Sachenrecht, 18. Aufl., München 2009, § 7, Rn. 58.

⑧ Vgl. Staudinger, Kommentar zum Bürgerlichen Gesetzbuch. 12. Aufl., Berlin 2005, § 854 Rn. 4; Erman/Lorenz, Handkommentar zum BGB, Band Ⅱ, 12Aufl.. § 854 Rn. 2.

执行。[1] 由此可见,判断是否具有对物事实上的控制力,决定性因素在于当事人的管领意思能否得以实现。

"对物事实上的支配力"与"对物的控制力"的上述定义,均能张能缩。"对物事实上的支配力"可以狭隘地理解为有物理意义上、任何时候、直接的身体上的对物的影响的可能性,也可以扩张地理解为对物的经济上的支配,依据一般的社会标准对事实支配进行评价。但即使是最为狭义的理解随着社会的发展也有所扩张,以至于与广义的"对物的经济上支配力"难以有明确的界限。与此相对应的,"对物的控制力"这一概念亦同。两者均体现了占有人对于标的物的控制状态,将两者区分,一方面难以有明确的界限,另一方面亦不存在区分的实益。因此,无区分对待之理由。因此,下文的讨论不再区分"对物事实上的支配力"与"对物的控制力"。

(二)间接占有具有事实上的控制力

从间接占有的性质来看,间接占有具有事实上的控制力。间接占有如同直接占有一样,体现的是占有人对物的控制关系。返还请求权的要件从权利层面保证了间接占有人在特定的条件下可以要求占有媒介人返还占有。同时,占有媒介人对标的物进行直接的控制,虽然占有媒介人对于该直接占有可能存在自己之利益,但主观上并不意图将标的物据为己有。此种意愿从事实层面保证了间接占有人的事实上的控制力:在占有媒介人占有期间,其按照间接占有人的意思,维持占有之现状;满足一定条件下,按照间接占有人的意思,返还其直接控制。当占有媒介人事实上存在占有媒介意思,保证了间接占有人的控制力,从而存在间接占有。例如,货物的保管人甲将货物保管于某仓储公司乙处,在货物保管期间,虽然甲对于货物没有直接的控制力,但仍保有对物的间接控制,即甲将货物由乙直接控制,也是甲的控制方式。虽然客观上,甲无法控制他人的行为,但保管人基于其善良意愿,愿意遵从于甲的控制,在甲的意思范围内占有、使用标的物,维持占有之现状。在间接占有人要求返还标的物时,保证恢复其直接控制。

有学者提出,以占有媒介人的占有媒介意思作为控制力并不合理。

---

[1] Vgl. Guido Bömer, Besitzmittlungswille und mittelbarer Besitz, Tübingen 2009, S. 58.

理由在于,一方面,间接占有与占有辅助不同,间接占有关系下的占有媒介人只要在契约的权限内为行为即可,就需要听从间接占有人对物发出的指示;①另一方面,间接占有关系下的占有媒介人之善良意愿具有随意性,且间接占有人也无法控制,因而,据此不能谓之具有控制力。笔者认为,占有媒介意思可以作为控制力的基础。其一,诚然,间接占有中的占有媒介人与占有辅助人不同,其占有、使用无须一一听从于间接占有人,但在占有媒介人与间接占有人成立占有媒介关系时,占有媒介人的控制力范围即由间接占有人决定,占有媒介人在契约权限内行为,本身就是间接占有人对标的物控制力的表现方式。其二,对于该主观意愿而言,并非完全主观,不能谓之具有任意性。占有媒介人完全主观的意思,于法律毫无意义,法律无法查明也从来不调整当事人内心的主观意思。因此,此处的占有媒介意思为一定的客观事实下可知的客观状态。例如,借用人按照约定的方式使用书籍,从此外观行为推知,借用人为他主占有的意思;若借用人在书籍封面写上自己的名字,并肆意图画,甚至以自主占有的名义向他人出售,从此外观行为可以推知,他主占有的意思发生了改变。因此,此处的占有媒介意思与其他客观要件一样,并无特殊性。其三,不可否认,占有媒介人的主观意思当然可以发生改变且间接占有人无法控制占有媒介人的主观意思的改变,但这与间接占有人在占有媒介人有占有媒介意思存在控制力是两个层面的问题。间接占有人无法控制占有媒介人的占有媒介意思,并不能否定间接占有人在占有媒介人存在占有媒介意思下的控制力。换言之,占有媒介人可以不具有占有媒介意思,但当其具有占有媒介意思时,该意思也保证了间接占有人的控制力。一旦占有媒介人单方面的改变占有媒介意思,控制力消失,间接占有终止。

间接占有通过占有媒介意思保证事实上的控制力,有两种不同的构造。一种观点认为,占有媒介人根据占有媒介意思,完全为间接占有人进行占有。② 该观点基于事实上控制力的不可分性和事实上控制力的使用之代理。按照此种观点,直接占有人为代理人,按照代理的理

---

① Vgl. Vgl. Jürgen F. Baur/ Rolf Stürner, Sachenrecht, 18. Aufl., München 2009, § 7, Rn. 30.

② Vgl. Soergel/Mühl, Sachenrecht, § 868 Rn. 6.

论，必然排除代理人的占有，直接占有人其本身则不应再被视为事实上控制力的持有人。但此显然与间接占有的理论冲突，即间接占有以占有媒介人的直接占有为前提。另外一种构造方式为：占有媒介人主要为自己进行占有，但基于占有媒介意思在一定程度上有利于间接占有人，据此，间接占有人有对物影响的可能性。[①] 有学者提出，此种构造的前提是对物事实上控制力的可分性。但通说认为，占有需具有独立的事实上的控制力，该控制力具有排他性。因此，这一构造的适用前提不成立。[②] 此外，从占有保护的规定来看，间接占有并无针对占有媒介人的占有保护。若认为间接占有人在一定范围内保有事实上的力，则应赋予其相应范围内，有针对占有媒介人的占有保护。可见，法律也并不认可占有媒介人与间接占有人分别有事实上的控制力。[③]

笔者认为，控制力是一种事实的状态，当某人能在标的物上实现自己的意思，则认为其具有控制力。诚然，占有媒介人不会像占有辅助人一样时刻地听从占有人的意思，但占有媒介人获得占有并维持其占有本身是间接占有人意思的体现。只要占有媒介人仍然在间接占有人划定的框架内占有，占有媒介人在此意思框架内行为，则占有本身不仅符合占有媒介人的意思，也符合间接占有人的意思。出租人在出租期间内不得随意收回标的物，并不意味着当事人无法在标的物上实现自己的意思，而是出租人不应有自相矛盾之意思：出租人在出租之时即表明在出租期间，其愿意让占有媒介人占有标的物，此后，间接占有人的意思应受之前的意思的约束而不得随意变化。此外，占有媒介人在标的物上也可实现自己之意思，同样对于标的物具有控制力。以间接占有人对于占有媒介人不得占有保护来进行论证也不充分。作此种立法规定的理由未必完全是因为法律不认可间接占有人的控制力，还有可能是立法者基于其他原因之考虑：其一，占有媒介人的意思改变，无法通过占有保护请求权进行调控——法律无法强求占有媒介人具有为间接占有人占有之意思。其二，占有保护为一时之保护，间接占有人主张占

---

① Vgl. Erman/Lorenz, Handkommentar zum BGB, Band Ⅱ, 12Aufl. §854 Rn. 2; Wolff-Rasier. §8 I 1, b(S. 32f); RGRK/Kregel §868 Rn. 9; Wolff-Raiser, §8 I 1b S. 32.

② Vgl. Guido Bömer, Besitzmittlungswille und mittelbarer Besitz, Tübingen 2009, S. 66.

③ Vgl. Prot. 2. Komm. Ⅲ, S. 31f.

有保护时,占有媒介人无法基于本权而抗辩;而占有媒介人与间接占有人之间必然存在基础的法律关系,占有的最终状态往往需要结合基础的法律关系决定,如此才能终局性的决定标的物的占有状态。若提供占有媒介人针对间接占有人的占有保护,终会导致诉累。由此可见,仅凭间接占有人无对占有媒介人的占有保护规定就认为法律不认可间接占有人的控制力,此种论证尚不具有说服力。

CHAPTER 03 >>

第三章

间接占有的构成要件解构

讨论了间接占有的本质后，我们须结合其本质对间接占有的构成要件进行分析，使该制度得以具体的适用。但各国立法例均未对间接占有的构成要件进行直接规定，理论上关于间接占有的构成要件的争议也一直存在。在长期的争议之后，学者们对于间接占有的要件基本达成了共识，即直接他主占有与占有媒介关系两大要件。[①] 但对于如何理解占有媒介关系，学者们又众说纷纭。因此，本章结合学界通说及不同学者的观点，对直接他主占有与占有媒介关系进行逐一分析。

第一节　直接他主占有

一、直接占有

间接占有的本质为事实上的控制力。若间接占有人欲发挥其事实上的控制力，首先需要有人对标的物进行直接的控制。若标的物处于无任何人之控制，则必然也脱离间接占有人的控制力。因此，直接占有

---

① Vgl. Vieweg. Werner Sachenrecht 6. Aufl. . Vahlen. § 29; Jürgen F. Baur/ Rolf Stürner, Sachenrecht, 18. Aufl. , München 2009, § 7; Westermann Sachenrecht Band I, Grundlagen und Recht der beweglichen Sachen, 6. Aufl. § 17 Rn. 118.

作为间接占有的要件之一,无任何学者予以否认。[①] 对于占有媒介人的具体的占有方式,法律并无特别的要求。占有媒介人可以通过自己事实上的控制力进行直接占有,也可以通过占有辅助人的协助来进行占有。通常情形下,占有媒介人均为直接占有,但若存在多层级的间接占有时,如所有权人将房屋出租给承租人,承租人将房屋进行转租的情形下,只需要最低层级的占有人为直接占有人即可,而不要求每个占有媒介人都必须为直接占有。[②] 间接占有中直接占有的构成要件,则排除了仅约定占有媒介关系而未实际交付的情形,如仅仅签订了租赁合同而未实际交付则不成立间接占有。

(一)从间接占有产生和持续两个时间阶段分析直接占有对于间接占有的意义

间接占有的成立或基于原始取得或基于继受取得。原始取得间接占有,即为间接占有从无到有的过程。具体可以通过原占有人与他人约定占有媒介关系,将直接占有移转给他人,自己成为间接占有人,例如通过借用合同,而将标的物转交给他人,出借人为间接占有人而借用人为占有媒介人。[③] 仅有借用合同,尚不足以成立间接占有。此种情形下,间接占有的成立取决于占有媒介人何时取得占有。

此外,还存在一种特殊情形,即在占有媒介关系订立时,占有媒介人与间接占有人均无直接占有,而占有媒介关系先于两者的占有取得,其典型情形即预先的占有改定。例如,融资租赁中,租用人与出租人达成融资租赁合同后,出租人向他人采购,该出售人直接将标的物交给租用人。在标的物交付给租用人之前,因缺乏租用人的直接占有,不成立间接占有。继受取得间接占有,即原本存在的间接占有从一主体转移至另一主体。间接占有的移转通常是通过返还请求权让与移转的方式。此时,新的主体获得间接占有。新的主体获得间接占有的前提,亦为原直接占有人保有原直接占有。因此,无占有媒介人的直接占有,则无法成立间接占有。

对于间接占有的持续而言,也以占有媒介人的直接占有为基础。

---

① Vgl. Jürgen F. Baur/ Rolf Stürner, Sachenrecht, 18. Aufl., München 2009, § 7 Rn. 36.

② Vgl. Guido Bömer, Besitzmittlungswille und mittelbarer Besitz, Tübingen 2009, S. 3.

③ Vgl. Jürgen F. Baur/ Rolf Stürner, Sachenrecht, 18. Aufl., München 2009, § 7 Rn. 53.

若占有媒介人丧失直接占有,则间接占有亦终止。直接占有的丧失存在两种可能:其一,第三人侵占占有媒介人的直接占有;其二,占有媒介人自愿放弃直接占有,具体表现为抛弃或将直接占有移交给他。但若占有媒介人与他人订立占有媒介关系,而将标的物交与他人占有时,此时成立多层级的间接占有,而不会导致原来的间接占有的终止。

(二)从间接占有的功能角度分析直接占有对于间接占有的意义

从占有的保护功能的角度来看,占有媒介人的直接占有对于间接占有人的意义如下:当第三人侵占占有媒介人的占有时,构成"禁止之私力"。间接占有人的间接占有,因占有媒介人的直接占有受到妨碍或被侵占而受到影响。因此,间接占有人可以基于占有之自力救济和占有保护请求权,直接指向第三人。当占有媒介人自愿丧失占有时,因间接占有人的占有保护请求权非独立的占有保护,以占有媒介人的占有受到"禁止之私力"为前提。因此,间接占有人并不享有占有保护。若间接占有人将标的物交由他人占有,而自己成为间接占有人时,此时原间接占有人成为更高一级的间接占有人,而不丧失间接占有,亦无占有保护请求权。

从占有的时效取得来看,当占有媒介人的直接占有被他人侵占时,占有时效中断。若占有媒介人自愿放弃占有,于间接占有人而言,为非自愿丧失标的物的占有,此时时效亦发生中断。若间接占有人将标的物交由他人占有,而自己成为间接占有人时,此时原间接占有人成为更高一级的间接占有人,而不丧失间接占有,占有时效继续。在占有的物权变动功能、善意取得功能与所有权推定功能中,占有媒介人的直接占有并无适用之疑问,在此不多加讨论。

二、占有媒介意思

"占有媒介意思"为间接占有的构成要件,基本已经成为学界通说。但该要件却从实体法中无法得出明确的结论。[①] 这一概念的最先提出也是基于实务之需要:当存在两个并列的间接占有,在返还请求权、直接占有等要件均满足时,是否两者均应被肯定或何者应被肯定则存在疑问。因此,有学者提出借助"占有媒介意思"之要件,可以排除并存的

① Vgl. Guido Bömer, Besitzmittlungswille und mittelbarer Besitz, Tübingen 2009, S. 5.

间接占有,而使间接占有具有排他性。鉴于此,本书从占有媒介意思的引入开始分析。

(一)"占有媒介意思要件"引入的缘起——白糖案

V在所有权保留的情况下,出让给NE一批白糖,又"为了担保"将货物存放在仓管人L处,L签发给V一张仓单。通过让与其对L的返还请求权的方式,NE将这批白糖给了K。L也向K签发了仓单,一如既往地按照V的指示向NE的顾客供应白糖。V是否继续存在间接占有?若其仍有间接占有,能否影响K根据第934条第2种情形善意取得白糖的所有权?

(二)"并存的间接占有"之争议

在此案例中,L直接占有标的物,且V与K均具有对物的返还请求权。同时,V与K之间不存在上下级关系。因此,若无其他附加要件,V与K为同一层级的间接占有,即"并存的间接占有"①。并且从法政策的角度来看,并存占有为必要。因V与K的地位完全相同,具有同等的保护之必要。当两个事实上与物之联系相近的关系中仅其中之一被承认是不合理的。② 此外,学者认为"并存的间接占有"存在的意义在于能避免第933条和第934条对善意取得"直接占有"要件不同的冲突。③如前述的铣床案中,若认可并存的间接占有,则甲与丁同时保有间接占有,因甲未完全丧失占有,因此丁不能善意取得。如此,可以避免第933条占有改定下不得善意取得这一规定被规避的问题。

但"并存的间接占有"这一制度并未得到学界的认可。④ 首先,从"占有"的本质来看,占有为事实上的控制力,因此仅为一个占有人。无法进行一物的占有分裂(Besitzaufspaltung)⑤,在同一层级仅有一个占

---

① Vgl. 肯定并存的间接占有:Wolff-Rasier. §8 I3, Ⅱ(S. 34f); Wieling I, §6 Ⅲ 3b(S. 246f); Medicus, BR, Rn. 558ff. (S. 331f); Vieweg. Werner. Sachenrecht. 3. Aufl. §2 Ⅱ 3, Rn. 39.

② Vgl. Vieweg. Werner. Sachenrecht. 6. Aufl. §2 Ⅱ 3, Rn. 40.

③ Vgl. Vieweg. Werner. Sachenrecht. 6. Aufl. §2 Ⅱ 3, Rn. 40.

④ Vgl. MünchenKommentar BGB/Joost, §868 Rn. 20; Erman/Lorenz, Handkommentar zum BGB, Band Ⅱ, 12. Aufl. §868 Rn. 42; Prütting H., Lent F., Schwab K. H. Sachenrecht: ein Studienbuch, 2008. Rn. 431.

⑤ Vgl. Vieweg. Werner. Sachenrecht. 6. Aufl. §2 Ⅱ 3, Rn. 40.

有。[①] 其次,从法律内在的体系看,也否认并存的间接占有。之所以认可间接占有,在于其可以适用占有的法律效果。若认可并存的间接占有,会导致占有的法律效果之间的冲突。[②] 具体而言,当存在同层级的并存占有时,两个占有人均可以适用关于时效取得的规定,因而两者均应取得标的物的所有权,此结论显然与一物一权的观点相冲突。此外,间接占有人还可以适用所有权推定,若同时存在两个占有人,到底以何者推定为准则存在疑问。因此,从间接占有的法律效果来看,间接占有必须具有唯一性(Einheitlichkeit)和独占性(Ausschließlichkeit)。[③] 最后,从德国立法史的角度来看,《德国民法典》第二草案曾多次提及在此认为是并存间接占有的情形,但最终立法者仍然是以间接单独占有为出发点讨论。[④] 由此可见,立法者否定并存的间接占有的存在。针对白糖案,最后帝国法院的判决也否定了并存的间接占有的成立。

(三)借助占有媒介意思而否定并存的间接占有

为了否定并存的间接占有,德国法院借助了占有媒介意思这一额外的要件。认为新的占有媒介关系(L－K)破坏了旧的占有媒介关系(L－V),K 取得了占有。V 取得了所有权。[⑤] 当占有媒介人订立了新的占有媒介关系时,原占有媒介关系自动失效。[⑥] 之所以原占有媒介关系自动失效,在于占有媒介人的占有媒介意思的改变。法院引入"占有媒介意思",并解释道,《德国民法典》第 868 条规定间接占有时,"als"(作为)这个用语,是当事人的主观要件,该意思完全取决于占有媒介人主观上是否或多久保留该要件。因此,帝国法院将"主观上认可返还请求权"这一独立的要件单独提出,借此来否定并存的间接占有。此后该要件渐渐被确定。借助该要件,法院在具体案例中,可以认为,后订立的占有媒介关系表明先前的占有媒介关系和占有终止。[⑦]

---

① Vgl. Müller K. Sachenrecht. C. Heymann § 17. S. 129.

② Vgl. Vieweg. Werner. Sachenrecht. 6. Aufl. § 2 Ⅱ 3, Rn. 40.

③ Vgl. Vieweg. Werner. Sachenrecht. 6. Aufl. § 2 Ⅱ 3, Rn. 40.

④ Vgl. Guido Bömer, Besitzmittlungswille und mittelbarer Besitz, Tübingen 2009, S. 12.

⑤ Vgl. Jürgen F. Baur/ Rolf Stürner, Sachenrecht, 18. Aufl., München 2009, § 7, Rn. 59.

⑥ Vgl. Vieweg. Werner. Sachenrecht. 6. Aufl. § 2 Ⅱ 3, Rn. 40.

⑦ Vgl. Guido Bömer, Besitzmittlungswille und mittelbarer Besitz, Tübingen 2009, S. 58.

占有媒介人的意思从其外在行为来判断[①],要使新的占有媒介意思生效,需要有特定的、外在可以识别的行为或表示,表明其要为新的间接占有人占有。新的占有媒介关系的订立只能被理解为占有媒介人至此不再愿意为原来的上级占有人为占有媒介,[②]其行为效果为至此间接占有终止,而不是减轻为并存占有。[③]

(四)通说理解下的"占有媒介意思"

1."占有媒介意思"与"他主占有意思"

在间接占有中,关于占有媒介人的主观意思的状态,除了他主占有以外,学者们更多提及的是占有媒介意思(Besitzmittlungswille)。他主占有意思与占有媒介意思是否存在区别,在间接占有中是否必须以他主占有意思或占有媒介意思为要件,均为间接占有构成要件中存在争议的问题。

《德国民法典》第872条直接规定了自主占有的概念,即"占有人将标的物作为属于自己的而加以占有"。除去自主占有,即为他主占有。当事人的主观状态与客观的所有权状态并无关系:小偷对于偷来的标的物并无任何权利,但主观上为将标的物据为己有,因此可以成立自主占有。对于他主占有的理解,学者虽表述有所不同,但其本质相同。例如,鲍尔指出,他主占有与自主占有相对应,即对物不是以所有权人之意思,而是以限制物权人、债权人或其他权利人之意思内容。[④] 魏灵认为,对于自主占有,占有人不仅有事实上的控制力,并且以所有权人的身份进行使用。他主占有则不包含该意思。[⑤] 慕尼黑评注指出,他主占有人有事实上的控制力但并非以所有权人的身份进行占有。[⑥] 这些定义均将他主占有统一于两个要件:有事实上的控制力和非所有权人的意思。非所有权人的意思意味着占有人并非以永久归属于己的意思而

---

① Vgl. Vieweg. Werner. Sachenrecht. 6. Aufl. §2 Ⅱ 3,Rn. 39.

② Vgl. Müller K. Sachenrecht. C. Heymann §17. S. 129; Vieweg. Werner. Sachenrecht. 6. Aufl. §2 Ⅱ 3,Rn. 39.

③ Vgl. BGH NJW1978,S. 697; Jauerning §868 Anm. 4b bb,S. 7.

④ Vgl. Bürgen F. Baur/ Rolf Stürner,Sachenrecht,18. Aufl. ,München 2009, §7,Rn. 89.

⑤ Vgl. Hans Josef Wieling,Sachenrecht. 5. Aufl. Springer 2006. S. 44.

⑥ Vgl. Joost D. Münchener Kommentar zum Bürgerlichen Gesetzbuch. VI, Sachenrecht, München,2009, §872,Rn. 6.

占有[①],其具体表现为,在满足特定条件时愿意归还标的物,但无需有随时准备返还的意思[②]。因此,他主占有的意思较为统一。

《德国民法典》第868条并未明确规定占有媒介意思这一要件。[③]若一定需要有实体法依据,有学者则认为第868条“作为用益权人……”这一规定,可以推知该要件。[④] 也正因为实体法缺乏相应的规定,相较于他主占有定义的统一性,“占有媒介意思”的定义也存在较多的争议。有学者认为,占有媒介意思应为:占有媒介人不得为自主占有,而必须为他主占有;其不得有将标的物以自己的名义进行占有的意思,其必须愿意在满足一定条件下,将标的物返还。[⑤] 该定义下,占有媒介意思存在需要满足两个要件,即他主占有和愿意返还。但笔者认为,愿意返还与他主占有并非相互独立,若占有媒介人不愿意返还,其本质上就是欲将标的物占为已有;愿意返还或认可返还请求权是为他主占有的表现形式。有学者对此稍加修正,认为占有媒介意思为占有媒介人认可间接占有人的返还请求权并愿意为其占有。[⑥] 扬·威廉(Jan Wilhelm)认为,占有媒介意思为:占有人以外观可识别的情境,对占有媒介表示认可,即愿意为他人进行占有。[⑦] 此种定义下,占有媒介意思除了需要有他主占有的意思以外,还要求占有媒介人认可间接占有的占有返还请求权或特定的占有媒介关系。

但从占有媒介意思的指向来看,是否需要指向特定的人也存在疑问。通说认为,占有媒介意思必须指向特定的人。对于间接占有产生

---

① Vgl. Motive 3. 99, Protokolle der2. Kommission 6071(mugdan3, 516f); E. Wolf §2 b24; BGH NJW 1955, 499; Hans Josef Wieling, Voraussetzung, Übertragung und Schutz des mittelbaren Besitzes, AcP184(1984), S. 439ff.

② Vgl. Hans Josef Wieling, Voraussetzung, Übertragung und Schutz des mittelbaren Besitzes, AcP184(1984), S. 439ff.

③ Vgl. Guido Bömer, Besitzmittlungswille und mittelbarer Besitz, Tübingen 2009, S. 5.

④ Vgl. Planck Brodmann, 5. Aufl., §868 Anm. 4b zitiert nach Guido Bömer, Besitzmittlungswille und mittelbarer Besitz, Tübingen 2009, S. 5.

⑤ Vgl. Hans Josef Wieling, Sachenrecht. 5. Aufl., Springer 2006. §6 Ⅱ 4; Joost D. Münchener Kommentar zum Bürgerlichen Gesetzbuch. VI, Sachenrecht, München, 2009, §868, Rn. 17; Staudinger, Kommentar zum Bürgerlichen Gesetzbuch. 12. Aufl., Berlin 2005, §868, Rn. 24.

⑥ Vgl. Staudinger, Kommentar zum Bürgerlichen Gesetzbuch. 12. Aufl., Berlin 2005, §868, Rn. 24.

⑦ Vgl. Jan Wilhelm, Sachenrcht, 4. Aufl. Berlin2010, Rn. 497.

来说,需要占有媒介意思指向特定的人:对于以约定的法律关系为基础的占有媒介关系,占有媒介人与间接占有人需订立占有媒介关系,因而根据该占有媒介关系,该意思必然指向特定的当事人。[①] 但依据法律规定而产生的占有媒介关系则难以解释。例如,管理人就本人的身份认识错误的情形。[②] 按照通说,对于间接占有的持续来说,指向特定的人也是必需的。因为一般情形,一开始占有媒介人知悉具体的占有人,之后也不可能发生遗忘。有意义的情形在于占有媒介关系中当事人发生改变,而占有媒介人对此并不知悉的情形。《德国民法典》第870条规定的间接占有移转的情形即为此。但第870条规定的间接占有移转并不以通知占有媒介人为要件。因此,若认为占有媒介意思必须指向某个特定的间接占有人,可以作为否定同层级并存占有的有利证据,但却与《德国民法典》第870条相冲突。对此,有学者提出,间接占有并不要求指向特定的间接占有人,而可以指向任意的上位占有人,即含有为他人占有的意思即可。[③] 如此,可以与第870条保持一致。此外,有学者提出占有媒介只需对占有媒介关系有抽象的认可即可。[④] 只要占有媒介人认可占有媒介关系,则可以期待其主观意思会指向法律规定的正确的当事人。此种理解同样符合第870条的规定:占有媒介关系的请求权发生了移转,并不影响占有人对于占有媒介关系的认可。由此可见,除了为了排除并存占有理论,而认为间接占有必须指向特定的当事人外,一般认为只要指向某一占有媒介关系或返还请求权,从而指向该法律关系或权利所涉及的主体即可。在此可以被称作"忠于法律之意思"(Rechtstreuewillen)。

因占有返还请求权或占有媒介关系以特定的当事人为前提,这也意味着占有媒介意思以为特定的当事人占有为前提。按此定义,占有媒介意思与他主占有相同,完全取决于占有人的主观状态,与他主占有的区别就在于,占有媒介人的意思是否指向特定的对象。反之,若认为

---

① Vgl. Schreiber, Klaus, Sachenrcht, 4. Aufl., 2003, Rn. 63f.; Vieweg. Werner. Sachenrecht. 6.. Aufl.. § 2 Ⅱ 3, Rn. 29; Staudinger, Kommentar zum Bürgerlichen Gesetzbuch. 12. Aufl., Berlin 2005, § 868. Rn. 24.

② Vgl. Wilhelm, Sachenrcht, 4. Aufl. Berlin2010, Rn. 497.

③ Vgl. Planck/Brodmann, Kommentar zum BGB, Band 3. 5. A. Berlin-Leipzig, § 868.

④ Vgl. Guido Bömer, Besitzmittlungswille und mittelbarer Besitz, Tübingen 2009, S. 27.

占有媒介意思并不需要指向具体的上位占有人，而只是抽象地承认标的物为他人所有，此时与他主占有无异。

2.“占有媒介意思”与“占有媒介关系”的联系

如上所述，“占有媒介意思”完全取决于占有人的主观状态，其重要意义在于可以对上述的可能存在“并存的间接占有”的情形，通过占有媒介人主观意思的改变而终止前一个间接占有。对此，我们则需要思考，占有媒介人的主观意思的何种改变会导致间接占有终止或变化。从内容的要件来看，当仍然存在占有媒介关系时，占有媒介人是否可以不考虑法律关系而得以单方面地终止间接占有？占有媒介意思是否必须指向特定的人？从外在表现的方面来看，间接占有人的意思改变是否需要外观可识别性？若需要，则需要对谁可为识别？

通说否定占有媒介意思与占有媒介关系之间的联系。“占有媒介意思”的定义通常不仅仅指“为他人占有”[①]和“作为占有媒介占有”[②]，还需要“认可返还请求权”[③]或者“返还请求权人”[④]或者“认可占有媒介关系”[⑤]。在解释中，均强调占有媒介人对“认可返还请求权”或者“返还请求权人”或者“认可占有媒介关系”的认可。占有媒介人可以不顾已经存在的占有媒介关系中的返还的义务，而单方面地终止或改变其占有媒介意思。其理由仍然在于，占有媒介意思为间接占有人的纯粹的主观的意思。而占有媒介关系是与基础的法律关系相独立的，而占有媒介关系可以为当事人单方面解除。[⑥] 但按照上述的理解，占有媒介

---

① Vgl. Soergel/Mühl, Kommentar zum BGB, Band 6, 12. Aufl. Stuttgart-Berlin-Köln, § 868, Rn. 6; Staudinger, Kommentar zum Bürgerlichen Gesetzbuch. 12. Aufl., Berlin 2005, § 868 Rn. 24.; Erman/Lorenz, Handkommentar zum BGB, Band Ⅱ, 12. Aufl. § 868, Rn. 6.

② Vgl. BGB. WM 1965, 1254f; Wolff-Raiser, Lehrbuch des Bürgerlichen Rechts, Band 3, Tübingen § 15 Ⅱ 2, S. 50.

③ Vgl. Joost D. Münchener Kommentar zum Bürgerlichen Gesetzbuch. VI, Sachenrecht, München, 2009, § 868, Rn. 17; Palandt/Bassenge § 868 Rn. 15.

④ Vgl. Schreiber, Klaus: Sachenrcht, 4. A., 2003 Rn. 63; Vieweg. Werner. Sachenrecht. 6. Aufl. § 2 Ⅱ 3, Rn. 29.

⑤ Vgl. Jan Wilhelm, Sachenrcht, 4. Aufl. Berlin2010, Rn. 497.

⑥ 认为占有媒介关系与法律关系分离的学者有：Staudinger, Kommentar zum Bürgerlichen Gesetzbuch. 12. Aufl., Berlin 2005, § 868 Rn. 16.; Westermann Gursky, Sachenrecht, 7. Aufl., Heidelberg, 1990, S. 129。

人的占有媒介意思随时可以发生改变，或转化为自主占有，或转化为其他人占有时，此种理解导致的结果不无疑问。例如，学者常常举的例子：如在歌剧表演中，借用眼镜之人向妻子表示不会归还其借用的眼镜。① 但这一结论，使人费解：无论如何也无法说明，眼镜的出租人基于间接占有而享有的利益为何会通过承租人对其妻子表示自主占有的意思而丧失。② 此外，占有媒介人还可以转化为其他人占有，该意思完全由占有媒介人主观决定。对于占有媒介人来说，其无须任何理由，随时可以终止其法律效果。占有媒介人内心意思随时地改变会导致间接占有的变化莫测，同时也可以影响间接占有人利益，难以找到正当性的基础。

耶林否定此观点，认为此种情形下，占有关系"完全由当事人一方的情绪的玩具取代了当事人客观意思的法律规则，法律的不确定性取代了法律的确定性，由混乱取代了秩序"，会导致法律的不确定性问题。③ 对此，有学者尝试对此观点提出异议，认为，占有人的内心意思的改变并不会导致间接占有的持续变化。其理由在于，占有媒介之意思，应作客观之解释，即他仅愿意为其他人占有媒介。④ 而占有人单纯的内心意思的改变并不会改变占有媒介关系的原因如下：其一，法律无法查明间接占有人的内心意思；其二，单纯的占有人的内心想法仅为秘密地保留，根据第 116 条（心中保留）的立法价值，并无重大意义。⑤ 该观点试图通过占有媒介意思的外观可识别性否认其可任意变化，但此论据显然不充分。占有媒介意思为占有媒介人的主观意思，并不受权利约束，因此其任意变化性不得否定，法律要求其主观意思应以一定的行为表露在外，但占有媒介人同样可以任意地做出表示行为。例如，借用他人之书，借用人可以在书上标记自己之名号，以自主占有而自居；又可以与他人订立合同，以他人为间接占有人等。占有媒介人的主观意思

① Vgl. Guido Bömer, Besitzmittlungswille und mittelbarer Besitz, Tübingen 2009, S. 8.

② Vgl. Guido Bömer, Besitzmittlungswille und mittelbarer Besitz, Tübingen 2009, S. 8.

③ Vgl. Jhering, Rudolf von, Der Bestizwille. Zugleich eine Kritik der herrschenden juristischen Methode, Jena 1889, S. 11f.

④ Vgl. Joost D. Münchener Kommentar zum Bürgerlichen Gesetzbuch. VI, Sachenrecht, München, 2009, § 868, Rn. 20.

⑤ Vgl. Müller K. Sachenrecht. C. Heymann § 17. S. 129.

与表示行为均可任意为之,其不确定性不可否认。

耶林认为,占有意思分为抽象的意思和具体的意思。抽象的意思中起决定作用的是占有媒介关系,即客观第三人处于该地位中所具有的意思。具体的意思强调的是当事人事实上所具有的意思,而完全无须考虑法律关系。就占有媒介意思而言,具体的意思毫不重要,重要的是抽象的意思,即在某种法律关系下典型的意思,如此,占有媒介意思与已经存在的法律关系相联系。换言之,在此并不考虑占有媒介人事实上的意思,而是根据交易规则和诚信原则,占有媒介人应有之义。此时,占有媒介意思与法律关系相关。①

3. 占有媒介意思的外在可识别性

从占有媒介意思的外在表现形式来看,通说认为,外在可识别性非常重要。其理由如下:首先,可识别性对于任何有法律上意义的意思均有重要意义,例如对于意思表示解释的原则都是以客观第三人为标准;其次,占有取决于交易观念和相应的事实,因此必须为交易观念上可识别;最后,从立法史的角度来看,第一草案中曾阐述:当占有媒介人向间接占有人表明,其不再为原来的占有人进行占有时,间接占有终止。但该种意思必须具有外在可识别性,但具体表现形式既可以是通过明确的意思而表现,也可以是通过情景或客观行为来推测。② 对于该意思改变的外在可识别的对象,是必须为占有媒介人还是任意的第三人则存在疑问。在《德国民法典》第一草案中,要终止间接占有的意思进行表示的要件非常严格,认为必须对于间接占有人为客观可识别。③ 但现今的通说认为,只需要该意思的改变可以为任意的客观第三人知悉即可。④ 而该意思的表示,更无其他的形式要求。按照通说的理解,占有

① Vgl. Jhering, Rudolf von, Der Bestizwille. Zugleich eine Kritik der herrschenden juristischen Methode, Jena 1889, S. 11f.

② Vgl. BGH, NJW, 1955, 499; BGH, WM 1965, 1254; BGH, JZ 1969, 433.

③ Vgl. Biermann, Kommentar zum BGB, Band 3, Sachenrecht, 3. Aufl. Berlin, S. 1914; Przibilla, Erwerb und Verlust des mittelbaren Besitz unter Ansschluss des Erwerbs durch Stellvertreter, Freiburg, 1906, S. 79.

④ Vgl. Schreiber, Klaus: Sachenrcht, 4. A., 2003, Rn. 63f.; Vieweg. Werner. Sachenrecht. 6. Aufl. § 2 Rn. 29; Staudinger, Kommentar zum Bürgerlichen Gesetzbuch. 12. Aufl., Berlin 2005, § 868 Rn. 24; Wilhelm, Sachenrcht, 4. Aufl. Berlin2010, Rn. 497.

媒介意思是间接占有的构成要件,当占有媒介意思丧失时,则间接占有丧失。若要求必须以特定的方式表达占有媒介意思终止或改变,则超过了占有媒介意思这一构成要件所包含的内容。[①] 按此观点,占有媒介人需单方面地终止间接占有,而无须其他要件,会使间接占有随着占有媒介人的意思而持续变化。

(五)修正的"占有媒介意思"说

近来,该以"占有媒介意思"作为间接占有的构成要件的观点受到越来越多的学者批判。但学者并不否定媒介人可以通过背信弃义的方式终止间接占有:无论占有媒介人是否有权,当其意思变为自主占有或为其他人进行占有时,间接占有终止。[②] 但欲终止间接占有,需要满足特定的条件。恩斯特(Ernst)不承认占有媒介意思为独立的要件,但却不否认占有媒介人意思的重要性,其认为该意思可以从间接占有人的"间接自主占有"中推导而来。恩斯特认为,自主占有并非完全主观之占有,而是需根据事实上对物的关系确定。在出租人将标的物出租的情形下,当承租人背信弃义转变为自主占有或者转为为他人占有,出租人的间接自主占有则不再存在,间接占有丧失。但若要通过承租人的占有媒介意思的丧失,而导致间接自主占有丧失,需要满足一定的条件。若占有媒介人向间接占有人明示,不再为其占有时,间接占有消灭。占有媒介人通过该意思表示,放弃了对间接占有人占有的权利,因此,出租人享有所有物返还请求权。若占有人未明确表示,而是通过行为的方式推定的话,则需符合以下要件:一方面,自主占有不因临时之障碍而消灭,因此,占有媒介人需在特定的时间内(in gewisse Dauer)认真地(ernsthaft)为自己进行占有;另一方面,只有当原占有媒介人作为非法占有人(unrechtmaessiger Besitzer)需要承担相应的责任时,才可以说其对标的物成立了法律上的自主占有,从而导致出租人的间接自主丧失。例如,在借来的书上签写自己的名字,违反合同的规定将标的物转租给其他人。最后,若占有媒介人谎称自己丧失了标的物的占有,也

---

① Vgl. Guido Bömer, Besitzmittlungswille und mittelbarer Besitz, Tübingen 2009, S. 31.

② Vgl. Ernst, Eigenbesitz und Mobiliarerwerb, Tübinge, 1992 S. 112 – 233.; Knütel, Bösgläubiger Erbe, Festschrift für Hermann Lange zum 70. Geburtstag, Stuttgart-Berlin-Köln 1992, S. 903.

认为构成间接占有的丧失。[①] 简言之，该种观点否定了将“占有媒介意思”提高到间接占有独立的要件地位，但并不否定直接“占有媒介意思”为间接占有的主观特征。

（六）“占有媒介意思”之质疑

1. 基于法条之文意解释

《德国民法典》第 868 条规定：某人作为用益权人、质权人、用益承租人、使用承租人、保管人或其据以对他人展示有权利占有或有义务占有的类似关系中占有物的，该他人也是占有人。

认为占有媒介意思是间接占有的主观要件的学者多认为，第 868 条对于间接占有的定义中，使用了“作为”（als）一词，该用语意在强调当事人的主观意思。[②] 该理由最早为帝国法院所提及的论据。[③] 但该文意的解释方式并非唯一。第 868 条前半段按其文意，有四种理解方式：其一，甲与乙订立了租赁合同，且该租赁合同有效，乙作为承租人占有；其二，甲与乙订立了租赁合同，无论该租赁合同是否有效，乙基于该合同而占有；其三，甲与乙订立了租赁合同，乙认为自己是有效合同的权利人而占有；其四，甲与乙订立了租赁合同，乙主观上以承租人的身份使用，而不考虑合同是否有效，是否有相应的义务等。前两种理解方式中，并不考虑承租人的主观意思；后两种理解方式中，承租人的主观占重要的地位。但第 868 条的后半段使用了“在相似的关系下”“承担相应的权利和义务”用语，这些用语表明，该关系是客观存在的，而非主观上的关系。“有权利或义务”表明必须是客观有效的法律关系。如果确实欲强调为主观关系，则应该用“认为有权利、义务”这样的用语。因此，从现有的法条用语来看，似乎更倾向于客观的关系。[④]

此外，《德国民法典》第 870 条的规定也是反对占有媒介意思的重要依据。根据《德国民法典》第 870 条的规定，移转间接占有只需要移转返还请求权，而与占有媒介人的意思无关。[⑤] 返还请求权让与适用债

---

① Vgl. Ernst, Eigenbesitz und Mobiliarerwerb, Tübinge, 1992 S. 112, S. 233.

② Vgl. RG, Urt. v. 5. 2. 1932-VNN 219/31, RGZ 135, 75(78).

③ Vgl. Planck/Brodmann, 5. Aufl., § 868 4b.

④ Vgl. Guido Bömer, Besitzmittlungswille und mittelbarer Besitz, Tübingen 2009, S. 54.

⑤ Vgl. Staudinger, Kommentar zum Bürgerlichen Gesetzbuch. 12. Aufl., Berlin 2005, § 870, Rn. 5; Rosenberg, Sachenrecht, § 868, S. 127.

权让与的规则。根据债权让与规则，即使债务人对于债权移转并不知悉，债权仍然从原债权人处移转至新的债权人处。可见，占有媒介人是否具有为受让人占有的意思对于受让人取得间接占有并不重要。① 通说认为，若占有媒介人明确地表示不愿意为受让人占有，此亦不会影响到受让人的间接占有的取得。只是在“法律逻辑上的一秒”又失去了标的物的间接占有。而该“法律逻辑上的一秒”，对于标的物所有权的取得已经足矣。由此可见，第 870 条的标准中实质上已经放弃了对占有媒介人的意思要求。

2. “占有媒介意思”与“自主占有”的关系

如果不要求占有媒介人为他主占有，则在同一个物上会存在两个自主占有。② 同为自主占有，则时效取得、所有权推定等制度同时可以适用于占有媒介人和占有媒介人，会发生法律效果的冲突。但该观点若成立需要论证两个前提：其一，关于自主占有与他主占有的分类，对于占有媒介意思有重要意义；其二，在占有媒介关系的情形下，占有媒介人是否可以随时转变为自主占有。

从《德国民法典》关于占有的体系来看，先于第 868 条规定了间接占有，再于第 872 条规定自主占有。若间接占有中以占有媒介人的主观的他主占有意思为前提，则应将关于自主占有的规定置于间接占有的规定之前，更符合立法体系。从立法史来看，《德国民法典》在引入间接占有制度时，尚无自主占有和他主占有的分类。③ 不可否定的是，“自主占有”确实与“占有媒介”相冲突，某人不可能同时既为自主占有人，又为占有媒介人。但第 872 条规定的自主占有，完全取决于当事人的主观意思。在占有媒介关系中，占有媒介人是否可以因抽象地接受自主占有意思而变成自主占有人不无疑问。有学者提出值得考虑的方案：自主占有原则上取决于当事人相应的意思，但在存在占有媒介意思

① Vgl. Voigt U M. Die Funktion mittelbaren Besitzes beim Mobiliarerwerb: Untersuchung und Modifikation des mittelbaren Besitzes im Hinblick auf seine Bedeutung für den Mobiliarerwerb [M]. Duncker & Humblot, 2012. S. 91.

② Vgl. Hans Josef Wieling, Sachenrecht. 5. Aufl. Springer 2006. §6 I 2; Westermann Gursky, Sachenrecht, 7. Aufl., Heidelberg, 1990, S. 191.

③ Vgl. Prot. (2. Komm.) Ⅲ, S. 226f.

时，例外地不考虑当事人的意思。[①] 若占有媒介人不顾及占有媒介关系而保有欲为自己占有的意思，该意思并无太大意义，尽管存在自主占有的意思，但不认可此种情形下的自主占有。

3. 借用“占有媒介意思”难以保障间接占有的事实上的控制力

占有媒介意思能确保事实上控制力的论证，是缺乏说服力的。没有学者对此做出过有说服力的论证，仅有曼弗雷德・沃尔夫（Manfred Wolf）尝试对此做过论证，他认为，承租人根据合同，有相应的注意义务，承租人在使用期间受此义务的限制。出租人保留对物的影响的可能性，其可以提醒出卖人履行注意义务，到期后承租人可以要求返还。[②] 为了论证间接占有人事实上的控制力，曼弗雷德・沃尔夫提及了法律上的分类，即合同上的注意义务。但他并未论述，从何种角度来看间接占有人具有纯粹事实上的与法律关系独立的对物影响的可能性。[③] 可见，认为占有媒介意思能够保证间接占有人的事实上的控制力，仍需证明。前文对于通过占有媒介意思而保证间接占有事实上的控制力的两种构造也进行了分析，均不具有说服力。因此“占有媒介意思”难以保障间接占有的事实上的控制力。

4. “占有媒介意思”与间接占有法律效果之间的冲突

（1）“占有媒介意思”与权利移转之间的冲突

①返还请求权让与不以通知为要件

设立返还请求权让与制度的重要目的就在于简化交付。按照传统的占有指令的方式来移转标的物的所有权，出让人向占有媒介人发出指示，令其为受让人进行占有，当占有媒介人同意为受让人进行占有时所有权始得移转。显然，此种物权变动的方式取决于媒介人的善良意思。因此需要寻找一种替代交付的方式，以排除以上困境，便于所有权人转让其所有权。为实现该目的，返还请求权让与制度的设计必须不考虑占有媒介人的意思，可以使财产移转不依赖于其他人的意思。占有媒介人是否表示异议，并不能影响转让动

① Vgl. Rosenberg, Sachenrecht, § 868, VI3b.

② Vgl. Manfred wolf, Sachenrecht, Rn. 175.

③ Vgl. Guido Bömer, Besitzmittlungswille und mittelbarer Besitz, Tübingen 2009, S. 67.

产的物权移转。[①]

若间接占有以占有媒介意思为要件,则意味着,间接占有的移转,必须经由占有媒介人同意。若间接占有的移转无须征得占有媒介人同意即可径直移转,则占有媒介人之他主占有意思沦为空谈。原间接占有人将返还请求权让与给取得人,占有媒介人对于该移转并未表示同意,甚至对此不知情,则其为原间接占有人占有的意思并未发生改变,难以形成为受让人进行占有的他主占有意思,从而受让人与直接占有人之间无法形成间接占有关系。依此逻辑,间接占有的移转必须经过占有媒介人同意。

因此,当占有媒介人未表示同意时,间接占有移转的要件不满足,所有权不发生移转。但这与返还请求权让与制度的目的有根本的冲突。

②占有改定中"具体占有改定"的要求

占有改定中要求出让人与买受人之间订立具体的占有改定,即出让人与买受人之间只是抽象的改定的表示并不足以导致占有的移转,还需要改定表示的基础法律关系。[②] 该基础法律关系应包含有权利或义务享有事实上的控制力,如租赁、保管、用益物权等。当事人的意思根据相应的法律关系来予以推定。只要有具体的法律关系,是否有明确的意思表示并无关系。[③] 违反具体法律关系的意思表示也并无意义。[④]

(2)"占有媒介意思"与时效取得之间的冲突

若认可占有媒介意思作为间接占有的要件,则会导致时效取得难以发挥作用。根据时效取得的规定,若占有人丧失自主占有,则时效中断。若占有人可以不遵守原来的间接占有规则而改变占有媒介意思,

① 该种制度设计,从占有媒介人的角度观之,亦并无不妥,占有媒介人的利益也得到了充分的保护:当占有媒介人不知其返还请求权发生移转时,向原间接占有人交付仍然消灭其债务;当其对新的占有媒介人交付时,占有媒介人对于原返还请求权人的抗辩仍然可以向受让人主张。我国《民法典》第546条也明确规定,未通知债务人的,该转让对债务人不发生效力,即占有媒介人仍然可以向直接占有人履行返还义务。

② Vgl. Exner, Tradition, S. 143f.

③ Vgl. Exner, Tradition, S. 143f; Jhering, Besitzwille, S. 14.

④ Vg. Jhering, Besitzwille, S. 14.

从而导致间接占有丧失，则原占有人的取得时效中断。有学者提出，对于占有而言，暂时的占有丧失并不会导致占有的丧失，因而也不会导致时效取得中断。[①] 但对于间接占有人而言，其无法获悉占有媒介人的占有媒介意思是否时刻发生改变。当其无法知悉占有媒介人的意思改变时，也难以阻止时效取得中断。

(3)"占有媒介意思"与占有保护请求权之间的冲突

《德国民法典》第869条第2款规定，间接占有被他人妨碍或侵占时，当占有媒介人不欲或不能收回占有时，间接占有人可以请求将占有给予自己。根据间接占有的定义，占有媒介人有义务或者权利进行占有。此时，占有媒介人违反现有的法律关系而不欲接受直接占有时，则表明其放弃了"占有媒介意思"。但在此种情形下，法律仍然认可对间接占有人的占有保护，而只是具体返还的对象发生了改变。可见，在此种情形下，即使占有媒介人存在背信弃义的行为，法律仍然认可对间接占有人的保护的必要。

(4)"占有媒介意思"与多层级的间接占有之间的冲突

《德国民法典》第871条规定了多层级占有的情形，即占有媒介人再与第三人订立占有媒介关系，如将租来的标的物再为转租。第871条对于占有媒介人是否有权为之并无规定。当占有媒介人为无权转租时，在占有媒介人转租时，通常情况下违背了间接占有人"禁止转租"之禁令，而自主地将标的物转租，缺乏"占有媒介之意思"。[②] 但无论占有媒介人是否为有权转租，均认为成立多层级的间接占有关系。

(七)本书的观点

对于占有媒介意思的质疑并不能立足。首先，德国法上的文本解释的路径，对于我国的立法并无绝对的说服力，唯有德国法立法背后的理由可借以参考。其次，占有媒介意思中包含他主占有的意思。若占有媒介人亦可以为自主占有，在诸多法律效果中，如时效取得、所有权推定等会发生冲突。质疑者仍然从德国法的立法体系进行解释，认为自主占有列于间接占有之后，在立法史上，间接占有先于直接占有产生。但此两者均不具有说服力，在立法体例中，在前的概念援引在后的

---

① Vgl. Motiv. Ⅲ, S. 354.

② Vgl. Guido Bömer, Besitzmittlungswille und mittelbarer Besitz, Tübingen 2009, S. 188.

概念的现象并非不可。从立法史的角度来看,间接占有先于自主占有而规定于立法中的重要原因在于,当时立法者认为占有应包含体素和心素两方面,而心素要求为自己所有。因此,在当时的立法体系下,仅自主占有成立占有,因而无专门自主占有的规定。最终的《德国民法典》所采用的占有的定义,不要求据为己有的意思,但对于时效取得、所有权推定等,必须借用自主占有这一概念,因而做了专门的规定。该发展过程并不能说明间接占有无须他主占有的意思。若占有媒介人为自主占有的意思仍可成立间接占有,则会导致同时存在两个自主占有人,若发生时效取得、所有权推定等法律后果时,会发生法律效果的冲突。因此,借助占有媒介意思排除两个自主占有人有重要的意义。提出通过占有媒介意思无法保证事实上的控制力亦不具有说服力。间接占有人的控制力为一个事实状态,当占有媒介人客观上具有占有媒介意思,即认可占有媒介关系,并于到期时愿意返还,则间接占有人客观上具有事实上的控制力。该种控制力无须法律特别的构造,而为客观存在的事实状态。

占有媒介意思与间接占有的法律效果之间的冲突,亦可以有合理的解释。首先,对于权利移转中,返还请求权的让与无须以通知为要件。如前所述,所有权的移转并不以间接占有的移转为前提。但所有权的移转通常伴随着占有的变动。在返还请求权的让与中,买受人获得了对占有媒介人的返还请求权,并具有间接占有之意思。而对于占有媒介人而言,其占有媒介意思存在两种合理的解释路径。其一,有学者提出,推定占有媒介人的占有意思自知悉不通顺,与其义务一致。但就此观点,《德国民法典》第二草案立法委员会曾就此讨论,但认为占有媒介人何时知悉难以确定。因此,否定此观点的学者认为所有权的移转不应该取决于"该难以确定的获得知悉的时间点"。[①] 此后,学者对上述观点进行了修正,认为只要取得人成为返还请求权的持有人(Inhaber),则推定其成为间接占有人:因发生返还请求权让与时,倘若占有媒介人知悉这一请求权让与,他通常也会变更其占有意思,转而为受让人占有转让物。因此,推定占有媒介人有占有意思的变更,从而能

① Vgl. Prot. Ⅲ S. 204.

够不必等待占有媒介人表示愿为受让人占有的意思。[①] 倘若占有媒介人收到关于让与返还请求权通知后,郑重表示不愿为受让人占有转让物,受让人仍然取得所有权。因为该推定仍然发挥作用,只是从占有媒介人表示不愿为受让人占有的时间起,受让人丧失间接占有。此时受让人可以从原间接占有人处取回。[②] 通过此种解释,最终将间接占有与返还请求权让与统一。其二,即耶林提出的抽象的类型意思说。该说认为,占有媒介意思中起作用的是抽象的意思,即客观第三人处于该地位中所具有的意思。换言之,在此并不考虑占有媒介人事实上的意思,而是根据交易规则和诚信原则,考虑占有媒介人应有的意思。此时,占有媒介意思与法律关系相关。[③] 依据耶林的抽象的意思说,即使具体的占有媒介人客观上已经表示不欲为间接占有人时,该意思表示毫无意义,需以客观第三人的类型意思来进行评判,如此实质上是否定了占有媒介意思,因此并不可取。而构造单一的方式通过意思表示推定的方式,符合通常情形下占有媒介人的意思。从时效取得的角度来看,占有媒介意思的改变会导致时效取得中断并不违背时效取得的目的。时效取得的目的在于促进权利人行使自己的权利。一方面,在直接占有中,他人未经占有媒介人的同意,而剥夺其占有,亦会导致时效取得的中断。因此,在间接占有中,因他人的行为导致间接占有人的取得时效中断并非难以理解。另一方面,若占有媒介人已经向间接占有人表示不会返还标的物或已经向他人转卖了标的物,而间接占有人不采取任何的救济行为,尚未尽到一般所有权人管领自己之物所应尽的义务,使其时效取得中断并无不妥。

从占有保护请求权来看,之所以间接占有人对于占有媒介人无占有保护请求权,是因为占有保护请求权的临时性救济的性质。在占有保护请求权中,“占有”是保护的客体,而无须考虑占有背后的权利。因此,即使所有权人不符合自力救济时,从小偷处抢回标的物,仍然构成“禁止之私力”,小偷可以享有占有的保护。但这并不意味着所有权人

---

① Vgl. MünchKomm/Oechsler,5. Aufl. ,München 2009, § 931,Rn. 4.

② Vgl. MünchKomm/Oechsler,5. Aufl. ,München 2009, § 931,Rn. 4.

③ Vgl. Jhering,Rudolf von,Der Bestizwille. Zugleich eine Kritik der herrschenden juristischen Methode,Jena 1889,S. 11f.

不得恢复标的物的占有。所有权人可以通过主张原物返还请求权而要求小偷恢复。因此,在小偷行使占有保护之诉时,所有权人虽不得援引权利进行抗辩,但可以另行以原物返还请求权提出反诉。而以所有权提出诉讼相较于占有之诉,有终局性。在间接占有人与占有媒介人之间又存在基础的占有媒介关系,根据该占有媒介关系,可以判断占有媒介人是否有权行使行为。当占有媒介人转变其占有媒介意思时,占有媒介人构成对间接占有人的占有侵占。间接占有人请求其恢复间接占有,即要求占有媒介人转换其占有媒介意思。占有媒介人与间接占有人之间的权利状态需要通过基础关系进行判断,即占有媒介人是否有权利为此行为:若占有媒介人无权为此行为,间接占有人可以通过基础关系而要求占有媒介人返还占有等;若占有媒介人有权为此行为,则间接占有人无权要求其返还。比较两种救济方式,占有保护请求权客观上难以实现,法律无法强制他人思想的改变,而基础的法律关系却可以为间接占有人提供终局的解决方案,并可以防止诉累。因此,在占有媒介人与间接占有人之间不得主张基础的法律关系并无不妥。

在多层级的间接占有中,占有媒介人违背间接占有人的意思而成立转租等行为,虽然违背间接占有人的意思,但其行为并不否认占有媒介人仍然认可占有媒介关系,仍然愿意于到期返还标的物。因此,此时仍然可成立多层级的间接占有,而非导致间接占有的丧失。

从间接占有为事实上的控制力这一本质出发,占有媒介人之占有媒介意思有重要意义。为保证间接占有人有事实上的控制力,占有媒介人除了非自主占有意思以外,还需要指向特定的占有人,即愿意为某个特定的占有人占有,其对于标的物的支配意思,也是间接占有人支配意思的体现。到期时愿意返还该占有于特定的当事人。该占有媒介意思为独立的要件,强调的是占有媒介人客观的意思,因此,占有媒介人的意思并非依附于占有媒介关系。在约定的占有媒介关系订立时,无论最终该合同是否有效,占有媒介人取得占有的瞬间,应推定其具有为间接占有人占有的意思。若占有媒介人已经以外在可识别的方式或表示自主占有,或表示为第三人占有,其已经不愿意为间接占有人占有,则间接占有人与物之间的媒介联系被切断,难以谓之存在有事实上的控制力。占有媒介人的意思为事实意思,但可以参考意思表示的规则进行解释。具体而言,当占有媒介人将标的物转租时,从客观第三人的角度来解释占有媒介人的该行为,应认为,此时占有媒介人仍然认可间接占有人的上位占有人的地位,认可占有媒介关系,仍然愿意于条件满足时返还标的物的所有权。当占有媒介人将标的物转卖时,即使尚未交付,但转卖行为足以表明,占有媒介人转变为自主占有,并且不再愿意返还标的物,此时间接占有人与标的物之间仅仅存在返还请求权的联系,而控制力不足,其间接占有丧失。

第二节　占有媒介关系

经过长期的理论争议,德国民法学界通说认为占有媒介关系为间接占有的必要要件。① 占有媒介关系这一要件源于《德国民法典》第868 条的条文表述,该条列举了一些占有媒介关系的种类,但仅为列举,法条还兜底性地规定了"其他类似的关系"也可以产生间接占有。② 学者认为该种所谓的"类似"并非债法上权利义务的类似,而是占有法上对物占有关系的类似,③基于该种关系间接占有人与标的物之间产生了某种联系。但作为一种社会生活关系,④如何判断是否构成了占有媒介关系不无疑问。因此,本章以占有媒介关系的学术共识为出发点,对具体的识别要件进行逐一分析,最终揭示占有媒介关系的真实面目。

---

① 德国通说对于间接占有的要件中均包含"占有媒介关系"。Vgl. Vieweg. Werner, Sachenrecht 6. Aufl. . Vahlen. § 29; Jürgen F. Baur/ Rolf Stürner, Sachenrecht, 18. Aufl. , München 2009, § 7; Westermann, Sachenrecht Band I, 7. Aufl. § 17 Rn. 118. 我国对于间接占有制度深入研究的文献较少,但只要涉及间接占有要件的,均吸收德国通说之观点以占有媒介关系这一要件为必要,如宁红丽:《物权法占有编》,中国人民大学出版社 2007 年版,第 120 页;覃远春:《论占有及其民法保护》,中国社会科学出版社 2012 年版,第 41 页;周梅:《德国法上的占有中介关系之构成要件》,载《南京大学法律评论》2009 年第 2 期;张双根:《间接占有制度的功能》,载《华东政法大学学报》2006 年第 2 期。

② Vgl. Jürgen F. Baur/ Rolf Stürner, Sachenrecht, 18. Aufl. , München 2009, § 7, Rn. 33; Wolff/Raiser Sachenrecht § 8 V; Jürgen F. Baur/ Rolf Stürner, Sachenrecht, 18. Aufl. , München 2009, § 7.

③ Vgl. Westermann, Sachenrecht Band I, 7. Aufl. S. 111.

④ Vgl. Westermann, Sachenrecht § 8 V. 转引自周梅:《德国法上的占有中介关系之构成要件》,载《南京大学法律评论》2009 年第 2 期。

一、关于占有媒介关系的学界通说

(一)占有媒介关系独立于基础法律关系

按照现今之通说,占有媒介关系并不依赖于产生占有媒介关系的基础法律关系,即占有媒介关系与基础法律关系是相分离的。[①] 这种分离性体现在,占有媒介关系的有效性不依赖于基础法律关系。即使成立此类的法律关系的合同未生效、无效、终止,占有媒介关系仍然可以成立生效,间接占有亦不受影响。[②] 以租赁关系这一典型的间接占有关系为例:出租人为间接占有人,承租人为直接占有人,出租人与承租人之间存在占有媒介关系,这种占有媒介关系独立于租赁关系而存在,即使租赁合同被确认为无效,出租人的间接占有仍不受影响。

对于占有媒介关系与基础法律关系的分离性,学者进行了充分的论证。

首先,德国学者从实体法出发,认为《德国民法典》第868条中使用的"作为"(als)一词[③],表明当事人的意思起决定作用。当事人是否真的为承租人、用益权人等并不重要,一种臆想的关系足矣,即直接占有人把自己当作承租人、用益权人,且承认有返还标的物的义务即可。[④] 对此,也有学者提出,即使约定的占有媒介关系无效,间接占有人还可以依据无因管理、不当得利等法定之债作为占有媒介的基础。[⑤]

其次,从占有的性质来看,占有为事实关系。间接占有属于占有,那么作为事实关系的间接占有也不应通过法律关系而生,而应基于一

---

① Vgl. Staudinger, Kommentar zum Bürgerlichen Gesetzbuch, Berlin 2016 § 868, Rn. 15.

② 持有该观点的有:RG135, 78, BGH NJW 55, 499, Motive zu dem Entwurf eines Bürgerlichen Gesetzbuchs für das Deutscehe Reich 3(1888), S. 99; Protokolle der 2. Kommission 6071, Mugdan, Die gesammten Matrialien zum Bürgerlichen Gesetzbuch für das deutsche Reich 3(1899). S. 516f; Windscheid Kipp, Lehrbuch des Pandektenrechts(1906), S. 797; Reiß. Über mittelbaren Besitz, Diss, Merburg(1904), S. 21; Prizibill, Erwerb und Verlust des mittelbare Besitz, Diss. Freiburg(1905), S. 26;崔建远:《物权法》,中国人民大学出版社2011年版,第137页。

③ 《德国民法典》第868条规定:作为用益权人、质权人、用益承租人、使用承租人、保管人或者基于其他类似的法律关系而占有其物的人,由于此类关系对他人暂时享有占有的权利或者负有义务时,该他人也是占有人(间接占有人)。

④ Vgl. BGH NJW 1955, 499; Joost D. Münchener Kommentar zum Bürgerlichen Gesetzbuch. VI, Sachenrecht, München, 2009, § 868, Rn. 15.

⑤ Vgl. Erman, Handkommentar zum BGB, 12. Aufl. 2008, § 868, Rn. 11 – 38.

个事实类型的关系，即占有媒介关系。从占有的性质来看，占有媒介关系与间接占有基础法律关系应当被分别确定。①

再次，从间接占有制度的目的来看，基础法律关系是否有效不应该区别对待。间接占有的制度目的在于对间接占有人对物重新恢复直接占有之期望的保护。② 在租赁合同无效的情况下，出租人仍然具有该期待。合同无论有效与否，出租人所具有的客观期待并无不同，均符合第869条保护之目的，应为间接占有所涵盖。

最后，有学者认为，如若占有媒介关系取决于基础法律关系的有效性，对于无民事行为能力或限制行为能力人颇为不利。例如，无民事行为能力或限制行为能力的善意自主占有人将标的物租给他人，租赁合同无效，若否认间接占有的成立，则时效取得中断，既无法取得标的物的所有权，又无法获得间接占有的保护等。上述情形下，无民事行为能力或限制行为能力人作为上位占有人本属特别需要保护的情形，反而因其行为能力而使其丧失相关救济途径，无法获得法律保护。③

正是基于上述理由，即使基础的法律关系有效力瑕疵，亦不应否认间接占有的成立。若认可占有媒介关系为间接占有的构成要件，则此时占有媒介关系亦应成立有效。

（二）基础法律关系为占有媒介关系之衡量基础

有学者一方面赞同通说，认为间接占有不以基础的法律关系的有效性为基础，但另一方面，又认可法律规定中关于"有权占有或有义务占有"的要件④。而这一立场本身就存在自相矛盾之处。有学者提出此正是"占有媒介关系"之要件的体现：一方面可以区分占有辅助关系；另一方面可以区分单纯的债务关系。⑤ 占有辅助关系中，占有辅助人应完全遵从他人关于物的指示，而占有媒介关系中无此严格的上下级关系；

---

① Vgl. Westermann /GurskySachenrecht，7. Auf.，Heidelberg1990，S. 191，Ernst，Eigenbesitz und Mobiliarerwerb，Tübingen1992，S. 125 – 126. 转引自庄加园：《间接占有与占有改定下的所有权变动——兼评〈中华人民共和国物权法〉第27条》，载《中外法学》2013年第2期。

② Vgl. Hans Josef Wieling，Sachenrecht. 5. Aufl. Springer 2006. § 6 I2.

③ Vgl. Jürgen F. Baur/ Rolf Stürner，Sachenrecht，18. Aufl.，München 2009，§ 7，Rn. 45.

④ Vgl. Biermann，Das Sachenrecht，2. Aufl. 1903，§ 868 N. 2 b；Erman-Werner，Handkommentar zum BGB 13. Aufl. 2011，§ 868N. 8.

⑤ Vgl. Westermann，Sachenrecht Band I，7. Aufl. S. 111.

与一般的债务关系相比,占有媒介关系中强调的是人与物之间的联系,是对物占有法上的归属关系。

对此,学者提出了两种可能的解释路径。一种解释路径认为,所谓的占有媒介关系,只要从外观视之认为直接占有人是作为承租人等进行占有即可。该种法律关系以通常的“交易往来”(Rechtsverkehr)作为判断的基础。[①] 该占有之状态需为外界所识别,因而对外可为识别的事实构成占有媒介关系,即当事人必须订立占有媒介关系,但该关系是否有效在所不问。另一种解释路径认为,占有媒介关系完全取决于直接占有人的想法或双方当事人的想法。只要当事人认为存在有效的法律关系,即使法律关系无效也不影响间接占有。[②] 只要直接占有人按照约定的法律关系占有且到期返还即可。但该种完全取决于直接占有人主观想法的观点已经过时[③],取而代之的是所谓的假想的法律关系(Putativrechtsverhältnis)。[④] 间接占有的产生必须订立相应的法律关系,并以此成为当事人假想的法律关系的基础。假想的法律关系与占有媒介意思并不相同。占有媒介意思强调的是当事人对于存在的法律关系是否认可,最为典型的情形是,直接占有人明知存在特定的法律关系,但却不予以认可。而假想的法律关系则通常为当事人对于法律关系的有效性的认识错误。

此两种解释路径都能够很好解释为什么间接占有中无须有效的基础法律关系,但仍然不放弃对于基础法律关系的要求。区别在于第一种解释路径是以客观的、公正的第三人(objektiven billig und gerecht denkenden Dritten)作为判断的标准;而第二种解释路径,则是当事人主观的想法,该想法基于轻过失或重大疏忽大意等在所不问。在当事人对法律关系有效性事实上发生了认识错误,无论从客观第三人的角度来看是否应发生上述错误,只要错误可以证明时,则间接占有成立。

但无论如何,上述两种解释路径均很好地论证了为何在占有媒介

---

① Vgl Guido Bömer, Besitzmittlungswille und mittelbarer Besitz, Tübingen 2009, S. 37. BGH, NJW 1955, 499(499); BGH, Urt. v. 21. 4. 1978-I ZR 135/76; Biermann, Kommentar zum BGB, § 868 Anm. 7b.

② Vgl. Schlegelberger-Vogels/Pritsch § 868 Rn. 14; Brehm-Berger, § 3 Rn. 14.

③ Vgl Guido Bömer, Besitzmittlungswille und mittelbarer Besitz, Tübingen 2009, S. 39.

④ 该概念首次在 KG. OLGE 18, 140(141)中出现。

关系与基础法律关系分离的情形下，仍然要求基础法律关系的存在。

二、占有媒介关系的要件识别分析

既然基础的法律关系是占有媒介关系的判断基础，那么我们需要解决的是哪些法律关系可以成为此处的基础法律关系。《德国民法典》第 868 条不完全列举了一些法律关系并概括到"与此相类似的关系"(ähnlichen Verhältnis)。因此，核心的问题在于什么样的关系可以认为具有"类似性"。显然，此处的"类似性"并非指债法上权利义务的相似性，而是指占有法关系上的类似性，这种关系强调的是人与物之间的联系。这种人与物之间的联系如何体现，学者提出了不同的理解。综合学者的观点，对于占有媒介关系的识别有以下因素：占有权的传来、占有媒介关系需要足够特定性、时间上的限制、存在有效的返还请求权。①

（一）占有权传来要件的含义模糊

占有权传来(Besitzrechtsableitung)是指占有媒介人的占有权利是从上一级占有人的法律地位分离出来，②这也就意味着上位占有人的法律地位更强(stärker)，比占有媒介人的法律地位更加广泛(umfassender)，即通常所说的上位占有人的上级地位。占有媒介人的法律地位是上位占有人全部法律地位的一部分。③ 在表述占有权的传来时，学者多强调此处针对的是占有的权利，而非占有本身。④ 占有权的传来并不意味着必须先为间接占有人直接占有再转移到占有媒介人处，⑤而只需发生权利的传来即可。"占有权的传来"这一要件意味着下位占有人的占有权源于上位占有人。因此，间接占有人的占有权利必须强于占有媒介人。虽然不像占有人与占有辅助人中的上下级服从关系，占有媒介人与间接占有人之间存在一定程度上的上下级关系仍然

---

① Vgl. Westermann, Sachenrecht Band I, 7. Aufl. , § 17. Rn. 1; Joost D. Münchener Kommentar zum Bürgerlichen Gesetzbuch. VI, Sachenrecht, München, 2009, § 868, Rn. 22; Jürgen F. Baur/ Rolf Stürner, Sachenrecht, 18. Aufl. , München 2009, § 7, Rn. 40.

② Vgl. Klaus Müller. Sachenrecht. 4Aufl. Carl Heymanns, 1997, § 17, S. 123.

③ Vgl. Jürgen F. Baur/ Rolf Stürner, Sachenrecht, 18. Aufl. , München 2009, § 7, Rn. 40; Joost D. Münchener Kommentar zum Bürgerlichen Gesetzbuch. VI, Sachenrecht, München, 2009, § 868, Rn. 21.

④ Vgl. Klaus Müller. Sachenrecht. 4. Aufl. Carl Heymanns, 1997, § 17. S. 123.

⑤ Vgl. Klaus Müller. Sachenrecht. 4. Aufl. Carl Heymanns, 1997, § 17. S. 123.

不容否定。[①]

占有权的传来这一要件是否存在，学者也存在诸多争议。持肯定说的学者认为，为了使间接占有人的权利比占有媒介人更强，占有权的传来十分必要。正是该要件，才能产生所谓的“上位占有人”和“实际控制力”。[②] 另外，学者也从德国的现行法律规范中寻找了实体法依据，认为法条中多次提及了关于“占有权的传来”这一要件。具体而言，《德国民法典》第986条对于占有人的抗辩中提出，“……当占有人自间接占有人处取得传来占有权的情形下，占有人可以拒绝返还标的物”；第991条关于占有媒介人的责任中规定，“占有人自间接占有人传来取得占有权的，就用益而言，仅在间接占有人也具备第990条的要件或诉讼系属已对于间接占有人发生时，才适用第990条的规定……”支持该观点的学者认为，正是借助该要件，能够很好地解释为何在买卖关系下于订立买卖合同后交付前出卖人的占有不构成间接占有：此时出卖人占有的权利并非来自买受人，而是从其所有权人的地位而来。[③]

但将“占有权的传来”作为判断占有媒介关系的识别要件，则意味着借助该特征可以区分是否为占有媒介关系，而这以“占有权的传来”有清晰的定义为前提。但遗憾的是，占有权传来这一标准的含义并不明确。[④] 学者仅仅描述为“占有媒介人的占有权利是从上一级占有人的法律地位分离出来”[⑤]、“上位占有人的法律地位更强（stärker），更加广泛（umfassender）或占有媒介人的法律地位是上位占有人全部法律地位的一部分。”[⑥]

若认为该概念强调占有权利的来源，即占有媒介人的占有权利来自间接占有人，似乎意义并不大。因为任何一种权利，如果不是原始取

---

① Vgl. Soergel-Mühl, Kommentar zum Bürgerlichen Gesetzbuch, 12. Auf. 1990, § 868 Rn. 11.

② Vgl. Westermann, Sachenrecht Band I, 7. Aufl., § 18, Rn. 7.

③ Vgl. Jürgen F. Baur/ Rolf Stürner, Sachenrecht, 18. Aufl., München 2009, § 868, Rn. 37.

④ Vgl. Hans Josef Wieling, Sachenrecht. 5. Aufl., Berlin 2006, S. 439ff.

⑤ Vgl. Klaus Müller. Sachenrecht. 4. Aufl. Carl Heymanns, 1997, § 17. S 123; Westermann, Sachenrecht Band I, 7. Aufl., § 18. S. 113; Wendt AcP 87, 40; Wolff/Raiser § 8 I1a; Jürgen F. Baur/ Rolf Stürner, Sachenrecht, 18. Aufl., München 2009, § 7B Ⅲ 1bb; Jan Wilhelm, Sachenrcht, 4. Aufl. Berlin2010, Rn 333; Müller K., Sachenrecht. C. Heymann, § 17, Rn. 229.

⑥ Vgl. Jürgen F. Baur/ Rolf Stürner, Sachenrecht, 18. Aufl., München 2009, § 868, Rn. 21.

得，则均是从其他权利上传来。但并非所有来自前手的权利均认为是间接占有，如买受人的所有权是自出卖人处传来，占有以该传来的所有权作为占有权源，但并不认为成立间接占有。其次，间接占有关系中，间接占有人本身有可能是无权占有，自无"权利"可移转给占有媒介人；如小偷出租标的物时，小偷为间接占有人，承租人根据租赁合同享有租赁权，但谓其权利自小偷处传来，难以令人接受。再次，间接占有中，占有媒介人并无占有权的情形并不少有，如租赁合同无效时，仍可成立间接占有，此时所谓的占有媒介人的占有权自间接占有人处传来的观点不攻自破。[①] 另外，间接占有人的权利也有并非来自前手，而来自法律的特殊规定的情形，如破产管理人的占有权利并非来自债务人，而是法律规定而享有的独立的占有权利，为破产财产的间接占有人。[②] 因此，无法借助此种理解下的"占有权的传来"来判断是否构成间接占有。

若认为该概念的重点在于体现"法律地位强弱"，即间接占有人的地位高于占有媒介人，似乎此"地位之高低"在理解上也存在疑问。从民法的角度来看，无论是出租人还是承租人，其法律地位并无高低之区别。间接占有区别于占有辅助的"一定程度"上下级关系，语焉不详难以理解。对此有学者甚至反驳道，当所有权人出租标的物给出租人，承租人的租赁权在承租期间强于所有权人的，当所有权人与承租人之间涉及物的占有的争议时，当然是承租人胜诉。对于所有权人，占有媒介人拥有更强的权利。[③] 显然，将该要件之核心落脚于"地位高低"仍未解其意。

此外，对于某些间接占有的情形，客观上并不存在任何意义下的占有权的传来。当间接占有人本身为无权占有时，例如：盗贼出租偷来的物品，其为间接占有人。若认为承租人自盗贼处基于租赁合同传来其占有的权利，则存在疑问的是，他占有的权利从盗贼的什么权利传来而来；[④]再如，当占有媒介人和间接占有人之间的法律关系无效，占有权如

---

① Vgl. Hans Josef Wieling, Sachenrecht. 5. Aufl., Berlin 2006, S. 439ff.

② Vgl. Rosenberg. Kommentar zum Sachenrecht(1919), § 868 N Ⅱ 2a.

③ Vgl. Hans Josef Wieling, Sachenrecht. 5. Aufl., Berlin 2006, S. 439ff.

④ Vgl. Hans Josef Wieling, Sachenrecht. 5. Aufl., Berlin 2006, S. 439ff.

何传来也难以解释;如前盗贼租赁例中租赁合同无效,间接占有人和占有媒介人均无占有权,但此时仍认为存在间接占有应如何理解。显然,自无权占有人基于无效合同中能传来占有权显然难以令人信服。① 而在法定占有媒介关系的情形下,占有权的来源更是难以"传来"进行解释。最后,对于《德国民法典》中第 986 条或第 991 条规定涉及"占有权传来"文义而言,可以解释为仅指代的是对于有占有权传来的间接占有的情形,会发生占有人的抗辩、直接占有人的责任。依其文义的此种理解,也可以证明占有媒介关系的"占有权的传来"这一特征并非必需。

(二)特定性要件的弱化

占有媒介关系下的特定性(Konkretheit/Bestimmtheit)包含占有媒介关系特定、物特定两个方面。② 提出该要件之实益在于对于买卖关系中买受人是否可以成立间接占有,通过占有改定的方式获得标的物的所有权。当出卖人仅为单纯的抽象(bloß abstrakt)表明其将来为取得人占有的意愿时,认为不具有特定性③,从而否定间接占有的成立。我国实务中亦有借助特定性的识别要件来否定间接占有成立,下文将结合相关案例进行分析。

1. 标的物特定性

间接占有之物必需特定,是由物权的特定原则(Spezialitätsprinzip)推导而来。间接占有具有物权移转功能、时效取得功能等④,皆与物权相联系。物权需指向特定的对象,因而间接占有也需指向特定的对象。

以实务案例为例:耀荣公司欠嘉乾公司 168 万元,双方经法院调解形成的《抵债协议》中约定,耀荣公司同意将库存的 600 万只 100ml 输液瓶,按单价 0.28 元总估值 168 万元抵债给嘉乾公司。如产品数量不足,须以其他等价值规格产品抵债或其他方式抵债。嘉乾公司如在两日内提走货物,则耀荣公司不收取保管费,否则需每月缴纳 1000 元的

---

① Vgl. Staudinger, Kommentar zum Bürgerlichen Gesetzbuch, Berlin 2016, § 868, Rn. 22.

② Vgl. Staudinger, Kommentar zum Bürgerlichen Gesetzbuch, Berlin 2016, § 868, Rn. 20.

③ Vgl. Vieweg. Werner. Sachenrecht. 6. Aufl. § 23, Rn. 29.

④ 参见倪龙燕:《物权法中涉及的间接占有功能论要》,载《北华大学学报(社会科学版)》2016 年第 2 期。

保管费。在抵债协议签订时,仓库中还存在其他的输液瓶。后双方就该批输液瓶的所有权发生纠纷(以下简称耀荣公司案)。法院认为"从条款内容来看,双方并未就抵债的输液瓶进行清点,是否有这么多数量的输液瓶及其产品质量如何双方均未清点和查看。因此,保管合同的标的物未特定化,数量也没有确定,无法认定哪些物品系抵债协议指向的标的物,即保管标的物并未特定化。双方之间保管合同并未成立,因此当事人之间的协议不符合占有改定的构成要件。"[①]依法院的逻辑,因标的物不具有特定性,进而不认可保管关系,间接占有随之被否定,不成立占有改定。

2. 关系特定性

所谓的关系特定,是指占有媒介关系必须基于特定的负担原因(bestimmten oder individualisierten Verpflichtungsgrund),占有媒介人享有使用权利或负有保管义务,并且据此产生在规定的时间内有返还请求权的间接占有人。[②] 如若仅抽象表明一方当事人应当为另外一方占有标的物,或者在未约定特定的使用或保管关系而仅承诺到期会返还标的物的,均不满足特定化的要求。[③]

同样,以实务案例为例进行分析:2009 年 11 月 20 日港润公司与源宏祥公司达成买卖合同,并约定七台设备的所有权自该协议生效之日起移转于源宏祥公司,且港润公司应在 2010 年 3 月 31 日前将该设备交付源宏祥公司。但在协议约定的交付时间到期后,港润公司并没有将这些机器设备交付于源宏祥公司。在港润公司进入破产程序后,源宏祥公司要求确认港润公司七台设备的所有权归其所有(以下简称港润

---

① 江苏省南通市中级人民法院民事判决书(2014)通中商终字第 0364 号。

② Vgl. Soergel-Mühl, Kommentar zum Bürgerlichen Gesetzbuch, 12. Auf. 1990, § 868 Rn9; Vieweg. Werner, Sachenrecht 6. Aufl. Vahlen. § 2 Ⅱ 3, Rn. 29.

③ Vgl. RG HRR1933 NR1186; Staudinger, Kommentar zum Bürgerlichen Gesetzbuch, Berlin 2016, § 868 Rn. 17; Soergel-Mühl, Kommentar zum Bürgerlichen Gesetzbuch, 12. Auf. 1990, § 868 Rn. 9, a. M. Heck 500 ff; Joost D. Münchener Kommentar zum Bürgerlichen Gesetzbuch. VI, Sachenrecht, München, 2009, § 868, Rn. 14; RGZ 49, 170, 173f; 54, 396, 398; 132, 183, 186; Westermann, Sachenrecht Band I, 7. Aufl., § 18, 3; WarnR 1925 nR166, RG Recht1913, RG JW1927, 669.

公司案)。[①] 法院认为,当事人之间的协议不构成占有改定。当事人签订的协议有效,也只是产生债权效力,并未发生物权变动效力,不满足占有改定中"双方又约定由出让人继续占有该动产"的要求,因此不构成占有改定,所有权不发生移转。依法院的逻辑,因协议未明确依何出让人继续占有,因而买受人无法取得间接占有,无法依占有改定取得标的物的所有权。

3."特定性"要件的弱化

从上述两个实务中的案例可以看出,法院均以特定性要件不满足而否定了间接占有。但理论上,对如何界定占有媒介关系中的特定性存在很大争议,且随着让与担保等制度的发展,特定性要件逐渐弱化。

就间接占有下物的特定性而言,以物权特定作为间接占有标的物特定的理由,显然不具有说服力。占有作为事实,对于其客体的特定性要求应与物权的特定性有所区别,无法以物权特定性来论证占有标的物的特定性要件。无论是德国还是我国学界均达成一致的是,即使非可为权利的标的物,也可以成为占有的客体。[②] 例如,我国土地归集体和国家所有,而不得为私人物权之标的物,然得为私人占有之标的物。此外,对于物的部分,虽然不得为独立物权的客体,却可以成为间接占有的对象。例如,占有他人土地的一部分作为停车场、将房屋的一室出租给他人。《德国民法典》第 865 条则直接规定了部分占有。[③] 既可为占有之客体,必可为间接占有的客体。由此可见,间接占有下标的物特定化要求显然低于物权的情形。此外基于动产浮动抵押制度,学界的主流观点认为,对于在某个特定空间内的物,即使门是打开的,也认为符合特定性。[④] 只要进入仓库,则认为被特定化。而所谓的特定化的时间点,依据通说只需要在返还请求权时,可以确定其对象即可。[⑤]

① "青岛源宏祥纺织有限责任公司诉港润聊城印染有限公司取回权确认纠纷案",《最高人民法院公报》2012 年第 4 期公报案例。案件事实涉及三方因第三方与动产物权变动无关故在事实陈述中省略该方并对无关事实予以简化。

② 参见谢在全:《民法物权论》(下册),中国政法大学出版社 2011 年版,第 1136 页。

③ 参见王泽鉴:《民法物权》,北京大学出版社 2009 年版,第 406 页。

④ Vgl. Erman, Handkommentar zum BGB, 12. Aufl. 2008, § 868, Rn. 7.

⑤ Vgl. Staudinger, Kommentar zum Bürgerlichen Gesetzbuch, 2016. § 868, Rn. 20.

就占有媒介关系特定性而言,学者更是提出了质疑。① 就法律行为的发生而言,不仅可以基于当事人明示,而且在默示的场合,甚至在一方当事人沉默的情形都有存在的余地。约定的占有媒介关系作为法律行为的下位概念,并没有排除基于当事人默示而发生的充分理由。② 如上述港润公司案例中,当事人已明示约定所有权移转的时间,自然可期待出让人自那一时刻起,由自主占有变为他主占有,受让人也自那刻起取得了转让物的间接占有。③ 而该关系具体指向借用关系、保管关系还是其他,则可结合事实状态进行判断。若占有人将标的物保管于仓库之中,不享有其占有使用利益,可以认为构成保管关系;若占有人得使用标的物,或需向所有权人缴纳一定的保管费用,则可以认为构成借用关系。但无论具体为何者,皆可以通过解释当事人的意思,使之符合关系特定性的要求。随着所有权保留买卖制度及让与担保制度的发展,学者们更是使出浑身解数为特定性要件进行辩护。有的学者从意思表示解释的角度出发,有的学者提出让与担保本身就构成足够确定的占有关系。④但各种解释尝试的背后,体现的是特定性要件的不断弱化。有的学者甚至直接指出,在担保实践中,占有改定约定的特定化要求,已然流于空话,担保人只需要号称他自现在对因担保而让与的标的物,是以借用人或管理人的身份而为被担保人进行占有,就可以达到占有改定之目的。⑤

综上可知,明示或默示均可作为订立占有媒介关系的方式、各种意思表示解释的路径来确定占有媒介关系的特定性,甚至在某些领域直接放弃特定性的要求,均可说明借助"特定性"来判断占有媒介关系的意义越来越小。

---

① Vgl. Jürgen F. Baur/ Rolf Stürner, Sachenrecht, 18. Aufl., München 2009, §7, Rn. 48.

② Ernst, Sachenrecht. S. 126. 转引自庄加园:《间接占有与占有改定下的所有权变动——兼评〈中华人民共和国物权法〉第27条》,载《中外法学》2013年第2期。

③ 参见庄加园:《间接占有与占有改定下的所有权变动——兼评〈中华人民共和国物权法〉第27条》,载《中外法学》2013年第2期。

④ Vgl. BGH WM1961, 1046, 1048, NJW RR2005. 280. 281, Hamm NJW1970, 2067F, Westermann, Sachenrecht Band I, 7. Aufl., §41 Ⅱ2.

⑤ VglJürgen F. Baur/ Rolf Stürner, Sachenrecht, 18. Aufl., München 2009, §7, Rn. 48.

(三)间接占有人的返还请求权的要件之争

通说认为返还请求权是间接占有最重要的要件。① 该要件在实践中也往往为最重要的判断要件。②

1."返还请求权"要件的理解

返还请求权既可以基于约定的基础法律关系而生,也可以基于法定之债而生。间接占有以约定的占有媒介关系为基础而产生时,返还请求权基于该基础法律关系而生。如出租、出借关系中,间接占有人于租赁期满或借用期满时,可以基于租赁或借用合同,而享有要求占有媒介人返还标的物的权利。若该基础合同无效,通说认为,返还请求权可以基于不当得利等法定之债而生。③

对于返还请求权的理解,从时间上来看,并不要求间接占有人在任何情形下、任何时间内均可以向占有媒介人要求返还;只要返还请求权的发生并非任何时间并终局的被排除即可④。例如,以租赁或借贷为基础的法律关系中,在租赁期或借用期间,间接占有人并不能要求占有媒介人返还,但此时仍然认可间接占有的成立。若请求权为有期限或者附条件的并不影响间接占有的成立,因此而产生的间接占有本身不会附加条件。⑤ 最后,期限届满时,间接占有人既可以要求原直接占有人向自己返还,也可以要求其向第三人返还。

2."返还请求权"要件之争

(1)通说:"返还请求权"为必要要件

通说认为返还请求权为占有媒介关系中最为重要的要件。持间接占有的本质为事实上的控制力的观点的学者认为,若无返还请求权就

---

① Vgl. Hans Josef Wieling, Sachenrecht. 5. Aufl. ,Berlin 2006. S. 439ff.

② Vgl. Staudinger, Kommentar zum Bürgerlichen Gesetzbuch, Berlin 2016, § 868, Rn. 23.

③ Vgl. Wolf/Wollenhof, Sachenrecht. Verlag C. H Beck, § 4 Rn27; Erman, Handkommentar zum BGB, 12. Aufl. 2008, § 868 Rn. 10; Jürgen F. Baur/ Rolf Stürner, Sachenrecht, 18. Aufl. , München 2009, § 7, Rn. 44; Joost D. Münchener Kommentar zum Bürgerlichen Gesetzbuch. VI, Sachenrecht, München, 2009, § 868, Rn. 16.

④ Vgl. Soergel-Mühl, Kommentar zum Bürgerlichen Gesetzbuch, 12. Auf. 1990, § 868 Rn. 13.

⑤ Vgl. Soergel-Mühl, Kommentar zum Bürgerlichen Gesetzbuch, 12. Auf. 1990, § 868 Rn. 13; Erman, Handkommentar zum BGB, 12. Aufl. 2008, § 868 Rn. 10.

无对物事实上的控制力。[①] 返还请求权作为间接占有人对物控制的媒介,建立了人对物的联系。若缺乏了返还请求权,直接占有人得对物持续的占有,则间接占有不复存在。[②] 其次,从《德国民法典》第 868 条的条文来看,“暂时”表明直接占有人的占有受时间限制,则间接占有人有返还请求权。如果没有返还请求权,直接占有人的占有就不受时间限制。[③] 另外,《德国民法典》第 870 条还规定,间接占有的转让通过返还请求权让与的形式实现,这也就意味着必须存在客观真实的请求权。[④]

此外,有学者从立法目的出发,认为无返还请求权之情形无纳入“间接占有人”之必要。间接占有制度的目的在于两点:其一,使特定的人可以享有占有保护;其二,使特定的人可以移转或取得物权法上的权利。[⑤] 以下述情形为例进行分析。小偷 A 偷了一辆车,为了以后方便使用,便交给跟他合谋的修理厂刷漆,在被修理厂占有期间被小偷 B 窃走[⑥](以下简称小偷窃车案)。在这种情形下,小偷 A 对小偷 B 不存在任何的返还请求权。[⑦] 由于该种情形下并不涉及物权法上的权利,因此仅需考虑占有保护。事实上,当车辆尚且未被小偷 B 偷走时,小偷 A 回复其直接占有尚且无法得到法律的保护。在汽车被小偷 B 偷走之后,若赋予小偷 A 对小偷 B 有直接要求向自己返还之请求权,这一高于被偷前的地位难以得到合理的解释;若赋予小偷 A 对小偷 B 仅有向修理厂返还之义务,而小偷 A 对标的物的控制完全取决于修理厂之主观心

---

① Vgl. Staudinger, Kommentar zum Bürgerlichen Gesetzbuch, Berlin 2016 § 868 Rn. 20.

② Vgl. Hans Josef Wieling, Sachenrecht. 5. Aufl., Berlin 2006, § 6. I 2; Staudinger, Kommentar zum Bürgerlichen Gesetzbuch, Berlin 2016 § 868 Rn. 20.

③ Vgl. Erman, Handkommentar zum BGB, 12. Aufl. 2008, § 868 Rn. 10; Guido Bömer, Besitzmittlungswille und mittelbarer Besitz, Tübingen 2009, S. 4.

④ Vgl. Klaus Müller. Sachenrecht. 4. Aufl. Carl Heymanns, 1997, § 17. S. 125; Erman, Handkommentar zum BGB, 12. Aufl. 2008, § 868 Rn. 10.

⑤ 参见周梅:《间接占有返还请求权》,法律出版社 2007 年版,第 99 页。

⑥ 案例来源:Hans Josef Wieling, Vorassetzung, Übertragung und Schutz des mittelbaren Besitzes, AcP184(1984), S. 448。

⑦ 从合同的角度来看,因违背公序良俗,小偷和修理厂的合同是无效的。从不当得利的角度来看,小偷 A 将东西交给修理厂的目的违反了公序良俗,根据不法给付之规则,其返还请求权被排除。此外,小偷既非所有权人亦非他物权人,因此,也不享有所有物返还请求权。

态，其占有利益仍然无法得到法律的有效保护。名为保护间接占有人，实为保护占有媒介人，而占有媒介人的地位可以通过自己的占有返还请求权继续进行保护，而无须进行如此繁复之构造。对于真正需要保护的汽车的所有权人，无须通过上一级间接占有人的地位即可获得保护。所有权人的保护可以通过其他条款实现：汽车的所有权人可以依所有物返还请求权向小偷 B 要求返还；依侵权向小偷 A 主张返还财产。以上一级间接占有人地位来进行保护，既不实用亦不高效。

同时，支持该要件的学者对否定说提出了质疑，认为如果不要求返还请求权的客观存在，间接占有成立与否完全建立在直接占有人是否返还标的物的主观意思之上，如此则会使间接占有人的命运完全沦落于直接占有人的手中。[①] 而间接占有作为一种具体制度，其应取决于一定的客观的要件，而不应将某人的占有意思理解为法定的决定性因素。[②]

（2）魏灵的挑战："返还请求权"非为必要要件

但对此通说，魏灵却独树一帜地提出了挑战。他指出即使无返还请求权，也不会影响间接占有的成立。

首先，其就间接占有的本质是否为具有事实上的控制力提出了疑问。根据交易习惯，尽管出租物仍然为出租人的财产，但并不认为间接占有人有事实上的控制力，仅为拟制的占有。[③] 即使认为间接占有具有事实上的控制力，请求权本身也不能产生对物的联系或对物的控制力。请求权是针对某个人，请求权并不设立对物的支配权。请求权的效力为要求他人为或不为一定的行为，而与债权人和标的物之间的对物的控制力无关。

其次，魏灵还指出，返还请求权本身也不能保证间接占有人实现其占有。所有权人对盗贼有返还请求权，但不构成间接占有；买受人尽管

① 参见周梅：《间接占有返还请求权》，法律出版社 2007 年版，第 105 页。

② 参见周梅：《间接占有返还请求权》，法律出版社 2007 年版，第 99 页。

③ Vgl. Hans Josef Wieling, Sachenrecht. 5. Aufl., Berlin 2006. § 6. I2; Staudinger, Kommentar zum Bürgerlichen Gesetzbuch Aufl. 2016, § 868, Rn. 20; Hans Josef Wieling, Vorassetzung, Übertragung und Schutz des mittelbaren Besitzes, AcP184(1984), S. 446.

对于出卖人有返还请求权,可以实现其占有,但其不构成间接占有。[①]由此可见,返还请求权并非间接占有的充分条件,必须还存在其他的要件。对于承租人和盗贼,从权利的角度来看,承租人和小偷的占有并无区别;其区别在于客观事实。[②] 这也就说明对于间接占有的判断,并非占有媒介人法律上的关系起决定作用,而是事实行为。[③] 而作为判断间接占有的标准,当返还请求权与占有媒介人的事实行为不一致时,以谁为标准也就表明了该要件为唯一决定性因素。有学者提出,当权利的状态与事实上的行为不一致时,应由占有媒介人事实上的行为起决定性作用。[④] 例如,承租人在出租人死亡后将表征继承人误认为真正的继承人,而为其持有房屋,并向其支付租金,该行为使表征继承人成了间接占有人。尽管表征继承人对承租人无返还请求权,但其基于承租人事实上的行为取得了间接占有。真正的继承人尽管享有返还请求权,但根据《德国民法典》第 857 条(或者第 870 条)丧失其已取得的间接占有。虽然韦斯特曼也强调请求权对于间接占有成立的意义,但上述案例表明,请求权在事实上毫无意义。[⑤]

最后,魏灵也根据立法目的,对上述小偷盗窃车案进行了分析,指出小偷 A 虽然无任何返还请求权,但应为间接占有人。

其一,从占有保护的目的出发,小偷的直接占有为法律所保护,则间接占有不应作区别对待。如果物品是在小偷 A 自己占有时被偷,则小偷 A 可以根据占有保护请求权,要求小偷 B 返还。可见,法律保护此种情形下小偷 A 的直接占有。小偷 A 根据修理或保管合同,将标的物

---

① Vgl. Hans Josef Wieling, Vorassetzung, Übertragung und Schutz des mittelbaren Besitzes, AcP184(1984), S. 440ff.

② Windscheid-Kipp, Lehrbuch des Pandektenrechts I (9, Auff. 1906), I795.

③ Vgl. Westermann, Sachenrecht Band I, 7. Aufl. 1966, § 17, 5d; Lent schwab, Sachenrecht, 18. Aufl. (1981) § 7 Ⅱ 2; Soergel-Mühl, Kommentar zum Bürgerlichen Gesetzbuch, 12. Auf. 1990, § 868N. 10.

④ Erman-Westerman, 6. Aufl. 1975, § 868 N. 9; Erman-Werner, Handkommentar zum BGB 7. Aufl. (1981).

⑤ 相似的观点如 O. v. Gierke, 24 DJT Ⅲ 33:当所有权人在不知情的情况下承租自己之物,尽管不存在返还请求权,其为出租人的间接占有进行媒介占有。只有事实关系明确时,请求权才有决定作用。对此略持反对意见的是 Wolff-Raiser, Sachenrecht, 10. Aufl. 1957, § 8 I 3 Rn. 23. und § 14 Ⅱ 2 及 § 8 Ⅲ。

移转至修理厂，其重新取得直接占有的机会同样应该得到法律的保护。而在此案例中，无论修理厂是否负有返还义务，修理厂本身就愿意基于小偷 A 的请求权将标的物汽车返还。小偷 A 可以重新取回汽车的机会，被小偷 B 消灭了。因此，从立法目的来看，间接占有人对该事实的期待应该予以保护。此种情形下，尽管小偷 A 不具有返还请求权，但应被看作间接占有，具有间接占有的保护请求权。①

其二，认为小偷 A 为间接占有人，也有利于所有权人。认可小偷 A 的间接占有人地位，则其享有对小偷 B 的返还请求权，可以要求小偷 B 返还，所有权人进而可以找其返还。按通常之情理，汽车自小偷 A 处被偷走，小偷 A 较所有权人，追回的可能性更大。反之，若不承认小偷 A 为间接占有人，则所有权人只能自己向小偷 B 追回标的物占有，或向小偷 A 主张赔偿。反而对所有权人的保护不利。

其三，从立法资料上来看，根据德国民法典第一草案立法委员会的文献②，可以认为每个占有人都应该有获得对物的直接占有的机会，即使是第一个小偷。③ 再从占有移转功能的角度出发，认为亦应承认此种情形下的间接占有。例如，对上述案例改造：小偷 A 将汽车出卖给善意的买受人 C，并告诉他，可以从修理厂自行取车。此后，小偷 A 移转了对修理厂的"返还请求权"。若认为小偷 A 为间接占有人，则善意买受人 C 依返还请求权让与下的善意取得，获得标的物的所有权；若认为小偷 A 非间接占有人，则受让人 C 不能取得标的物的所有权。那么在此需要考虑是否应赋予受让人 C 依善意取得获得标的物的所有权。善意取得之所以区分出让人是否为间接占有人，在于当出让人为间接占有人时，取得人的信赖（认为出让人为所有权人）存在足够的基础；相反，如果出让人非间接占有人，则取得人缺少信赖的基础。而作为间接占有信赖之基础的应该是为可以被感知的客观状态或事实。返还请求权本身，作为一种权利关系，无法为当事人感知；而在间接占有关系中，可

---

① Vgl. Hans Josef Wieling, Vorassetzung, Übertragung und Schutz des mittelbaren Besitzes, AcP184(1984), S. 449.

② Vgl. Protokolle der Ⅱ. Kommission 3733.

③ 参见周梅：《德国法上的占有中介关系之构成要件》，载《南京大学法律评论》2009 年第 2 期。

以为他人所感知的，仅有占有人的客观意愿：占有媒介人在满足一定条件下将标的物返还之意愿（Bereitschaft），该种意愿为事实，具有外观可识别性，可以作为信赖基础的权利外观。该意思作为一种事实，与义务无关，与返还请求权无关。[①] 在上述案例中的第三人所能识别的仅为修理厂的返还的意思（作为信赖之基础）与保管合同，而该保管合同是否有效，是否基于该保管合同存在有效的返还请求权是为善意的受让人无法查知。因此，此种情形下，不应区分合同是否有效，而区别对待买受人。因此，上例情形中，也应当让受让人根据善意取得的规则取得标的物的所有权。因而应当承认小偷 A 具有间接占有。

（3）对魏灵观点的回应

首先，就间接占有本质论言之，魏灵指出，返还请求权是指向个人请求权，而非指向特定的物、非对物的支配权。因此，借用返还请求权并不能体现控制力。但在间接占有中，间接占有人并非对物进行直接的管领，而是借助直接占有人，因此间接占有中存在“间接占有人——直接占有人——物”的关系链。返还请求权正是间接占有人与直接占有人连接的桥梁，正是借助返还请求权，间接占有人的控制力才有了法律上的保障，能够保证间接占有人可以恢复直接占有。

其次，魏灵的第二个论据为返还请求权既不能保证间接占有人实现其占有，也不能保证间接占有人的控制力。这一论据本身不存在疑问，存在疑问的是，该论据本身似乎无法支撑“返还请求权非间接占有之要件”这一论点。间接占有的要件除了返还请求权以外，还包括占有媒介人的占有媒介意思。正是返还请求权和占有媒介人的占有媒介意思两个要件共同作用，才能保证间接占有人的控制力以及保证间接占有人能实现其占有。其逻辑相当于“返还请求权 + 占有媒介意思 = 事实上的控制力”，魏灵认为“返还请求权 ≠ 事实上的控制力”，则意味着返还请求权对于事实上的控制力毫无作用，从而认为返还请求权非间接占有的构成要件的逻辑，自不能成立。此后，魏灵指出，当返还请求权与占有媒介意思发生冲突时，以占有媒介意思为准，也说明了返还请求权的毫无意义。其典型的案例即为表征继承：当出租人死亡后，表征

---

① Vgl. Hans Josef Wieling, Vorassetzung, Übertragung und Schutz des mittelbaren Besitzes, AcP184(1984), S. 450.

继承人保有遗产，并且承租人向其缴纳租金，成为间接占有人。尽管该表征之继承人无对承租人的请求权，其基于承租人的事实行为，而成了间接占有人。而真正的继承人，尽管有返还请求权，却并非间接占有人。此案例中，被继承人已死亡，表征继承人无返还请求权，但承租人对其有返还之意愿；真正的继承人有返还请求权，但承租人对其无返还之意愿，从间接占有的要件来看，无论是表征继承人还是真正的继承人，均不具有间接占有。若必须将间接占有在表征继承人与真正的继承人中进行分配，显然，事实的返还意愿与返还请求权相较而言，立法者认为事实的返还意愿更能体现控制力。此逻辑类似于继承占有，被继承人死亡时，虽然继承人未取得占有，但法律强制性地将占有分配给继承人，以防止标的物处于无人占有之状态。可见，魏灵最具说服力之案例，仅为继承法中出于特殊考量所作出的妥协，不得推而广之，从而否定所有的间接占有无须返还请求权。

最后，魏灵从功能论出发，阐明小偷 A 应具有间接占有，亦不具有说服力。首先，就占有保护而言，在小偷 A 偷的汽车被修理厂占有期间被小偷 B 偷了的情况下，魏灵认为小偷的占有也应该得到保护，间接占有应与直接占有同样对待。但占有保护本质是为了保护占有人的支配意思，而非单纯的期待。当小偷 A 将汽车交送至修理厂时，小偷 A 对于汽车失去了控制，修理厂是否有返还之意思纯粹为偶然事件，小偷 A 事实上并无对物的控制力，其对于标的物会返还之期待亦无法律上的意义。因此，小偷 A 不成立间接占有亦无违反占有保护之目的。赋予小偷以间接占有，从而保护所有权人之论据亦不具有说服力。占有保护的目的在于保护占有人的支配意思，在特定的情形下，因对于占有人的保护可以附带的保护到真正的所有权人，但此并非意味着提高所有权人重新获得标的物的可能性就可以无限地扩大占有保护的范畴。若按此逻辑，所有权人的汽车被小偷 A 偷走后，再次被小偷 B 偷走，再次被小偷 C 偷走，小偷 A 能直接向小偷 C 要求返还标的物，亦可以增加所有权人恢复标的物占有的可能性，亦应赋予小偷 A 以间接占有。如此，间接占有的范围将无限扩大。此外，在上述两种情形下，若小偷 A 确为所有权人之利益，在小偷 C 盗窃之时可以通过正当防卫，阻止其盗窃行为；被盗之后可以通过无因管理等制度，向小偷 C 行使返还请求权等。

据此,亦可以为所有权人提供保护。

就占有移转而言,魏灵认为对于善意的买受人而言,不应以小偷与汽车修理厂之间的合同的有无效力而区别对待。但魏灵之分析在大前提下出现了偏差。该汽车的占有于所有权人而言,为非自愿地丧失占有。而对于非自愿丧失占有的标的物,不得适用善意取得。因此,该案例中,无论是否认为小偷 A 为间接占有人,买受人均无法获得标的物的所有权。将前提作修正,即不考虑所有权人非自愿丧失标的物占有这一因素,再进行分析:从买受人的善意的角度来看,买受人已经尽到了必要的注意义务,均善意的信赖小偷 A 为间接占有人,从而信赖其为所有权人。因此,在善意的要件上,两种情形并无区别。但善意取得除了"善意"的要求外,还存在"交付"之要件,即强调买受人获得比原权利人对物更强的控制力。但在上述情形下,小偷 A 对于修理厂并无任何的返还请求权,因此,其亦无法移转给买受人 B 以返还请求权。买受人客观上并无对修理厂的返还请求权,当买受人欲恢复占有状态时,买受人无法对此进行控制。因此,当所有权人和善意的买受人对物均无控制力时,对于所有权的保护应大于对于买受人的信赖保护。

(四)间接占有人占有意思的解释

1. 间接占有人的"占有意思"要件之争

通说认为,间接占有人的意思对于占有媒介关系的判断并不重要。只需要占有媒介人表明了其具有为他们进行占有的意思,同时以实际行动向外表示其具有为他们进行占有的意思,则已足矣。① 对该观点,其主要的支撑理由有二:其一,从间接占有的本质出发,间接占有非事实上的控制力,而为法律关系。因此,间接占有人之意思并不重要。其二,对于法定的占有媒介关系下,间接占有人并无占有意思。在存在"法定的占有媒介关系"此种例外的前提下,再强调间接占有人有的占有意思的,难以具有说服力。②

学者对于上述质疑也予以回应。首先指出,从间接占有的本质来看,间接占有强调的是事实上控制力,间接占有应以间接占有人相应的

---

① Vgl. Wolf/Wollenhof, Sachenrecht. München, 18. Aufl. 2002. 8V.

② Vgl. Joost D. Münchener Kommentar zum Bürgerlichen Gesetzbuch. VI, Sachenrecht, München, 2009., § 868, Rn. 21.

占有意思为前提。[①] 间接占有人承认这种法律关系存在的情形下，通过承认这种法律关系存在，对物品进行占有时产生事实上的控制力。[②] 没有人可以违反间接占有人的意思而设立间接占有。若本人不愿意接受标的物，同时也拒绝成立间接占有，则不能强制成立间接占有。[③] 若认为间接占有人的意思为间接占有的必要要件，则需要对于法定占有媒介关系情形下的间接占有的意思进行解释。一种观点认为，法定占有媒介关系为例外情形。法定情形，是对意思自由的限制某些基于法定占有媒介关系而发生的间接占有，间接占有人本人起初可能并不知道谁在为他占有，所以也不知究竟谁是直接占有人。因此这一前提并不能完全适用于法定占有媒介关系。[④] 另一种解释方式认为，在法定的占有媒介关系下，间接占有自本人知悉时溯及的产生。例如基于无因管理，管理人为本人占有某标的物。无因管理的法律关系只能让本人承担补偿的义务，而非必须接受间接占有。只有在本人同意成为间接占有人时才成立间接占有。[⑤] 同时，同意可以有溯及力，可溯及至管理人取得标的物之时。否则会影响到时效取得，导致时效中断。[⑥]

2. 本书的观点

首先，两种观点涉及对于间接占有本质的理解不同。对此，笔者认为间接占有既为占有的子类型，其应与占有的本质具有同一性，即同为事实上的控制力。因此，间接占有人的意思是其事实上控制力的体现。若不强调间接占有人的意思，则作为基于占有而被保护的间接占有人，甚至不能根据主观之意思而放弃该种因占有而产生的权利。

但如何理解间接占有人的占有意思应做具体分析。间接占有人与直接占有人之间间接占有的产生可能基于以下几种情形：约定的占有

---

① Vgl. Joost D. Münchener Kommentar zum Bürgerlichen Gesetzbuch. VI, Sachenrecht, München, 2009., § 868, Rn. 21.

② Vgl. BGH NJW 1955. 499.

③ Vgl. Hans Josef Wieling, Vorassetzung, Übertragung und Schutz des mittelbaren Besitzes, AcP184(1984), S. 440ff.

④ Vgl. Hans Josef Wieling, Sachenrecht. 5. Aufl., Berlin 2006, § 6 I2.

⑤ Vgl. Joost D. Münchener Kommentar zum Bürgerlichen Gesetzbuch. VI, Sachenrecht, München, 2009., § 868, Rn. 52.

⑥ Vgl. Hans Josef Wieling, Vorassetzung, Übertragung und Schutz des mittelbaren Besitzes, AcP184(1984), S. 439ff.

媒介关系，即间接占有人与占有媒介人之间存在有效的合同，基于该合同，间接占有人移转其占有于占有媒介人，成立占有媒介关系；法定的占有媒介关系存在以下三种情形：其一，当事人之间本来存在合意，但因合同无效，当事人嗣后根据不当得利、无因管理等制度获得返还请求权；其二，当事人之间直接成立无因管理、拾得遗失物之关系；其三，当事人之间依据专门法的规定，如破产管理、执行管理等，成立管理关系。

对于约定的占有媒介关系，可以认为间接占有人的占有意思与占有媒介关系相伴而生，因此在此种情形下，间接占有人的占有意思的理解并无难点。但在法定的占有媒介关系的情形下，间接占有人并非均不具有占有意思，该意思需要进一步进行解释。情形一中，虽然约定的占有媒介关系无效，但间接占有人将标的物的占有移转给直接占有人的行为存在取得间接占有的意思，并不因占有媒介关系无效而有所影响。在情形二中，被管理人、遗失人并无占有之意思，此时民法基于意思自治的原则，不得强加于当事人以间接占有，因而否定此种情形下的间接占有并无不妥。在此情形下，借助其他要件亦可否定成立间接占有：管理人、拾得人亦不存在指向特定上位占有人的占有意思。情形三可视为例外情形。法律在破产人与破产管理人之间建立相应的管理关系，并非当事人意思的选择，而是出于保护债权人利益而设定之制度。因此，在相关情形下，法律是为法律对意思自由的限制，当事人必须服从于法律规定。

（五）时间限制独立性的缺失

《德国民法典》第 868 条规定，占有媒介人对于标的物的占有必须是暂时的，占有媒介人不得永久的占有标的物。因此，通说认为时间限制（Zeitliche Begrenzung）也为占有媒介关系的要件之一。但通说对于时间上限制的理解较为宽泛。该期限的长短并不影响占有媒介关系的成立。期限的长短也无须事先确定[①]，甚至可以通过情景推知[②]。时间

① Vgl. Wolf/Wollenhof, Sachenrecht. München, 18. Aufl. 2002, § 4, Rn. 24; Hans Josef Wieling, Vorassetzung, Übertragung und Schutz des mittelbaren Besitzes, AcP184 (1984), S. 445ff; Joost D. Münchener Kommentar zum Bürgerlichen Gesetzbuch. VI, Sachenrecht, München, 2009, § 868, Rn. 11.

② Vgl. Soergel-Mühl, Kommentar zum Bürgerlichen Gesetzbuch, 12. Auf. 1990, § 868, Rn. 13.

的长短也并不需要一次就确定,可以延长。[①] 当该期限终止时,占有媒介人或向间接占有人返还或转变为自主占有,该间接占有终止。[②]

但显然该时间上限制的要件可以为"返还请求权"所包含。当间接占有人对直接占有人有返还请求权时,直接占有人的占有必然为暂时的。或通过返还,或通过其他途径(如所有权保留买卖中通过支付价款,从而取得所有权)使返还请求权消灭。因此,"时间上的限制"这一要件在认可"返还请求权"这一要件的情况下,意义亦不重大。

三、占有媒介关系再审视

通说之理论认为占有媒介关系为间接占有必要之要件,其与基础法律关系的有效性无关。占有媒介关系的具体构造存在两种可能:一为从客观第三人的角度,认为存在法律关系;二为当事人"假想的法律关系"。如前所述,两种构造均能解释,基础法律关系为何无效,但仍然强调占有人之间有该法律关系。但仔细分析可发现,两种构造均存在难以自圆其说之逻辑。

首先,按照"交易往来"之理论,当法律关系客观上无效,但从客观第三人的角度认为其有效时,成立占有媒介关系。基础的合同关系无效,往往是基于较为严重的瑕疵,如基于违背公序良俗、违反强制性法律规定等,此种情形下,作为客观理性的第三人不应认为此时合同还继续有效存在。因此,客观的"交易往来"的构造绝大多数情形下不能解决任何问题。相较之,当事人"假想的法律关系"存在一定的适用空间。法律关系客观上无效,但当事人误认为有效时,通过"假想的法律关系"可以很好地解释为何此时仍然需要基础的法律关系。但该种构造以当事人的"误认"为前提,则难以阐明为何在当事人明知法律关系无效后,间接占有并不终止,而继续有效存在。有学者认为,虽然基础的法律关系失效,但不当得利、无因管理等法定的占有媒介关系仍然存在。[③] 但该种解释最终仍然使"假想的占有媒介关系"失去了意义:无因管理、不

---

① Vgl. Joost D. Münchener Kommentar zum Bürgerlichen Gesetzbuch. VI, Sachenrecht, München, 2009, § 868, Rn. 16.

② Vgl. Jürgen F. Baur/ Rolf Stürner, Sachenrecht, 18. neu bearbeitete Auflage Aufl., München 2009, § 7, Rn. 42.

③ Vgl. BGH MKW 1955, 499 = LM Nr6zu § 868 zitiert nach Soergel, BGB Band 6 Kohlhammer, § 868, Rn. 10.

当得利等法律关系一直存在,无论当事人是否假想了该占有媒介关系,对于间接占有的成立及持续并不会产生影响。此外,当事人因意思表示不一致而未达成合意时,如原占有人基于借用而将标的物的占有交付给现占有人,而现占有人基于保管的表示而接受,此时双方并未达成合意。按照"假想的法律关系"的构造,此种情形下,并不存在假想的法律关系,因而不成立占有。但此种情形,从占有的角度来看,与合同无效的情形并无区别对待之理由。因此,即使不存在"假想的法律关系",亦有成立间接占有之可能性。由此可见,上述两种构造均不具有说服力。

从占有媒介关系的识别要件来看,占有权的传来,其本意在于强调上位占有人的法律地位更强,比占有媒介人的法律地位更加广泛。但占有与其背后的权利本身并行不悖,占有人可以是无权占有,通过权利难以解释当事人之间的上下级关系。所谓的特定化要求,则因默示的合意,当事人意思表示解释等方式,已经逐渐弱化,对于判断间接占有,无法发挥有效之作用。时间上的限制这一要件,虽然存在,但却无独立作为识别要件之必要,可以被"返还请求权"这一要件所包含。只要存在返还请求权,则间接占有中的占有媒介人不可能永久的占有标的物。通过对占有媒介关系各个要件的层层剥离,最后仅剩"返还请求权"和"占有意思"两个要件。而返还请求权本身与"假想的法律关系"或依据"交易往来"所存在的法律关系并无必然联系。当合同有效时,返还请求权可以基于合同而生,如保管合同中,保管人到期有返还之义务;当合同无效时,返还请求权可以基于不当得利或者无因管理等制度而生。无论返还请求权基于何者而生,该返还请求权必须客观存在。最后,强调需要具体的法律关系的目的只能落脚于间接占有人的占有意思。除了基于特殊法之规定法律排除当事人意思自由的情形,间接占有人必须存在占有意思。该占有意思可以从当事人成立的法律关系中推知。而该法律关系最终为无效、被撤销等均不会影响订立合同之时间接占有人欲成立占有的意思。无特殊情形,推定该占有的意思一直存在。若间接占有人明确表示放弃该占有意思时,法律也不得强制其仍然占有标的物,可以构成间接占有的抛弃等。

由此,我们可以看到作为德国通说的占有媒介关系之要件,并无独立存在之意义。其所欲强调的间接占有人与占有媒介人之间的关系实质上完全可以被“返还请求权”与“间接占有人的占有意思”所完全涵盖,无须借用难以理解的“占有媒介关系”进行构造。因此,在我国关于间接占有理论构建时,应去伪存真,无须保留“占有媒介关系”这一难以界定的要件,而强调“返还请求权”与“间接占有人的占有意思”两个要件即可。

CHAPTER 04 >>

第四章

我国间接占有的占有保护构建

第一节　占有保护理论基础

占有缘何值得保护，是占有法乃至整个民法中最具有挑战性的问题之一。关于占有缘何可以得到保护，有不同的理论基础，如鲁道夫提出的和平秩序维护理论，耶林的所有权保护说及其发展出来的本权保护说等。下文将以占有保护理论为基础，讨论占有保护的逻辑，进一步论证间接占有保护的必要性及适用。

一、和平秩序维护理论

和平秩序维护理论认为，之所以保护占有是为了防止私法主体间的私人暴力。任何人即使有权，亦不得以自己的强力来恢复权利状态，而应必须通过公共权利的机构进行保护。[①] 占有本身并非权利，占有保护的目的在于，通过维护人对物的外在支配关系而维护和平秩序，[②]防止规避公力救济。[③] 和平秩序维护理

---

① Vgl. Kodek, Die Besitzstörung, S. 38f.

② Vgl. Prot. Der Kommission für die zweite Lesung des Entwurfs des BGB Ⅲ, Berlin 1899, S. 31, 39.

③ Vgl. Medicus, Besitzschutz durch Ansprüche auf Schadensersatz, S. 119.

论是当今德国通说,[①]也是我国目前的主流学说。[②]

虽然该说为通说,但理论界对此也存在诸多质疑。一方面,公共利益本身是否可以作为私权唯一的根据存在疑问。公共利益为公法所保护的主体,而私法则需要以私人主体的权利义务为自己调整的对象。如果承认占有保护制度属于私法范畴,就难以将其正当性建立在公共利益的基础之上。[③] 因此,所谓的公共秩序论只能作为法外基础。另一方面,公共秩序也不能解释所有的占有保护。占有保护的前提为"禁止之私力"。"禁止之私力"并不以暴力为前提,甚至不以侵占人主观有过错为前提,如在公共场所错拿衣物,也认为构成"禁止之私力",但其行为本身并未对公共秩序有所妨碍。从占有保护的救济方式来看,也并非能起到维护和平的作用。占有保护包括占有保护请求权和占有自力救济。就占有自力救济而言,其行为本身即为以暴制暴,难以以和平秩序的角度进行解释。因此,和平秩序保护的目的尚且不足以为占有保护提供足够的说服力。

二、所有权保护理论及本权保护理论

有学者从权利的角度来论证占有保护。耶林认为,占有与所有权均具有对物支配效力,不同之处仅在于,占有是对物的事实支配,所有权则是法律支配。[④] 同时,"所有权的经济价值由占有决定。有所有权而无占有,就像有藏宝箱却没有钥匙,有果树却没有采摘梯"。[⑤] 因而,

---

① Vgl. Prot. Der Kommission für die zweite Lesung des Entwurfs des BGB Ⅲ, Berlin 1899, S. 31, 39; Münchener/Joost (2004), vorbem zu § 854, Rn. 15; Dieter Medicus, Besitzschutz durch Ansprüche auf Schadensersatz, AcP 165 (1965), S. 119.

② 参见史尚宽:《物权法论》,中国政法大学出版社 2000 年版,第 587 页;王泽鉴:《民法物权》,北京大学出版社 2009 年版,第 534 页;谢在全:《民法物权论》(下册),中国政法大学出版社 2011 年版,第 1218 ~ 1219 页;梁慧星主编:《中国民法典草案建议稿附理由书 · 物权编》,法律出版社 2004 年版,第 423 页;王利明主编:《中国民法典学者建议稿及立法理由 · 物权编》,法律出版社 2005 年版,第 566 页;崔建远:《物权:规范与学说》(上册),清华大学出版社 2011 年版,第 359 页;孙宪忠:《物权法》,社会科学文献出版社 2005 年版,第 334 页;全国人大常委会法制工作委员会民法室编:《〈中华人民共和国物权法〉条文说明、立法理由及相关规定》,北京大学出版社 2007 年版,第 434 页;最高人民法院物权法研究小组编:《〈中华人民共和国物权法〉条文理解与适用》,人民法院出版社 2007 年版,第 711 页。

③ Vgl. Savigny, Das Recht des Besitzes, S. 49f; Heck, Sachenrecht, S. 12f.

④ Vgl. Jhering, Der Besitz, S. 42.

⑤ Vgl. Jhering, Der Besitz, S. 59.

占有保护的目的即在于保护所有权人在经济上使用物的目的的实现。[①] 权利本身具有抽象性，权利本身无法被识别，权利人向其他人证明自己具有权利需要承担繁重的举证负担。因此，通过对占有的保护，可以使得权利人免去证明的烦恼。保护占有的本质目的是保护占有背后的所有权人。至于不区分占有背后是否存在权利一概予以保护，使不值得保护的占有人也因此受益，不过是法律为了尽可能保护值得保护的占有人而付出的必要代价。[②]

所有权保护论也存在不周延之处。首先，所有权保护理论认为，占有保护的本质是在减轻所有权人的证明责任。但承认所有权的推定功能的制度下，所有权保护理论难以成立。所有权人通过占有的事实本身可以推定其背后的权利，所有权人据此无须举证。因此，此时占有保护已经无存在之理论基础。其次，占有保护既可以适用于动产，也可以适用于不动产。但对于不动产而言，所有权人欲证明其权利，通过提供不动产登记簿即可，相反占有则地位薄弱。因此，对于不动产提供占有保护也无充分的理由。再次，权利保护理论也无法解释，当占有与权利存在冲突时，权利本身无法作为抗辩的理由。当占有人与真正权利人之间存在争议时，占有之诉不考虑本权而保护占有人。例如，所有权人的手机为盗贼所盗，时隔几个月后，所有权人看到小偷使用该盗窃之手机，若不满足自力救济的前提，所有权人暴力取回标的物的行为本身会构成对于占有的禁止之私力，而小偷得以享有占有保护。最后，也是最重要的，以所有权保护解释占有保护缘由，将导致占有保护制度丧失价值。既然占有可推定所有权之存在，而所有权人本就享有正当防卫权与物上请求权，那么，占有的权利推定效力与所有权保护制度相结合，即足以实现减轻所有权人举证负担、保护所有权的目的。鉴于所有权人的正当防卫权可取代占有人防御权，[③]物上请求权又可取代占有保护请求权，占有保护制度势将失去存在价值。

本权保护说是所有权保护说的现代版本，耶林之所以持所有权保

---

① Vgl. Jhering, Der Besitz, S. 79.

② Vgl. Eberhard Wieser, Der Schadensersatzanspruch des Besitzers aus § 823 BGB, JuS. 11 (1970), S. 559f.

③ Vgl. Pawlowski, Der Rechtsbesitz im geltenden Sachen-und Immaterialgüterrecht, S. 14.

护说，是因为罗马法上的占有原则上仅限于自主占有，占有本权原则上是所有权。随着《德国民法典》对他主占有的一般性承认，耶林的追随者也相应地将所有权保护说发展为本权保护说，认为占有的权利推定效力才是占有保护的基础，法律保护占有，是为了保护占有所表征的权利或利益。占有人因此受保护，则不过是其附带效果。①

虽然本权保护说就占有背后的可能的权利状态涵盖得更加充分，但其对于所有权保护说所列的上述问题依然难以提供有说服力的论证。对于不动产的占有保护，依然无法提供合理的解释；当占有人确定并非权利人时，甚至当权利人与占有人之间发生冲突时，占有仍然可以得到保护，并且不可以在占有之诉中以本权进行抗辩。问题的症结仍然在于，本权保护说的支持者同样混淆了占有的权利表征功能与保护功能。占有的权利表征功能以权利可能性为基础，但占有保护不是②——占有保护制度不仅保护正当占有人，也保护无权占有人甚至不法占有人。因此，占有的权利推定效力无法成为占有保护的正当化依据。

三、维持利益理论

维续利益理论由黑克最先提出，这一理论与本权保护理论的共性是均诉诸占有之上所体现的利益。二者的不同则体现为，前者认为该利益是占有利益本身，后者则认为占有所体现的是其所表征的本权利益。该种占有本身的利益，黑克称为维续利益（das private Kontinuitätsinteresse）。依维续利益理论，占有保护的正当性存在于尽可能维护生活关系之持续的需要，无论占有背后是否有权利支撑，维续本身就是需要保护的利益，③于此，被保护的法律利益是占有所体现的生活关系与组织价值（Organisationswert）的维续。④ 黑克认为，物权法包含了两类不同的秩序：一类是暂时秩序，即通过占有保护体现的占有关系；另一类是确定秩序，通过物权体系体现。占有作为暂时秩序也是应

① Vgl. Martin P. Hedinger, System des Besitzrechtes, Bern 1985, S. 59f.

② Vgl. Heck, Sachenrecht, S. 61.

③ Vgl. Heck, Sachenrecht, S. 13.

④ Vgl. Heck, Sachenrecht, S. 5 f, S. 12f. und Exkurs1, S. 485f.

予保护的利益,因而也应归入权利之列。[①] 占有彰示既定物质财富(Sachgüter)的分配秩序,形成"事实上的社会秩序"(tatsächliche Gesellschaftsordnung)。对此事实关系的恣意干扰可能引发无法容忍的侵害。事实财产地位的不可侵性,是有秩序的共同生活的条件之一,因而,与权利保护相较,占有保护对于维续市民社会的重要性毫不逊色。[②]

为阐明占有所具有的利益,黑克以木料和房屋的关系作为比喻:一块木料如果被误用于建造他人房屋,那么在房屋存续期间所有权人不得取回木料,以此类推,被他人占有之物,虽然没有被建造为有形的建筑,但却进入了他人无形的利益领域,成为他人利益大厦(Interessengebäude)的成分,如果私力取回该物,他人的利益大厦将随之倾倒。占有物是经济的一部分,构成生活资料,占有人可以此为前提进行其他相应生活规划。如果占有被侵占,占有人的生活资料整体也将受到损害。例如,假如某人以所有权保留方式购入一套西服与冬大衣,但逾期很久仍未付款,若所有权人在大街上遇见此人,并从他身上扒下这身衣服,将使占有人陷于极端尴尬的境地,其保护需求非常明显,而占有保护规范正是为了满足此保护必要。[③]

但维持利益理论下亦存在难以解决的难题:首先,赋予占有以积极归属内容,并非法律所认可。若认为占有人对于物事实上的使用收益当作维持利益,则当占有人受到侵害时,对其维持利益应当予以赔偿,即代表维持利益的占有本身,应为侵权的客体,会导致因侵权所生的损害赔偿。而实际上,黑克也确实主张占有应当属于侵权法的保护对象,对占有的过失侵害会引致损害赔偿。[④] 但单纯的占有,特别是恶意占有本身,并不涵盖积极的归属内容,恶意占有人本身的行为往往侵害到真正的权利人,此时若仍然赋予其保有占有、使用收益之权利,与法律规范目的不合。试想,小偷偷窃他人之物后将标的物出租,却仍然可以保有其租金,则相当于鼓励恶意占有之行为。从比较法的角度来看,日本、德国的学者也认为,占有自体的侵害无主张不法行为赔偿请求权的

① Vgl. Heck, Sachenrecht, S. 1.
② Vgl. Heinrich Dernburg, Pandekten I,2, Berlin 1900, S. 6f.
③ Vgl. Heck, Sachenrecht, S. 12ff.
④ Vgl. Heck, Sachenrecht, S. 54f.

余地。其次,无论是善意占有人还是恶意占有人,占有人在标的物上有自己之利益。但仅有利益这一事实本身并不意味着必然受有法律之保护。持有人的对物关系也可能构成一种事实上的利益关系,对于持有人也具有经济价值,但该利益并不为法律所认可,因此,单纯的事实利益,不应作为占有保护的唯一理由。最后,当权利人以自力恢复占有时,若权利人因此享有的经济利益较之占有人的所谓维续利益相当或更大,此时仍然保护占有的利益则难以解释。① 实际上,单纯的占有并无积极的利益归属内容,仅具防御功能,而"防御利益"绝不可能大于权利人的积极利益,所以,仅凭经济利益不足以为占有保护提供充分的正当性,法律之所以保护占有,必有其他依据。②

维续利益理论有其积极意义,与和平秩序维护理论和本权保护理论相比,它不仅将目光投向私法领域,更进一步聚焦于占有本身。然而,维续利益不能成为法律政策(rechtspolitisch)理由,因为所有的价值与地位(Positionen),均可被称为利益,仅将占有视为一种事实上的利益,尚不能成为法律对其予以保护的充分理由。维续利益理论的根本缺陷正在于,错将事实上的利益当作法律上的正当,因而无法回答一个具有决定性的问题,即于法律秩序而言,何等地位值得保护,何种利益应被承认。在此意义上,黑克与其说是在回答,不如说是在回避占有保护缘由问题。③

四、人格保护理论

萨维尼是人格保护理论的提出者。萨维尼认为,占有既是事实也是权利,就其本质而言占有是事实,就其法律后果而言,又相当于权利。④ 由其事实本质决定,占有保护的正当性存在于对物事实支配与占有人的联系中,此等联系使占有侵扰同时波及占有人本身。根据人格的不可侵性,占有人可以得到保护以对抗上述侵扰。虽然在占有侵害中,并没有一个独立的权利与人格一起受到侵犯,但却发生了不利于此

---

① Vgl. Kodek, Die Besitzstörung, S. 30.

② Vgl. Jhering, Über den Grund des Besitzschutzes, S. 43f.

③ Vgl. Wieling, Grund und Umfang des Besitzschutzes, S. 575; MünchKomm/Joost (2004), vor § 854, Rn 16.

④ Vgl. Friedrich Carl von Savigny, Das Recht des Besitzes, Giessen 1837, S. 25[illegible].

人的事实状况的变化。针对个人的暴力行为所生的后果,只能通过恢复原状或保护对物的事实管领得以消除。[①] 因而,占有保护的真正依据在于占有人人格的不可侵性,目的在于保护占有人免受外在侵扰的自然意思力。[②] 而对于侵犯了何种认可利益,萨维尼亦对此进行了阐述。萨维尼将人格侵害区分为三种情形:一是单纯针对人格的侵害;二是通过侵犯一项独立的权利而侵害人格;三是占有侵害。[③] 侵害占有并不直接针对占有人的人身,亦非侵害占有人的某项独立权利,却令占有人的事实状态变得更糟,此时,唯有通过保护性手段恢复之前的事实状态,才能消除侵害行为造成的不利后果。可见,占有保护制度足以构成一项独立的实证法律制度。[④] 同时,占有人以其意思实现对物的事实支配,侵害占有即是对占有人自由意思或曰人格的侵害,[⑤]因而,占有保护制度意在保护占有人的自然意思力免受他人侵扰。

此后,萨维尼的弟子甘斯提出,保护占有的正当性根据,既不在于对占有实施的暴力,也不在于占有所具有的权利推定效力,而在于占有自身,在于占有人对物所处的地位,在于占有人在物上所体现的特定意思。拥有物的意思可能仅是特别意思,也可能是被普遍认可的意思。如果对物之拥有仅是基于特别意思,就是单纯占有,或称初始的直接所有权,而若是基于被普遍认可的一般意思,即具有占有权源,成立真正的所有权。换言之,占有人的特别意思可能与普遍意思相符而构成适法占有,也可能与普遍意思不符而仅为单纯占有。但即便在后者,占有人的意思也应予以保护,特别意思与普遍意思的偏移,只能由国家机关矫正。占有人的特定意思是一种权利,并且该意思必须被当作一种权利对待,因为意思本身就值得保护,所以,保护占有就是保护占有人的

---

① Vgl. Savigny, Das Recht des Besitzes, S. 40f.

② Vgl. Friedrich Carl von Savigny, System des heutigen römischen Rechts I, Berlin 1840, S. 336f.

③ Vgl. Staudinger, Kommentar zum Bürgerlichen Gesetzbuch. 12. Aufl., Berlin 2005, Vorbem zu §§ 854ff, Rn 16; Wieling, Grund und Umfang des Besitzschutzes, S. 569; Sonsnitza, Besitz und Besitzschutz, S. 34; Sokolowski, Der Besitz im klassischen Recht und dem deutschen Bürgerlichen Gesetz, S. 218ff.

④ Vgl. Savigny, System des heutigen römischen Rechts I, S. 336f.

⑤ Vgl. Savigny, Das Recht des Besitzes, S. 40f.

意思。[①]“占有人的意思”作为保护的基础,也能解释为何占有辅助人不享有占有保护。占有辅助人并非为自己实施事实管领,欠缺为自己管领的意思,[②]人格自然也无法贯通于物。至于占有辅助人的自力防御权(《德国民法典》第860条),也并非为了保护占有辅助人,而是为了维护占有主人浇铸于物的人格,是保护占有主人的需要。[③]

五、小结

和平秩序理论虽然为占有保护理论基础的通说,但公共秩序的保护作为私法保护的基础不具有绝对的说服力,而占有的自力救济更是无法从和平秩序的角度加以说明。所有权理论及其升级的本权保护理论,其本质上混淆了占有的权利表征功能与占有保护功能,若单纯地从权利证明的角度出发,仅权利表征功能即可,占有保护功能则完全丧失独立的意义。维持利益从占有人本身的利益出发,但维持利益从积极的归属利益出发,就恶意的不法占有人能享有占有保护而言,难以提供足够说服力的解释。人格保护理论从占有人的人格利益,从占有人的意思自由的角度进行论证,能为占有的保护提供充分的说明力。无论何种占有,其本身体现了占有人在标的物上的特定意思。法律对该意思的保护最终体现为对占有的保护。从占有的公示性的角度来看,无论是和平秩序的理论、所有权保护理论、维持利益理论还是人格保护理论,均与占有的公示性无涉。而最有说服力的人格保护理论最终回到占有人在标的物上的自己的意思的保护上。占有人可以在标的物上实现自己自由的意思本身,也正说明了标的物处于占有人的控制之下。换言之,占有保护的背后是占有人对标的物的控制。

第二节 我国间接占有自力救济的必要性讨论

在德国法上,占有的保护方式包括自力救济与占有保护请求权等。

---

① Vgl. Gans, System des römischen Civilrechts, S. 211ff.

② Vgl. Wieling, Grund und Umfang des Besitzschutzes, S. 578.

③ Vgl. Joost D. Münchener Kommentar zum Bürgerlichen Gesetzbuch. VI, Sachenrecht, München, 2009, § 860, Rn 1.

我国占有保护最直接的法条依据为《民法典》第 462 条规定的占有保护请求权等,并无关于占有自力救济的条款。在我国现有的自力救济体系下,是否有必要对占有增设专门的自力救济规定,特别是间接占有的情形下现有的自力救济是否充分须进一步讨论。

一、占有自力救济的基础理论

占有自力救济的基础源于自然事实,即没有人会接受他人干涉其对物的事实上的支配范围。[①] 此亦符合人类朴素的正义观。允许自力救济的另一个重要原因在于公力救济的滞后性。相较而言,自力救济具有天然的优势,即占有人往往能第一时间发现他人的侵害,且能在第一时间阻止该侵害的发生,从而防止损害的进一步扩大。相较于一般权利而言,占有对于自力救济有更高的需求:占有一旦被剥夺,占有人则难以证明自己原来的占有地位,从而难以基于其原占有地位而主张公权力的救济。此外,占有保护不区分有权占有与无权占有,对于无权占有而言,若不及时地行使自力救济,一旦形成了新的占有秩序,则占有完全丧失,原无权占有人无从得到保护。因而,占有人对于占有保护的需求高于一般的权利人。正是基于此,各国立法规定中均赋予了占有人以自力救济的权利,如《德国民法典》第 859 条就详细地规定了占有人得为自力救济行为。我国现有民事法律规范中并无关于占有自力救济的规定,部分学者认为此为我国立法中的缺憾。但未规定占有的自力救济是否真的如部分学者所言为立法漏洞,需要我们做进一步的思考与分析。

事实上,学者对于占有自力救济的必要性进行了充分的论证,却缺失了对占有自力救济在私力救济体系中的定位进行分析。存在为占有人提供自力救济保护的必要性,并不必然表明需要有专门的占有自力救济保护。引入占有自力救济的前提在于现有的私力救济体系对于占有的保护存在不足。若现有的私力救济体系已经足以涵盖占有自力救济,是否作专门规定则无关痛痒。

对此,笔者认为,我们首先需要对占有自力救济制度的行使前提、构成要件作基础分析,在此之上,探究占有保护是否可以通过其他自力

---

① Vgl. Joost D, Münchener Kommentar zum Bürgerlichen Gesetzbuch. VI, Sachenrecht, München, 2009, § 859, Rn. 1.

救济的途径予以涵盖，若其他自力救济可以提供足够的保护，我国民法即使不对占有自力救济做相关规定亦无妨；若不足，则需要思考如何引入相关的规定。最后，分析对于间接占有人这一特殊的占有形态，是否有适用该自力救济的必要。

（一）占有自力救济的内涵

从各国立法例来看，占有的自力救济包括占有防御权（Besitzwehr）和占有取回权（Besitzkehr）。占有防御权为占有人对于禁止之私力得用自己的力量进行防卫。占有取回权为侵害人将占有物侵占后，占有人有当场或在追踪过程中取回标的物的积极救济权。我国《民法典》物权编中并无关于占有自力救济的规定。而《德国民法典》赋予了占有人全面的自力救济。《德国民法典》第 859 条第 1 款规定了占有人针对禁止之私力可以采取强力进行防卫；第 2 款规定了对于动产占有人于禁止之私力之当场或者于追踪的过程中，得以以强力取回标的；第 3 款规定了不动产的占有人得于占有被侵占后，立即得以以强力恢复占有。对于占有自力救济，无须考虑占有人是否有权或是否为善意，而只需要占有人对物享有事实支配即可。占有防御权与占有取回权之状态如图 2 所示：

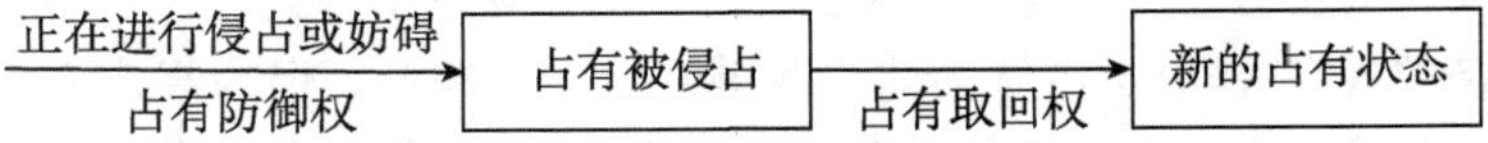

图 2　占有防御权与取回权状态

为了防止自力救济的滥用，占有自力救济的行使应当符合以下要件：首先，从时间上来看，禁止之私力必须正在发生，尚未终止。对于占有防御权而言，需他人正在侵占或妨碍占有；对于取回权的行使需发生在侵害人已经剥夺了其占有但新的占有秩序尚未形成之时。在此阶段，占有人均有权自力救济。其次，行使占有自力救济的主体必须是占有人。最典型的即为直接占有人或占有辅助人等对标的物有实际控制之人，对于间接占有人是否得主张自力救济将于后文进行讨论。最后，任何自力救济均应在一定的限度以内，否则将构成对他人权利的侵害。占有人自力救济的行使仅限于恢复其原有的占有状态。

（二）占有自力救济在私力救济体系中的定位

与占有自力救济类似的私力救济行为还有正当防卫、紧急避险、自助行为。通过其他的私力救济是否可以给占有人以充分的保护关系到是否需要在我国加入有关占有自力救济的规定，因此需要将占有防御权、占有取回权与我国现有的正当防卫、紧急避险、自助行为进行对比。

1. 占有防御权与正当防卫的关系

我国《民法通则》规定了正当防卫和紧急避险两种私力救济方式。此后《侵权责任法》第 30 条和第 31 条亦做了相同的规定。但无论是《民法通则》还是《侵权责任法》中的规定，均仅就这两种私力救济行为的效果进行了规定，即因正当防卫或紧急避险行为而造成损害的，行为人无须承担侵权责任，从效果方面确认了该行为的合法性。遗憾的是，该法条并未就正当防卫和紧急避险的定义或构成要件作出规定。《民法典》第 181 条、第 182 条，对正当防卫、紧急避险的法律效果进行了完善，如增加了紧急避险人可以请求适当补偿的权利等，但对于上述构成要件的立法缺憾并没有弥补。为统一正当防卫的适用，2022 年 3 月最高人民法院颁布实施的最高人民法院《关于适用〈中华人民共和国民法典〉总则编若干问题的解释》第 30 条规定了正当防卫的要件，具体规定如下：为了使国家利益、社会公共利益、本人或者他人的人身权利、财产权利以及其他合法权益免受正在进行的不法侵害，而针对实施侵害行为的人采取的制止不法侵害的行为，应当认定为《民法典》第 181 条规定的正当防卫。从上述条文规定可以厘清正当防卫的构成要件。其他国家和地区的民法典中关于正当防卫的构成要件也有明确的规定：如《德国民法典》第 227 条规定了正当防卫，即正当防卫是为避免自己或他人受现时的不法侵害，而可以进行必要的防卫；我国台湾地区“民法”第 149 条规定，对于现时不法之侵害，为防卫自己或他人之权利所谓之行为，不负损害赔偿责任。可见，无论是我国现行的民事立法抑或其他国家和地区的相关民事立法的规定，对于正当防卫的构成要件有如下基本共识：其一，保护国家利益、社会公共利益、本人或他人的人身权利、财产权利以及其他合法权益；其二，不法侵害正在进行；其三，防卫行为必须合理、必要。

将正当防卫与占有防御权的要件进行对比，发现两者基本吻合。

唯一区别的是，在正当防卫中，要求行为人是为了国家利益、社会公共利益、本人或者他人的人身权利、财产权利以及其他合法权益；而在占有防御权中，则是为了维护现有的占有状态。因此，正如有的学者所指出的，占有的防御权实质上为正当防卫的具体情形(Anwendungsfall)或特殊情况(Sonderfall)[①]。如此观之，占有防御权的意义就在于确认"占有"是否属于正当防卫所保护权益的范畴。占有人既可以为有权占有，也有可能为无权占有。但即使为无权占有，占有人因占有而享有的利益却不容否定。具体而言，无权占有人享有占有返还请求权；无权占有人经过善意和平占有特定的时间，有因时效取得而获得标的物的可能性等。他人侵占或妨碍占有会导致占有人相应的利益受损。因此，在此种情形下将占有归于正当防卫所保护的法益，与立法目的并无不符。作此解释，亦无不可。

2. 占有取回权与自力救济的关系

(1)占有取回权与自助行为的关系

在《民法典》颁布之前，我国民法规范中并未规定自助行为。其理由在于，自助行为系私力救济，依现代国家的法治原则，并不鼓励公民采用自力救济的方式。有观点认为，现阶段公民法律意识淡薄，如果允许公民采用自助行为，立法者担心会导致该权利被滥用，从而导致侵权纠纷的增加。[②] 但该种理由并不具有说服力。自助行为仅为紧急状态下所采用的应急性、临时性的权利救济措施，为公力救济的补充。例如，顾客在餐厅吃完饭不付钱即欲离开，餐厅老板因此而扣留顾客落在餐厅的钱包。餐厅老板的此种自助行为符合每个人保护自己权益的本能。若债务人不付钱，而餐厅老板必须交还其钱包，与人内心朴素的正义观、秩序观不符。同时，我们也不能否认公权力救济往往具有滞后性，而在特定的情形下，若不及时予以救济，会导致权利人的损害进一步扩大。如上例中，若餐厅老板不及时阻止，而事后再寻找顾客要回价

---

① Vgl. Staudinger, Kommentar zum Bürgerlichen Gesetzbuch. 12. Aufl., Berlin 2005, § 859, Rn. 2.; Joost D, Münchener Kommentar zum Bürgerlichen Gesetzbuch. VI, Sachenrecht, München, 2009, § 859, Rn. 2.

② 参见李莉、陈泽锋:《对抗民事侵权的自我救济——论自助行为的设立》,载《广西社会科学》2005 年第 12 期。

款的可能性明显降低。此时允许餐厅老板行使自助行为有利于减少权利人的损失。既然自助行为符合当事人的本能,也有利于减少权利人的损失、弥补公力救济的不足,法律应允许权利主体在法律许可的范围内,依自身实力实施自助行为。为了防止自助权利的滥用,立法者对于此"宜疏而不宜堵",应通过对自助行为的构成要件做清晰界定,使个人的自助行为在不危及社会整体秩序的基础之上,解决因非正义行为所导致的困境。[①] 如此,才能够使自助行为人正确的行使该权利。正是基于上述理由,我国《民法典》在侵权编增加了自助行为的规定。

对此,以我国《民法典》的相关规定为蓝本进行分析:我国《民法典》第 1177 条规定,合法权益受到侵害,情况紧迫且不能及时获得国家机关保护,不立即采取措施将使其合法权益受到难以弥补的损害的,受害人可以在保护自己合法权益的必要范围内采取扣留侵权人的财物等合理措施;但是,应当立即请求有关国家机关处理。受害人采取的措施不当造成他人损害的,应当承担侵权责任。根据上述规定可知,自助行为首先,以保护自身的合法权益为目的。其次,自助行为必须以"无法及时获得公力救济"为前提,这是允许自力救济的关键。通常情况下,债务人与债权人之间发生争议时,债权人应请求公权力介入进行救济,若债权人对于债务人人身予以拘束、对其财产予以扣押,则构成对债务人的人身权、财产权的侵犯。仅得于此紧急情形下,公力救济无法对当事人提供充足的保护时,才得阻却行为的违法性,而允许行使自力救济。[②] 最后,自力救济作为公力救济补充的同时,也会导致公力救济的削弱。若过多地允许自力救济,会有损社会公共秩序之和平。因此,对于自助行为的行使内容,法律做严格的限制:仅得于"必要范围"内实施合理限制,当对义务人的财产进行扣押时,扣押的财产价值应与保护的利益价值大体相当。此外,自助行为结束后,行为人必须及时寻求公权力机关救济。

有学者认为,占有取回权(Besitzkehr)可以理解为是自助行为的延

---

① 参见焦清扬:《民事自助行为的价值定位及其制度构建》,载《法学杂志》2014 年第 7 期。

② 参见苏贺新:《论民法上的自助行为》,载《黑河学刊》2008 年第 3 期。

伸,是自助行为的"一种特别构造情形"。[①] 但两者比较,在构成要件及效果上均存在一定的区别。首先,自助行为作用的对象一般为相对人的人身和财产,而在占有取回权作用的对象为自己原来占有的标的物。其次,在自助行为中有明确要求"未能及时获得国家机关保护"的前提条件。但占有取回权中并未规定此前提。再次,从行使的时间限制来看,自助行为要求立即行使[②];而在占有取回权中无"立即"行使的要求。最后,两个规定的出发点不同:占有取回权着眼于占有事实状态的维持和恢复,并没有规定取回时可能造成的侵害人的损失责任分配问题,而自助行为规范列于侵权责任编,其重点在于对自助行为人的责任规定。正是基于占有取回权与自助行为在构成要件和效果上存在区别,因此有另设特别规范的必要性。[③]

对上述观点,笔者持有不同意见。就行使前提、时间限制及法律效果来看,笔者认为,占有取回权中虽无此明文规定,但实质上并无区别。首先,法律并不鼓励当事人通过自力救济的方式来维护自身的利益,因此,仅在极其特殊的情形下,才赋予当事人以占有自力救济的权利。例如,行为人正在抢夺,不及时阻止,会导致占有人丧失占有时,才得自力救济。若占有人身边有警察,足以给予其保护,则占有人无理由拒绝警察之救助,而一定要自力取回。因此,来不及寻求公力救济亦应为占有人取回权行使的前提。其次,占有人自力救济也存在时间限制。占有人自力救济不能针对业已固定的占有状态。超过即时的时间要求,新的占有秩序已经稳定,此时要恢复占有,不能使用取回权而应求助公力救济的方式。[④] 因此,此处占有人必须立即行使,不考虑主观上对取走的认识,而是按照客观标准所允许的速度行使权利之可能性,[⑤]即依据

---

① Vgl. Jürgen F. Baur/ Rolf Stürner, Sachenrecht, 18. Aufl., München 2009, § 9, Rn. 23.

② Vgl. Joost D, Münchener Kommentar zum Bürgerlichen Gesetzbuch. VI, Sachenrecht, München, 2009, § 859, Rn. 4.

③ 参见张双根:《占有保护的正当性》,载《中德私法研究》2015 年第 11 卷。

④ 参见[德]鲍尔・施蒂尔纳:《德国物权法》,张双根译,法律出版社 2004 年版,第 159 页。

⑤ Vgl. Joost D, Münchener Kommentar zum Bürgerlichen Gesetzbuch. VI, Sachenrecht, München, 2009, § 859, Rn. 4.

一般社会观念,实施取回占有物所需要的最短时间。① 对于最后一点理由,笔者认为,虽然两者规范目的不同,但最终实现的效果相同。法律允许占有人自力救济,则其自力救济必然排除了违法性,无违法性,则无须承担侵权责任,即无须赔偿损失。而自助行为由法律直接排除了当事人行为的违法性,从而免责。从效果上,两者并无区别。

如此,占有取回权与自助行为的关系就落脚于占有是否属于自助行为所保护的合法权益。若认为占有也属于自助行为所保护的“合法权益”,则两者并无特殊性;反之,占有取回权则与自助行为存在差别。整个占有保护制度构造的基础就在于认可占有人对标的物的占有享有一定的利益。虽然占有人可能无任何的权利作为占有的合法来源,但占有可能会为占有人带来使用利益,甚至有可能成为所有权的来源(时效取得)等。当他人剥夺其占有时,根据生活经验,占有人本能地为了保护自己的占有,而欲取回标的物。因此,认为占有人的占有符合此处的“合法权益”并无不当。

如此观之,从构成要件上来看,占有取回权确实可以为自助行为所涵盖,但占有取回权就因此成为自助行为的延伸,是自助行为的“一种特别构造情形”仍然存在疑问。若占有取回权与自助行为的制度目的相同,在某些特殊要件上存在差别,可以认为占有取回权为自助行为的特别构造情形。但若两者的根本制度目的不同,则不应做此理解。自助行为实施的目的在于实现其请求权。例如,自助行为实施的典型情形:债务人为了逃债,马上要坐飞机逃往国外等,此时允许债权人暂时对债务人进行扣留;顾客在饭店吃饭,未付款而欲离开等。在这些典型的自助行为的情形下,自助行为的相对人并未实施某种“暴力”行为,因此,并未使权利人处于危险当中,②反而是自助行为人才是主动实施“暴力”之人。自助行为人具有某项债权请求权,即使行为人不实施自助行为,有可能导致将来该请求权的实现存在一定的困难,但原债权并不因此发生改变,仍然有公力救济之途径。因此,对于主动发起“暴力”的自助行为,法律做严格的要件限制。取回权与此不同,取回权针对的是正

① 参见沃耘:《论物权自助行为——物权自我保护与实现之维度》,载《北方法学》2010 年第 4 期。

② 参见史浩明:《我国民法应建立自助行为制度》,载《江苏社会科学》1995 年第 2 期。

在发生的侵害,即所谓的“禁止之私力”,该“禁止之私力”一般认为是主动积极的行为(aktives Handeln),[①]主动制造“危险”为取回权的相对人。取回权人的取回行为一方面可以认为“暴力”,但另一方面也在抑制相对人的暴力。正基于取回权的“暴力性”和“抑制暴力性”,法律一方面对其要件所有限制,另一方面鼓励占有人的能动性,以降低损害。因此,两者的立法目的并不相同,存在本质的区别。

(2)占有取回权与正当防卫的关系

理论中,很少有学者将占有取回权与正当防卫进行对比。笔者认为,其理由可能在以下两个方面:其一,取回权发生在占有已经被侵占之后,而正当防卫须对于正在发生的侵害;其二,取回权相较于正当防卫具有一定的主动性。但回答占有取回权与正当防卫之关系,似乎还需要进一步研究。

第一个需要探讨的是正当防卫的结束时间问题:是否占有已经被侵占,占有人就无法进行正当防卫。民法对于正当防卫的研究,远不及于刑法中研究得细致。对此,我们可以参考刑法中关于结束时间的各种理论。对此,我国刑法中存在以下几种理论:行为结束说,即侵害行为是否已经完毕或者终止;结果发生说,即侵害结果已经事实上发生;逃离现场说,即侵害人已经逃离犯罪现场等。但无论何种学说似乎都无法涵盖全部之情形,因此有人提出折中说,即出现以下情形之一,就认为不法侵害已经结束:其一,侵害人终止了不法侵害;其二,侵害人被制服或丧失了继续侵害的能力;其三,侵害结果已经形成并不可能及时挽回;其四,不法侵害人离开现场。[②] 总而言之,正当防卫的结束点为危险已经不可能再发生,既有可能是客观上侵害人已经无法再进行侵害又有可能是客观上侵害人已经实施完成了侵害。例如,当侵害人已经侵占了当事人之占有后,从抢夺这一犯罪行为的构成要件来看,已经构成犯罪既遂。此时,以上述几种学说来看,已经无法再进行正当防卫。但对于财产类型的损害,学者多认为其防卫时间具有一定的“延后性”,即在不法侵害行为虽已造成了危害结果,但不法侵害者还没有逃离或

---

① Vgl. Bamberger/Roth, Kommentar zum Bürgerlichen Gesetzbuch. 3. Aufl. Band I. München 2012, § 227, Rn. 6.

② 参见高铭暄:《刑法专论》,高等教育出版社 2006 年版,第 427 页。

刚离开现场,侵害行为所造成的损失还来得及挽回的情况下,应认为不法侵害尚未结束,对其仍可进行正当防卫。通过正当防卫,被害人还有可能挽回或减少损失,甚至可以避免损失而恢复到损害发生前之状态。① 对于占有而言,在仍然可以恢复原占有人的占有,即新的占有秩序尚未形成时,也应符合正当防卫的时间要求。由此观之,从时间要件来看,占有取回权发生的时间仍然包含于正当防卫时间之内。

第二个问题在于占有人取回标的物是否符合正当防卫行为的合理限度。对于正当防卫的必要限度,刑法理论中存在基本适应说、必需说和相当说。基本适应说要求防卫行为与侵害行为基本相适应;②必需说要求从有效阻止不法侵害的客观现实需要作为限制;③折中说则认为是否必要需要结合行为的性质、手段、造成的损害等各个方面来进行判断④。必需说限制了公民的防卫的能动性,因为对于一个正处于被侵害中的公民而言,要准确判断"有效阻止现实客观需要"实属不易;而基本适应说、折中说本质上并未清晰地释明正当防卫的界定。究其原因在于,对于其必要限度的判断,为一个社会评价问题,须结合具体指状况进行评价,而难以以某一抽象的标准一概而论。而此一点,与占有取回权相符。在占有取回权中,对于其行为方式也有必要性的限制,也需要结合具体情形加以判断。当事人在占有被侵占之后,"为取回标的物"的主观想法也符合正当防卫中"为保护自己或他人之权利"的主观要件。所谓的占有取回权的主动性是相较于占有防御权而言,对于侵害而言,占有人取回标的物仍然是为保护自己的权利而被动为之。如此而言,占有取回权的意义与正当防卫无异,仅在于确认"占有"属于正当防卫所保护之"权益"的范畴。

通过上述比较可知,占有自力救济中所包含的占有防御权与占有取回权,并非如通说所认为的,占有防御权为正当防卫的特殊情形,而占有取回权为自助行为的延伸,较之有一定的特殊性,因而有专门规定

---

① 参见邬砚:《正当防卫时间与限度的民事判断》,载《人民司法》2012 年第 14 期。

② 参见陈璇:《正当防卫中风险分担原则之提供》,载《法学评论》2009 年第 1 期。

③ 参见陈兴良:《正当防卫论》,中国人民大学出版社 2006 年版,第 139 页。

④ 参见赵秉志、刘志伟:《正当防卫理论若干争议问题研究》,载《法律科学》2001 年第 2 期。

的必要性。占有防御权与占有取回权相较于正当防卫的构成要件并无二致。我国现行民事立法中并未将正当防卫限定于保护“权利”。因此，通过解释，确认占有也属于正当防卫中所需要保护的权益之范畴，即可将占有的自力救济涵盖。如此规定，则足以为占有人提供保护，此时是否有关于占有自力救济专门规定的无关紧要。

二、间接占有人的占有自力救济

通说认为，相较于直接占有人而言，间接占有人对物无直接的控制力。因此，间接占有人是否应享有相应的自力救济存在争议。

即使是在对占有自力救济有明确规定的德国法下，学者也争论不下。有的德国学者认为，首先基于占有的全面保护原则，应该使间接占有人准用《德国民法典》第 859 条的规定享有自力救济。① 与一般的第三人不同，间接占有人对于占有所具有的法益与直接占有人不完全相同。因此，应当赋予其单独的自力救济的权利。② 例如，承租人外出旅游，出租人得对租赁物侵害人实施自力救济。③ 从利益状态平衡而言，允许间接占有人有自力救济的权利，任何情况下皆不会损害直接占有人的权利；而对于侵害人来说毫无保护之必要。④ 因此，应赋予间接占有人以占有自力救济。

但也有学者提出，间接占有人不应享有占有自力救济。其理由如下：按照体系解释，《德国民法典》第 859 条规定了关于占有自力救济之后，才有第 868 条关于间接占有的规定，第 859 条、第 861 条、第 862 条对其不可以直接适用。⑤ 如果认为间接占有应适用自力救济的规定，似应将关于间接占有的规定置于自力救济规定之前。此外，《德国民法典》第 869 条规定了关于间接占有的保护请求权，学者认为该条规定是关于间接占有的唯一的规定。而这一理由源于立法过程中，第二草案立法委员会强调“间接占有人并无独立的占有的保护，其仅享有取决于

① Vgl. Jürgen F. Baur/ Rolf Stürner, Sachenrecht, 18. Aufl., München 2009, § 9, Rn. 23.

② Vgl. Staudinger, Kommentar zum Bürgerlichen Gesetzbuch. 12. Aufl., Berlin 2005, § 869, Rn. 2.

③ 参见史尚宽:《物权法论》,中国政法大学出版社 2000 年版,第 598 页。

④ Vgl. Westermann, Sachenrecht, 7. Aufl., Heidelberg 1998, § 26 Ⅲ 2.

⑤ Vgl. Hans Josef Wieling, Sachenrecht, 5. Aufl., Wien 2006, § 19 Ⅲ b.

直接占有人的请求权”，[①]并且从第858条至第862条的占有保护目的来看，占有保护针对的都是直接占有，其保护的对象为对物事实上的控制力，[②]而间接占有无事实上的控制力，因而不属于第859条的保护对象。

间接占有人是否应享有占有的自力救济，首先，需要讨论的是，是否存在侵害间接占有的情形，只有存在侵害间接占有的前提下，才有讨论间接占有人是否有占有自力救济的基础。其次，需要讨论的是，在此情形下是否有占有自力救济保护必要：通过其他途径是否可以提供足够的保护；占有自力救济所产生的法律后果能否实现立法目的。当间接占有人同时为权利人时，间接占有人自力救济是为了保护自己占有的权利还是为了保护自己占有本身难以区分。若间接占有人是基于保护自己的占有权利而自力救济，则可以以正当防卫作为其行为的法律依据。因此，后文的分析均以间接占有人为无权占有为基本模型。

（一）第三人对于间接占有人的“禁止之私力”的讨论

通说认为，间接占有关系至少包括两方面要件：其一，需要有占有媒介人的直接占有；其二，间接占有人与直接占有人之间存在某种特定的关系。若第三人欲对间接占有人的占有产生侵占或妨害，需要通过影响其中的某个要件予以实现。

1. 针对占有媒介人的直接占有的侵占或妨碍

在间接占有关系中，占有媒介人的占有上不仅有占有媒介人的利益，还存在间接占有人的利益。而占有媒介人与间接占有人的利益并非完全一致，相应的意思也非完全一致。“禁止之私力”的违法性体现在第三人对占有的侵占或妨碍是违背当事人的意思。因而，若对间接占有构成禁止之私力，则存在两种可能：其一，第三人侵占或妨碍占有媒介人的直接占有同时违背了占有媒介人和间接占有人的意思；其二，第三人侵占或妨碍占有媒介人的直接占有不违反占有媒介人的意思，但违背了间接占有人的意思。

［案例一］甲将手机借给乙使用，在火车站被丙抢夺

若认可甲为间接占有人，并有独立的占有保护，则丙侵占乙的直接

---

① Vgl. Wieling, Der mittelbare Besitz, Studi in onore di Cesare Sanfippo, 1982, 736ff.

② Vgl. Staudinger, Kommentar zum Bürgerlichen Gesetzbuch. 12. Aufl., Berlin 2005, § 869, Rn. 3; Hans Josef Wieling, Sachenrecht, 5. Aufl., Wien 2006, § 19 Ⅲb.

占有,导致甲的间接占有丧失,且违背甲之意思,甲得自力救济。若不认可甲的间接占有或不认可其占有保护,则甲无独立对抗丙之权利。在此需要权衡,不认可甲的间接占有或不认可其占有保护是否能够为甲提供足够的保护。

有学者认为,此种情形下,间接占有人无须占有自力救济,可以通过赋予直接占有人占有保护的方式,实现对间接占有人提供保护的目的。[①] 即乙可以通过自力救济防御丙之抢夺,或在被抢夺之后,追踪的过程中,有权以强力取回。据此,恢复自己的直接占有,也保障了甲的间接占有。此种情况,自无疑问。

但若乙自身不足以防御丙的侵占或取回占有时甲是否可以自力救济,则对于甲乙的占有有重要意义。有学者指出,此时,赋予甲独立的间接占有保护为“多余”。[②] 甲完全可以根据自助行为、紧急避险等规定来进行自力救济。[③] 如在上述情形下,乙的占有被侵占或妨碍,甲可以如同其他第三人一样行使正当防卫,在保护了直接占有人的同时也保护了自己的间接占有。[④]此外,甲行使自力救济的行为,符合直接占有人的利益,甲的行为符合无因管理的规定。[⑤] 间接占有人为直接占有人而自力救济行为,通过无因管理、正当防卫等方式进行解释,不仅可以很好地融入现有的法律体系中,而且能将所有的通过第三人自助的行为作为统一的案件类型,而防止在判例中出现类型的冗余。[⑥] 无因管理虽然为事实行为,但以管理人有为他人管理之意思为必要,也正是管理人

① Vgl. Staudinger, Kommentar zum Bürgerlichen Gesetzbuch. 12. Aufl., Berlin 2005, § 869, Rn. 1.

② Vgl. Sosnitza O. Besitz und Besitzschutz. Sachherrschaft zwischen faktischem Verhältnis, schuldrechtlicher Befugnis und dinglichem Recht, Tübingen 2003, S. 168.

③ Vgl. Protokolle der 2. Kommission für die Zweite lesung des Entwurfs eines Bürgerlichen Gesetzbuches, Band3, Berlin 1899, S. 26.

④ Vgl. Wendt O. Der mittelbare Besitz des bürgerlichen Gesetzbuches. Archivfür die civilistische Praxis, 1897, S. 40.

⑤ Vgl. Wieling H. J. Sachenrecht: Band 1: Sachen, Besitz und Rechte an beweglichen Sachen. Springer Science & Business Media, 2006, S. 182.

⑥ Vgl. Wolff M., Raiser L. Sachenrecht, 10. Aufl., Tübingen, 1957, S. 684; Joost D, Münchener Kommentar zum Bürgerlichen Gesetzbuch. VI, Sachenrecht, München, 2009, § 868 Rn. 20.

的该意思使无因管理制度具有其正当性的基础。[①] 但在此处，通常情形下，甲并不具有为乙的占有进行事务管理的主观意思，因此并不符合无因管理的构成要件。正当防卫亦同。正当防卫中要求防卫人有为自己或他人的权益进行防卫的主观目的。若不认可甲的间接占有的地位，则间接占有无法成为正当防卫所保护的法益，甲的行为不符合正当防卫中为保护自己是权益的要件。从主观上来看，甲也不具有保护乙的直接占有的主观心理，因此，此时甲欲进行自力救济，其行为并不符合正当防卫或无因管理的主观要件。因此，在此种情形下，只有赋予甲以间接占有的地位，并且该地位为正当防卫所保护的利益所包含，甲才能具有自力救济的正当性基础。

［案例二］甲将手机租给乙使用，而乙未经甲同意擅自转卖给丙

若认可甲为间接占有人，并有独立的占有保护，则丙从乙处取得直接占有，甲的间接占有丧失。对此应考虑丙的行为是否构成禁止之私力。当认可甲独立的间接占有地位及独立的占有保护时，丙的行为是否构成禁止之私力，需以是否违反甲的意思作为判断标准。因此，丙的行为符合“违法性”的要件。值得注意的是，在丙取得占有之前，乙已经改变了其占有媒介意思，从他主占有转变为自主占有，在乙的占有媒介意思以可识别的方式表现（订立买卖合同并移转占有）时，甲的间接占有已经丧失。因此，丙取得占有的行为并未妨碍到甲的间接占有。因此，甲不得对丙自助救济。若允许甲行使自力救济，反会导致自力救济的混乱。从丙的角度来看，其取得标的物的占有，已经经过占有媒介人同意，甲虽为间接占有人，但因不具有公示性，而无法为第三人丙所认知。因此，丙以为自己合法取得占有。此时，甲进行自力救济而取回标的物的行为，于丙而言为“禁止之私力”。此时，丙亦可行使自力救济来阻止甲取回标的物，如此则会形成甲与丙合法的“占有自力救济”的相互对抗。

因此，在此种情形下，丙在取得占有之前，甲已经丧失了间接占有，丙的行为不构成禁止之私力，甲不得自力救济。从法律效果上来看，为防止发生占有自力救济的对抗，也应排除此种情形下的间接占有的自

① 参见李文涛、龙翼飞：《无因管理的重新解读——法目的论解释和论证的尝试》，载《法学杂志》2010 年第 3 期。

力救济。

[案例三]甲将手机租给乙使用,而乙未经甲同意擅自转租给丙

案例三与案例二的情形相似,丙取得标的物的直接占有违背了甲之意思,符合禁止之私力的"违法性"的要件。不同的是在此种情形下,乙虽然转租了该标的物,但主观上仍然具有他主占有的意思,转租行为并不能确定乙不欲返还标的物的占有,因此,此处乙的占有媒介意思改变并不导致甲的间接占有的丧失。在此种情形下,乙并未丧失占有,而是由直接占有人转变为间接占有人。相应的,甲也并未丧失间接占有,而只是从第一层级的间接占有人转变为第二层级的间接占有人。作为第一级间接占有人时,甲只需借助乙即可实现自己对物的意思,而作为第二级间接占有人时,甲需要借助乙、丙来实现对物的意思。多一层占有人,对于间接占有人实现自己对物的意思难度更大。因此,第二级间接占有人与第一级间接占有人相比,处于更劣势的地位。丙取得占有的行为,客观上构成对甲的占有的妨碍。此时,甲若欲自力救济,则将与案例二的情形相同,构成禁止之私力的对抗:从丙的角度来看,其行为完全符合一般善意交易相对人的行为标准,其完全有理由相信其取得占有为有权占有,而甲虽然作为间接占有人,但其间接占有不具有公示性,丙无从查之。当甲自力救济时,其行为从丙的角度来看,即为"禁止之私力",而对于该禁止之私力,丙亦欲自力救济。如此会形成丙与甲的自力救济之冲突,从而陷入混乱。因间接占有无法公示,赋予甲以自力救济反而易生混乱。因此,从限缩自力救济的立法取向来看,此种情形下不赋予甲以占有自力救济为宜。

2. 针对其他要件的"禁止之私力"

间接占有的构成要件除了占有媒介人的直接占有外,还包括占有返还请求权及间接占有人的意思。第三人除了可以通过对直接占有进行侵害从而影响到间接占有人的间接占有以外,不可能通过其他要件对间接占有为禁止之私力。①

间接占有人因返还请求权可以要求占有媒介人返还标的物。返还请求权本身为占有媒介人与间接占有人之间相对性的债权。债权是相

① Vgl. Staudinger, Kommentar zum Bürgerlichen Gesetzbuch. 12. Aufl., Berlin 2005, §858, Rn. 4; BGH LM § 231 Nr1.

对于债务的权利。换言之，侵犯债权只有一种形式，即不履行债务。返还请求权的义务人为特定的当事人。[①] 因此，返还请求权的效力也只能及于特定的当事人，与第三人无涉。返还请求权作为一种债权，是一个完全封闭的关系，第三人不可能侵害到债权，[②]也不可能侵害到返还请求权。不存在第三人通过侵害返还请求权而影响到间接占有的情形。而对于占有媒介人的占有媒介意思、间接占有人的占有意思等，均为当事人内心的主观状态，第三人不可能通过侵害其主观意思从而影响到间接占有人的间接占有。因无针对其他要件的禁止之私力的可能性，也就没有讨论在此情形下是否有赋予间接占有人自力救济的必要。

（二）占有媒介人对间接占有的"禁止之私力"的讨论

1. 针对直接占有的侵占或妨碍

同样以两个案例情形为例展开讨论：其一，甲将手机租给乙使用，租赁期间，乙将手机抛弃；其二，甲将手机租给乙使用，而乙未经甲同意擅自转租给丙。若认可甲为间接占有人，并有独立的占有保护，从乙的角度来看，情形一中乙抛弃手机的行为使甲丧失了标的物的占有，且间接占有的丧失与间接占有人甲的意思相违背，因此构成对甲的禁止之私力。与此同时，甲的抛弃占有的行为也表明其不欲为甲占有的主观思想。情形二中，甲由第一级的间接占有人转变成为第二级的间接占有人，使间接占有人的占有实施增加困难，亦构成对甲占有的妨碍。乙的行为构成禁止之私力，甲欲自力救济，则须自力恢复至原有的占有状态：乙重新占有标的物。但乙已经为此行为，甲的自力救济即要求乙恢复占有的现实意义十分有限：乙随时可能再为抛弃占有的行为。而甲针对乙的自力救济，为让乙恢复直接占有，也不符合一般观念。此时，甲是否可以自己恢复直接占有，须从甲乙之间的权利义务关系来判断，如租赁期未到，在未解除合同的情形下，甲不得要求恢复直接占有。可见，在此种情形下，甲的自力救济的现实意义

---

① 参见李锡鹤：《对债权不可侵性和债权物权化的思考——兼论物权与债权之区别》，载《华东政法学院学报》2003 年第 3 期。

② 参见梅夏英、邹启钊：《论债权的相对性与不可侵性的关系》，载《烟台大学学报（哲学社会科学版）》2005 年第 18 期。

有限。

2. 针对占有媒介人的占有媒介意思的改变

占有媒介人作为直接占有人,可以改变其占有媒介意思而导致间接占有人的占有的丧失。例如,甲将手机租给乙使用,租赁期间,乙将手机抛弃,或者乙未经甲同意擅自转卖给丙,乙的行为已经表明,乙占有手机的意思从他主占有转变为自主占有,并且到期不欲返还标的物的占有。正是由于乙的占有意思的改变而导致甲的间接占有的终止。但甲若要行使自力救济恢复至原来的占有状态,需要求乙的主观意思从自主占有转变为他主占有,而这种意思的转变非自力救济所能实现。因此,在此种情形下间接占有人的自力救济客观上无法实现,因而从法律规定的角度来看,也无赋予该权利的现实意义。

3. 针对其他要件的“禁止之私力”

对于返还请求权而言,虽然直接占有人为返还请求权的相对人,但其亦无法影响间接占有中的返还请求权。间接占有中的返还请求权并不要求标的物在任何情形下、任何时间内均可以向间接占有人返还,仅需在返还请求权的发生并非任何时间并终局地被排除即可。[①] 占有媒介人本身无法单方面终局地排除返还请求权。例如,当间接占有人将标的物出租,租赁期间间接占有人对占有媒介人有“未到期”的返还请求权,在此期间,只要占有媒介人仍然保有对物的占有,则其无任何行为得影响该返还请求权的持续。若租赁期届满,间接占有人要求占有媒介人返还标的物,占有媒介人违反合同约定而拒绝返还标的物时,虽然其行为构成违约,但并不会导致返还请求权的消灭,从而也不会影响到间接占有的持续。只有占有媒介人依约将标的物交给间接占有人时,返还请求权消灭,间接占有消灭。而此时,与甲的意思相符,不符合“禁止之私力”的违法性要件。

(三)小结

不可否认,对占有人提供自力救济存在客观的需要。但从占有的自力救济与现有的自力救济体系的关系来看,现有的自力救济体系足以将占有自力救济予以涵盖:占有防御权与占有取回权相较于正当防

---

① Vgl. Soergel-Mühl, Kommentar zum Bürglichen Gesetzbuch, Stuttgart 2002, § 868 Rn. 13.

卫的构成要件并无二致。我国现行民事立法中并未将正当防卫限定于保护“权利”,因此,可以通过解释,确认“占有”也属于正当防卫中所需要保护的权益的范畴。通过扩大解释正当防卫的,将占有自力救济囊括,既可为占有人提供足够的保护,又能体现立法简洁之旨趣,应予取之。

而对于间接占有而言,在第三人违反占有媒介人的意思而侵占直接占有的情形下,赋予间接占有人以独立的占有保护,能更好地保护其间接占有的地位,而对于第三人或占有媒介人而言并无不利;在第三人不违反占有媒介人的意思,而仅仅违背间接占有人的意思时,赋予间接占有人以自力救济,会损害到按照交易规则进行交易的第三人的利益,为避免出现自力救济的冲突,在此种情形下以不赋予间接占有人以自力救济为宜。占有媒介人通过放弃直接占有的方式侵害间接占有人的间接占有时,或通过改变占有媒介意思使间接占有人的占有受到侵害时,因现实上间接占有人无法通过自力救济而让占有媒介人恢复占有或转变其主观意思,因而自力救济在此种情形下也不具有现实意义。

第三节 我国《民法典》第462条对间接占有的适用构建

除了自力救济,占有的保护请求权也为占有救济的重要途径之一。立法者赋予占有人以占有保护请求权的目的在于,通过维护人对物的外在支配关系而维护和平秩序,防止规避公力救济。① 占有保护请求权包括返还原物请求权、排除妨碍请求权、消除危险请求权。无论是有权占有人还是无权占有人,当其占有被侵占时,可以基于对于占有或曾经占有而提起占有保护之诉。② 我国《民法典》第462条规定了占有保护制度,赋予了占有人以占有物返还请求权、排除危险和消除妨碍请求权

① Vgl. Medicus, Besitzschutz durch Ansprüche auf Schadensersatz, S. 119.

② Vgl. Westermann, Sachenrecht, 7. Aufl., Heiderberg 1998, S. 149.

及占有损害赔偿请求权，沿袭了《物权法》第245条的规定。[①] 自2007年最高人民法院颁布的《民事案件案由规定》（法发〔2008〕11号）在其第三部分“物权纠纷”的第九大类新增加了“占有保护纠纷”案由以来，以占有保护纠纷为案由的判例高达3.5万件，[②]成为我国一类极为重要的民事诉讼案件。但若检索中增加“间接占有”这一关键词，则涉及的案例则仅有38篇。但这38个案件中，对于间接占有的占有保护适用仍然存在较多的争议，对此下文将进行分析。

一、《民法典》第460条与第462条的区别

《民法典》第460条规定了权利人的原物返还请求权，《民法典》第462条规定了占有返还请求权。由于两者同时规定在《民法典》第二十章的占有部分，且法律效果均包含返还原物，因此，司法实践中，部分法院会混淆两者的构成要件。

部分法院误认为《民法典》第460条的适用前提是权利人也必须为占有人。在黄某南与庄某利占有排除妨害纠纷案中，一审法院依据《物权法》第245条，认为要主张占有保护，是否有本权并非考虑因素，而应证明占有之事实。文书中直接表述道：“因为法律设置占有制度的目的之一是为了维护物的事实秩序而非维护物的法律秩序（权利秩序），即占有人是否有权占有并不影响其行使占有保护请求权。但是，应当提供证据证明其占有案涉房屋的事实。”[③]此论述符合占有保护的制度目的，合理地区分了占有保护与本权保护的要件区别。但是在二审判决中，法院以《民法典》第460条进行判决时认为“该条文中‘权利人’应享有对占有物的本权，包括所有权、他物权或债权，其本权应含有对物占有的权能，当本权为债权时，由于债权为相对权，其效力仅及于特定的相对方当事人，故债权人对现时的无权占有人主张返还原物时，前提应当存在债权人原对该物进行占有的事实基础，其返还请求权方可成

---

① 由于《民法典》第二十章占有部分的规定与《物权法》基本相同，而检索的案例跨越《民法典》颁布前后，为尊重判例原文，后文引用案例中所涉及的法条均按照裁判文书中的原文所述。

② 笔者以案由“占有保护纠纷”为关键词，通过裁判文书网检索2007年至2021年12月30日的判决书，共计3.5万余件。

③ 山东省济南市历下区人民法院民事判决书(2021)鲁0102民初638号。

立。”[①]二审判决中错误地将占有返还之诉的占有要件增加到原物返还请求权上，让两者发生了混淆。

更多的错误发生在《民法典》第 462 条的适用上。部分法院在适用占有返还请求权时未考量是否存在占有侵占或妨碍这一要件，反而在论证行为人为无权占有人上费工夫。在陈某诉周某等占有物返还纠纷案中，[②]法院认定原告作为占有人，可以根据《物权法》第 245 条第 1 款要求被告返还。但此案中法院并未检索是否发生了占有之侵占或妨碍之要件，而是考虑被告占有是否具有权源。法院判决中指出，“被告周某的上述处分行为并无合法权源，其行为属于无权处分，事后又未取得原告同意，依法无效，而根据车辆登记、行驶证等车辆信息被告承某应知被告周某并非系争车辆的所有人或有权处分人，故不构成善意取得，且被告周某的承租期限现已届满，故被告承某对系争车辆的占有亦系无权占有，亦负有将系争车辆返还原告之责。”在赵某、耿某等与章某等占有排除妨害纠纷一审民事判决书[③]中，法院也指出，“本院认定被告李某取得案涉车位的使用权，即被告李某为合法占有，故对原告要求被告李某排除妨害的请求，本院不予支持。”

要正确适用《民法典》第 460 条与第 462 条，需厘清两者的规范对象。虽然《民法典》第二十章规定了占有，但涉及的规范分为两类，其一是第 458 条至第 461 条的规定，是调整“所有人与占有人关系”；其二是第 462 条占有保护规范。[④]《民法典》第 460 条规定不动产或动产的权利人有权要求无权占有人返还原物和孳息，其本质上为本权之诉。第 460 条的构成要件包括以下几个方面：有返还请求权的人是权利人，包括所有权人和依法对标的物享有占有使用权的人；义务人为无权占有人，包括善意占有人与恶意占有人。符合上述情形，权利人可以要求占有人返还原物及其孳息。《民法典》第 462 条规定的是占有保护请求权，保护的客体为占有这一事实状态。其适用前提则要求存在占有侵

① 山东省济南市中级人民法院民事判决书(2021)鲁 01 民终 4818 号。

② 参见 https://www.jufaanli.com/detail/1e4ed851a1ff62f38460f157f066f116/? q = %E9%97%B4%E6%8E%A5%E5%8D%A0%E6%9C%89&src = search&hitNum = 2&last_search_uuid = 9f975d0115df202dcea3b24fe9e9f7cf&search_uuid = ，最后访问日期：2022 年 1 月 30 日。

③ 浙江省杭州市余杭区人民法院民事判决书(2020)浙 0110 民初 8167 号。

④ 吴香香：《〈物权法〉第 245 条评注》，载《法学家》2016 年第 4 期。

占或占有妨碍,而行为人是否为有权占有并非考虑因素。即使是有占有权之人,也不应以占有侵占等暴力行为来取回占有。因此,在两者的适用要件上应严格区分。

二、《民法典》第 462 条占有保护的客体范围

(一)司法实践的认定现状

《民法典》第 462 条规定,若占有被侵占,占有人有权要求返还原物;若占有被妨碍,占有人有权请求排除妨碍或者消除危险。此处的占有是否包括间接占有,法条中未予以明确。通过相关判例研读发现在涉及"间接占有"的占有保护案由判例中,绝大多数法院并不否定《民法典》第 462 条所指代的占有包括间接占有。例如,官某泉、杨某花占有物返还纠纷二审民事案①中,法院在考虑是否适用占有保护时,不仅检索了直接占有,也检索了间接占有。在刘某宝、闫某富占有排除妨害纠纷二审民事案②中,法院则直接指出"本案系占有排除妨害请求权纠纷,占有排除妨害请求权是指占有人对于他方侵占或者妨害自己占有的行为,可以行使法律赋予的占有保护请求权;占有,无论是有权占有或无权占有,也无论直接占有或间接占有均受保护。"

但有部分法院对此持否定意见,在某物流公司与某合作社占有保护纠纷一审民事案③中,法院则认为《物权法》第 245 条所指代的"占有是指对物事实上的控制与支配,当某人的控制与支配力在事实上及于该物即成为占有人。而本案原告某物流公司对诉争土地尚未取得事实上的控制和支配力,也就是原告某物流公司尚未实际占有诉争土地,即不是诉争土地实际占有人,且原告某物流公司提供的证据不足以证明其为诉争土地的实际占有人。"因此,对于原告某物流公司提出的其为间接占有的从而享有占有保护的诉请不予支持。在马某与某矿业有限责任公司占有物返还纠纷二审民事判决书④中,法院指出"本案为占有物返还纠纷,上诉人马某主张占有物返还请求权应证明以下事实:一、其为占有物原直接占有权利人;二、实际占有人有侵权行为;三、侵

① 广东省高级人民法院民事裁定书(2020)粤民申 10568 号。
② 河北省承德市中级人民法院民事裁定书(2019)冀 08 民终 3382 号。
③ 陕西省渭南市大荔县人民法院民事判决书(2019)陕 0523 民初 2749 号。
④ 山西省太原市中级人民法院民事判决书(2020)晋 01 民终 5033 号。

权行为与请求权人对合法占有物丧失占有存在因果关系。反观本案，上诉人马某在其与案外人某开发有限公司签订房屋认购协议支付购房款后，并未实际收到对方交付的案涉商铺，也即上诉人马某并未直接占有案涉商铺。上诉人马某不符合占有物原直接占有权利人的主体条件。”

（二）间接占有人占有保护请求权的必要性分析

我国立法中无间接占有制度，因此，对于间接占有人是否应赋予占有保护请求权，应讨论间接占有所指代的当事人，客观上是否有保护的需要，通过其他法律规范是否已经给予了足够的保护。有学者认为，无须对间接占有人进行保护，间接占有主要适用于物的所有权人将物的占有通过合同关系移转给他人的场合，此时即使无间接占有制度，也可以通过直接占有人的保护机制和基于物的所有权人地位，达到对所有权保护的目的。[①] 但也有学者认为，对间接占有的保护作用在间接占有人非所有权人时，有重要意义。[②] 对此，笔者将对于不同权利状态下的占有人的情形进行分析。

1. 第三人违背占有媒介人的意思妨害或侵占直接占有

用一简单案例展开问题阐述。在所有权人甲将自己的杯子出租给乙、被丙所侵占的情形下，丙构成对甲的侵害。对此，若不赋予间接占有人甲以占有保护，甲依然可以根据所有物返还请求权向丙要求返还。[③] 与甲通过占有返还请求权相比，存在以下不同：首先，从行使期限来看，无论是德国法还是中国法，对于动产所有物返还请求权的行使期限并无直接规定，对于所有物返还请求权是否该适用消灭时效、诉讼时效均存在争议。[④] 但即使所有物返还请求权受诉讼时效的限制，普通的诉讼时效也是3年的期间。即所有物返还请求权至少有三年的时间可以行使。对于不动产和登记的动产，《民法典》则直接规定不受诉讼时

---

① 参见梁慧星：《中国物权法草案意见稿——条文、说明、理由与参考立法例》，社会科学文献出版社2000年版，第787～788页。

② 参见张双根：《间接占有功能论》，载《华东政法大学学报》2006年第2期。

③ 在德国法下，《德国民法典》第985条规定了所有物返还请求权；我国《民法典》第235条也规定了原物返还请求权。

④ 参见王轶：《物权请求权与诉讼时效制度的适用》，载《当代法学》2006年第1期；张驰、黄鑫：《物上请求权与诉讼时效关系论》，载《法学》2006年第9期；朱虎：《返还原物请求权适用诉讼时效问题研究》，载《法商研究》2012年第6期。

效限制，即长期存在。占有保护请求权的时间较短：《德国民法典》第864条第1款、我国《民法典》第462条第2款，均规定除斥期间仅为禁止之私力实施后1年。其次，从法律效果的终局性来看，所有物返还请求权具有终局性；占有返还请求权为一时之处置，一般认为所有权等本权在予保护法律秩序上所定着之“当为之支配状态”；占有者以现实之现存支配状态为基础而加以保护。故占有之诉为现实之一时的处置，具有临机应变之效力，故其可谓为自力救济之替代物。① 据此，甲通过主张所有权进行保护有更长的时间内可以行使权利，且行使请求权的法律效果是终局性的。但从诉讼程序等来看，若所有权人甲主张所有物返还请求权，证明责任较高，需要证明自己为所有权人；②但对于占有保护而言，其证明的责任较低：占有之诉无须考虑当事人的善意及占有权问题，证明责任较轻，可以提供迅速的法律救济而排除负责的举证、质证程序。③（我国台湾地区对于占有之诉适用简易诉讼，参见台湾地区“民法”第427条第2款第4项的规定）此外，《德国民事诉讼法》第798条第9项、第935条、第940条对于占有诉讼一律适用假处分。占有之诉还可以通过假处分④先行实现。从举证责任和程序来看，当事人主张占有保护返还请求权更加有力。

通过比较可知，对于有所有权的间接占有人，若不赋予其占有保护请求权，虽然通过所有权保护可以直接对侵害人提起诉讼，但所有权之诉较占有之诉而言，举证负担明显加重，需要证明自己为所有权人，而若间接占有人无法证明自己为所有权人，则会因举证不能而最终无法获得保护。因此，即使在占有人为所有权人的情形下，赋予占有人以占有保护请求权，也能更好地提供保护。

---

① 参见刘得宽：《民法诸问题与新展望》，中国政法大学出版社2001年版，第358页。

② 此时，甲也需要通过间接占有的所有权推定功能，才能够排除其证明自己为所有权人的“恶魔证明”中。

③ Vgl. H. Koziol, Grundriss des bürgerlichen Rechts Band I, Wien 2000, S. 243.

④ 假处分是一种临时性的，预防性的权利保护措施，为了防止被告在诉讼期间隐藏执行客体，可以针对其他请求权提出假处分。其中定暂时状态假处分（Regelungsverfügung）的目的在于避免重大不利益，防止有发生可能的暴力等，给付假处分的目的在于特定情况下的清偿，是为了保护假处分申请人免受特别重大的不利益，尤其是免受生存威胁或重大紧急状态。占有的物上请求权是假处分的实体法基础。

若甲非所有权人，而为他物权人时，其权利状态与所有权人相同。《德国民法典》第 985 条的所有物返还请求权的权利人仅限于所有权人。但对于用益权、质权、地上权等他物权，其可以根据相关的条款“引致”，从而准用关于由所有权产生的请求权的规定(用益权可以根据《德国民法典》第 1065 条，质权可以根据《德国民法典》第 1240 条，《德国地上权条例》第 11 条第 1 款第 1 句转引适用《德国民法典》第 985 条，关于所有权之规定)。据此，他物权人仍然可以得到保护。相较于《德国民法典》第 985 条将该权利仅限于所有权人的规定相比，我国的《民法典》则更加宽松。我国《民法典》第 235 条规定，无权占有不动产或者动产的，权利人可以请求返还原物。通说也认为，对该权利人应作相应的限制，包括以占有为权能内容的他物权人。① 换言之，该权利不仅包括所有权，也包括具有占有权能的用益物权。如此理解，无论是在德国法下还是在我国现行法的规定下，他物权人与所有权人一样得主张原物返还请求权，是否赋予其间接占有之保护亦同上。

在承租人甲将自己租来的杯子又转租给乙、被丙侵占的情形下若不认可甲的间接占有的保护请求权，则甲作为债权人，只能根据合同的约定，向乙主张权利。因我国对违约采用严格责任，只要占有被侵占导致无法将标的物完好无损地交还出租人，即使乙无过错也构成违约。甲有权要求乙赔偿相应的经济价值。但对于承租人甲来说，与杯子相应的经济价值往往并不符合甲的利益状态。如承租人甲从丁处租来的价值 2000 元的手表，租金为每个月 50 元，经丁同意，甲又将此手表以 60 元价格转租给乙，被丙所侵占。因手表被丙抢走，甲与乙之间的租赁合同无法继续，乙需要赔偿甲与手表价值相当的 2000 元。但该 2000 元的赔偿对象为手表的所有权人。因标的物毁损灭失，根据《民法典》第 729 条的规定，因不可归责于承租人的事由，致使租赁物部分或者全部毁损、灭失的，承租人可以请求减少租金或者不支付租金；因租赁物部分或者全部毁损、灭失，致使不能实现合同目的的，承租人可以解除合同。承租人乙可以解除合同，并且无须支付之后的租金。如此，甲本来根据转租所能获得的每月 10 元的利益消灭。而对于甲来说，在其知悉

① 参见王洪亮：《原物返还请求权构成解释论》，载《华东政法大学学报》2011 年第 4 期；周友军：《我国物权请求权制度的解释论》，载《社会科学研究》2008 年第 3 期。

为丙所侵占，若认可间接占有的占有保护，则甲可以根据占有保护请求权向丙主张权利，恢复乙的占有，从而维护自身利益。反之，甲只能要求乙向丙主张返还请求权，而自己无针对丙的权利。我国《民法典》第235条原物返还请求权的“权利人”根据释义的理解，仅指物权人，因此，甲不得依据其债权，直接向丙主张原物返还请求权。

综上，对于甲而言，不赋予其占有保护请求权无法为其提供足够之保护。

若甲将无权占有的手机（盗窃或因租赁合同无效）出租给乙、被丙所侵占的情形下，甲虽然为无权占有，但甲与乙之间的合同仍然成立。因此，甲仍然可以根据与乙之间的租赁合同而要求乙返还标的物等。其权利状态与甲为有权占有人之情形并无不同。但在此种情形下，有人对甲提供保护的必要性提出了质疑。有学者认为此时，小偷之占有也受保护，在立法论上存在疑问。[①] 保护无权占有人会导致如下结果：根据占有法上的规定，发生占有保护请求权并不考虑权利状态，而仅仅考虑是否构成了禁止之私力，因此，当发生占有侵占时，对物可能有占有权利的人必须将标的物返还给无权占有人，而占有权利人只能再发动另一个程序，行使自己的权利。[②] 如此，会导致诉累。

但侵害无权占有人占有的主体在大多数情形下为不特定的第三人。若不赋予无权占有人以占有保护，则当无权占有人的占有被他人剥夺或妨碍时，无权占有人无法要求侵占人返还占有或恢复占有之状态。真正的权利人具有向该不特定的第三人主张返还的权利，但是在客观上，因标的物已经脱离其控制，其事实上难以知悉标的物的占有状态。简言之，真正权利人有权利而事实上难以实现，无权占有人事实上能够实现但却无法律上的权利。如此，无权占有人无法取回标的物，从而也无法履行对于相关的权利人的返还占有义务。最终的结果明显对于真正的权利人不利。而当侵害人为真正权利人时，法律之所以赋予无权占有人以占有保护也具有相应的法理依据。因为侵占人虽然有权利占有，但是却无权利对他人的占有进行侵占。为维护和平的法秩序，法律并不鼓励当事人采用自力救济的途径维护自身权利。若权利人通

① 参见刘得宽：《民法诸问题与新展望》，中国政法大学出版社2001年版，第359页。

② Vgl. H. Koziol, Grundriss des bürgerlichen Rechts Band Ⅰ, Wien 2000, S. 244.

过侵占他人的占有而恢复自身占有，而占有人亦无权利要求返还，其最终的结果会导致权利人更多地行使私力救济来恢复占有，与立法目的不符。最后，无权占有并非均为如小偷等恶意占有状态，也存在善意的无权占有的可能性，如承租人甲将自己租来的杯子又转租给乙，被丙所侵占，但甲与所有权人之间签订的合同因其他原因而无效，此时甲之的权利状态与有债权的占有人的权利状态无异，没有理由否定其有占有保护的必要。

2. 第三人不违背占有媒介人的意思妨害或侵占直接占有

本部分讨论以下三种情形：一是甲将自己的手机租给乙使用，而乙未经甲同意擅自转租给丙；二是甲将借来的手机租给乙使用，而乙未经甲同意擅自转租给丙；三是甲将偷来的手机租给乙使用，而乙未经甲同意擅自转租给丙。

对于间接占有的占有保护请求权，德国法上存在两种构造的方式。其一，间接占有人的占有保护请求权并非独立的权利，而是当占有媒介人的直接占有受到侵犯时，间接占有人享有直接占有人相应的占有保护请求权。若按此构造，则在上述的情形下丙的行为并未违背乙的意思，因此不构成对乙的“禁止之私力”，乙不得主张占有保护请求权，据此，甲亦不得主张占有保护请求权。其二，其构造方式从占有的全面保护原则出发，认为间接占有人应有其独立的间接占有保护。① 在上述情形下，丙取得占有的行为违反了甲的意思，具有违法性。而甲从第一层级的间接占有人转变为第二层级的间接占有人，其实现对标的物的控制难度增加，构成占有的妨碍。因此，甲得行使占有保护请求权。

将两种构造相比，若不认可间接占有人独立的占有保护请求，在第一种情形中，当甲为所有权人时，因所有权具有对世性，因而甲得根据所有权而要求丙向乙返还占有。但与前述分析相同，甲面临着向丙证明自己为所有权人的证明义务，当不认可间接占有人的占有地位时，该项证明义务难以实现。当甲基于债权占有时，如第二种情形，因债权具有相对性，其基础的权利义务关系只能发生在甲与乙之间，对丙均无任何的请求权。甲作为出租人，其法律救济途径只能以预期违约为由，解

---

① Vgl. Jürgen F. Baur/ Rolf Stürner, Sachenrecht, 18. Aufl., München 2009, § 9, Rn. 23.

除合同,从而要求乙返还标的物的占有。但若甲欲继续维持合同而要求乙恢复直接占有却无实体法上的依据。而间接占有人独立的占有保护功能最重要的作用体现在当其为无权占有人之时,即第三种情形,此时甲无任何其他的救济途径向丙主张权利。间接占有人与直接占有人对于间接占有的利益并非完全一致,将间接占有人的利益保护完全建立在直接占有人的保护之上,则忽略了间接占有人的利益。在上述的三种情形下,第三人的行为符合直接占有人的利益,但却侵害了间接占有人的利益。若不承认对间接占有人的独立保护,则间接占有人基于无任何的法律上救济,处于被动状态。因此,在上述的情形下,赋予间接占有人以独立的占有保护非常必要。

3. 小结

通过上述分析,我们可以发现,当间接占有人为所有权人或他物权人时,可以通过占有背后的权利保护,对间接占有人提供充分的保护,但即使在该种情形下,认可间接占有仍可以减轻占有人的举证责任,更便利地提供保护。当间接占有人为债权人时,只享有债权保护而不赋予其占有保护请求权,无法为其提供足够的保护。而对于无权占有的占有人而言,尤其是当占有人为善意时,占有保护请求权对于占有人的意义非常重大,否则当其占有被侵占时,无任何请求权基础可以保护其占有。当第三人违背占有媒介人的意思而侵占或妨碍其占有时,占有保护相较于基于权利的保护更加全面。认可第三人不违背占有媒介人的意思而仅违背间接占有人的意思构成对间接占有人的禁止之私力,从而使间接占有人有独立的保护请求权,对间接占有人而言有重要意义。

这一重要性在司法实践中也有所体现。在官某泉、杨某花占有物返还纠纷二审民事案①中,案涉房屋未办理用地及建筑许可,更未取得房屋权属证书,系违法建筑,由于在违法建筑上能否成立所有权存在疑问,因此,当事人通过权利进行救济遇到障碍,而转用间接占有进行保护;在何某铬、张某敏返还原物纠纷二审民事案②中,案涉房屋是当事人用他人取得的农居民建房用地批准书承建的,由于一直未取得房产证,

① 广东省高级人民法院民事裁定书(2020)粤民申10568号。

② 安徽省安庆市中级人民法院民事判决书(2020)皖08民终238号。

不能证明所有权人是谁,因此,原告何某锫以占有保护提起诉讼。在此种情形下,对间接占有的进行占有保护的意义则予以凸显。因此,应认可《民法典》第 462 条所指代的占有包括间接占有。

三、《民法典》第 462 条占有侵占和妨碍的认定

《民法典》第 462 条规定只有在占有被侵占或妨碍时,才可以主张占有保护请求权。但在司法认定中这一要件往往被忽略,而转而借用行为人的占有是否非法这一要件。由于我国对于这一要件界定的讨论并不充分,对此可以参考德国法上的界定标准。

《德国民法典》第 858 条规定:“未经占有人同意而剥夺其占有或妨碍其占有的,其行为构成禁止之私力,而法律允许剥夺或妨害的除外。”禁止之私力成为占有保护的核心概念,其表现方式多种多样。无论是物理上的阻止甚至包括对占有人的心理产生重大影响,如有噪声的收音机、企业有噪声的设备、以威胁的方式而阻止占有、使用等均可以构成禁止之私力。[①] 构成禁止之私力的第一前提是“未经占有人同意”。因此,占有人的意思是判断依据,只要是违反占有人的意思就认为存在违法性,而无须考虑侵占人是否具有责任能力和过错,[②]也无须考虑侵占人是否有权利为此行为。例如,所有权人从小偷手中抢走被盗之水杯,虽然所有权人有权利要求小偷返还并有权占有标的物,但此行为却违背了占有人小偷的意思,仍然构成禁止之私力。因为所有权人要求小偷返还占有的权利为请求权,而请求权只能通过诉讼等途径实现,而非允许私力的方式恢复占有状态。因此,此时也认为构成禁止之私力。再如,某人在旅馆中误取他人的帽子等[③],虽然某人无主观恶意,但取走他人帽子的行为与帽子占有人的意思显然不符,也构成禁止之私力。若占有人表示同意其占有被他人“侵占”或“妨碍”,此时不违背占有人的意思,则不构成禁止之私力。当事人以何种方式表示同意并无强制性要求,当事人既可以明示同意,亦可以默示的方式表示,如放弃抵抗

---

① Vgl. Joost D. Münchener Kommentar zum Bürgerlichen Gesetzbuch. VI, Sachenrecht, München, 2009, § 858, Rn. 5.

② Vgl. KG NJW 1967, 1915, 1916 zitiert nach Joost D. Münchener Kommentar zum Bürgerlichen Gesetzbuch. VI, Sachenrecht, München, 2009, § 858, Rn. 8.

③ Vgl. Wieling H. J. Sachenrecht: Band 1: Sachen, Besitz und Rechte an beweglichen Sachen. Springer Science & Business Media, 2006.

或放弃警察之协助等。[①] 当事人表示同意时,排除禁止之私力行为的违法性。

其次,禁止之私力的对象为占有这一事实本身。禁止之私力的行为方式包括侵占和妨碍:侵占为使得占有人丧失占有;除了侵占占有以外的其他方式影响到占有人之占有的为占有之妨害。但无论是侵占还是妨害,必须针对的是占有,若只是单纯地否定占有人的占有权利等,并不构成禁止之私力。例如,否定所有权人的所有权,但未无故侵占或妨害占有时,不构成禁止之私力。

最后,存在"法律允许"之例外。一般情形下,只要是违背了占有人之意思,即构成法律之禁止,并不因行为人有权占有而被否定其行为的违法性。但在某些公法或私法特定的情况下,如涉及私法上的紧急避险、公法上的强制执行等情形,法律赋予行为人的并非对于占有的权利,而是实施行为本身的权利。此种情形下即为法律允许之例外,不构成"禁止之私力",占有人不得采取自力救济。

司法实务中争议较多的是占有媒介人的占有媒介意思的转变是否构成对间接占有的侵占,典型情形为租赁期满,承租人拒绝返还标的物,此时出租人能否以间接占有受到侵害要求返还。在某物业公司、某投资公司等占有物返还纠纷民事二审民事案[②]中,法院认为"此处的'侵占',既应包含积极的不法行为,也应包含消极的不法行为。作为承租人的某投资公司,在双方已对某物业公司是否有权继续出租讼争房屋产生重大争议后,仍以其行为明确拒绝向某物业公司返还讼争房屋,表明某物业公司所主张的'侵占'事实已经发生。"上海市第二中级人民法院判决书(2015)沪二中民二(民)终字第634号、上海市第二中级人民法院判决书(2012)沪二中民二(民)终字第1836号均以《物权法》第245条第1款为依据,认可间接占有人要求直接占有人返还房屋。[③] 换言之,法官认为此种情况下,承租人拒不返还租赁物,构成对出租人间接占有的侵害,可以借助占有保护而予以救济,要求出租人予以返还。

---

① Vgl. Joost D. Münchener Kommentar zum Bürgerlichen Gesetzbuch. VI, Sachenrecht, München, 2009, § 858, Rn. 7.

② 福建省厦门市中级人民法院民事判决书(2021)闽02民终2386号。

③ 吴香香:《〈物权法〉第245条评注》,载《法学家》2016年第4期。

事实上，在占有媒介人与间接占有人之间的法律关系处理上，不得适用间接占有的保护。承租人拒不返还，表明其占有媒介意思发生了改变，不再愿意为间接占有人进行占有，出租人的间接占有消灭。若出租人可以行使间接占有的保护，则应恢复出租人的间接占有，即让承租人恢复占有媒介意思。当事人的内心意思无法通过法律而强制要求转变，因此，间接占有的保护客观上不具有可行性。事实上，在租赁期届满后出租人是基于基础法律关系如租赁关系下的返还义务，而要求承租人直接向其返还租赁物，使出租人的占有从间接占有变为直接占有。

四、《民法典》第462条占有保护的法律效果

（一）占有保护请求权与占有损害赔偿请求权的关系

我国《民法典》第462条规定：占有的不动产或动产被侵占的，占有人有权请求返还原物；对妨碍占有的行为，占有人有权依法请求排除妨碍或消除危险；因侵占或妨碍造成损害的，占有人有权请求损害赔偿。前两项，为通常所称的占有保护请求权，旨在维护物现有的占有状态，当原占有状态被侵占或妨碍时，无论侵害人是否有过错，原占有人均可主张该权利。而对于占有人所享有的损害赔偿请求权，学者却有不同的观点。一种观点认为，占有的损害赔偿请求权为占有保护请求权之一，因而《民法典》第462条为独立的请求权基础。按其规定，只要侵害人实施了侵占行为，即应承担损害赔偿责任，而无须考虑其主观过错。其理由主要如下：该条规定放在《民法典》物权编占有中，并与占有返还请求权、占有妨害排除请求权、占有危险消除请求权等规定在同一条法条中，应认为同属于占有保护请求权，并且人大常委会法工委在《民法典》第462条的释义中明确，侵害人只要实施了本条所禁止的侵害行为，即应承担相应的责任，法律不问其是否具有过失，也不问其对被占有的不动产或者动产是否享有权利。[①] 另一种观点认为，侵害占有的损害赔偿规范（《民法典》第462条第1款第3分句）并非一项独立的请求权基础规范，只是一条参引规范，指示参照《民法典》侵权责任编规则，属于债权请求权之列。[②] 两者最大的差别在于，侵害人的“过错”是否为

① 参见黄薇主编：《中华人民共和国民法典物权编释义》，法律出版社2020年版，第634页。

② 参见孙宪忠、朱广新主编：《民法典评注》，中国法制出版社2020年版，第531页。

该请求权成立的要件。

笔者赞同后一种观点,认为《民法典》第 462 条第 1 款第 3 分句为侵权的特殊情形。仅从法条规定的位置来确定占有返还请求权的地位,理由不具有足够的说服力。

首先,占有保护请求权与占有损害赔偿请求权之间的价值取向根本不同:占有保护请求权,是以作为事实的占有为保护对象,其目的是维护和平的社会秩序,体现了"任何人不能以私力改变占有的现状"的基本法律原理。因此,占有保护请求权的目的往往是恢复占有的圆满状态,其所针对的只是一种状态责任而非行为责任。只要这种状态被破坏(侵占或妨害)甚至仅有被破坏的危险,占有人即可行使占有保护请求权。[①] 而作为损害赔偿请求权,其保护对象是由占有所体现的合法的个人物质利益,其目的是按照正义(矫正正义)的要求填补占有人因占有被侵占或妨害而生的不利益,即占有处于被侵占或妨害状态之外的财产利益的损失。该项损失的填补在本质上就是损失的分配,涉及受害人的权益保护与行为人的自由尊重之间的平衡,因此,往往需要以行为人有过错为前提。

其次,对于"过错"这一要件是否必要应做肯定回答。根据《民法典》侵权责任编第 1165 条的规定,当侵害人侵犯他人权益时,如侵害他人财产、身体乃至生命时,以过错作为其责任成立的要件。而占有作为一种事实状态,其受法律保护的程度存在争议,按照"举重以明轻"的法律原则,更应当以有过错为前提。当然,在某些特殊侵权的情形下,可以无须过错,但往往有特殊的正当化原因,如行为人制造了危险或有能力控制危险等,但显然对于占有的侵占或妨碍而言,并无任何类似的正当化理由。

最后,从比较法的角度来看,很多国家也未将占有损害赔偿请求权规定到占有保护之中,如《德国民法典》第 859 条至第 862 条赋予了占有人以占有自力救济、占有返还请求权及妨碍排除请求权等,而未规定占有损害赔偿请求权。立法者甚至明确表示在占有保护程序中不得支持占有损害赔偿请求权,因为占有保护仅限于恢复之前的占有状态,而

---

① 参见卜祥洪:《论占有损害赔偿的请求权基础与范围》,载《当代法学》2011 年第 4 期。

非之前的财产状态。综上可知，占有损害赔偿请求权非占有保护请求权，而为一般侵权之损害赔偿的特殊规定，在适用占有损害赔偿请求权时首先需要满足侵权之一般要件。

（二）间接占有的占有损害赔偿请求的范围

我国《民法典》物权编除了赋予了占有人以占有保护请求权外，还赋予了占有损害赔偿请求权。综上所述，占有损害赔偿请求权属于侵权法的特殊规定，既然占有损害赔偿请求权属于侵权之特殊情形，我们需要分析对于"间接占有"是否属于《民法典》侵权责任编保护的对象。关于间接占有的性质，有学者认为是事实，有学者认为是权利，一直以来存在巨大的争议。无论何种观点均不否认，间接占有对于间接占有人来说包含着一定的财产利益，但是否为受《民法典》侵权责任编的保护的财产利益仍需讨论。

我国《民法典》第1164条规定，因侵害民事权益产生的民事法律关系，由侵权责任编调整。该条文删除了原《侵权责任法》中通过"列举＋概括"的方式规定侵权责任法保护的对象。同时《民法典》总则民事权利部分仅规定了人身权、物权等权利，对于如何理解第1164条所指代的"民事权益"仍须明确。核心问题就在于"占有"是否为此处的"民事权益"所涵盖。学界通说认为，能为《侵权责任法》所保护的权利或利益存在的共性必须满足两项要件：其一，绝对性，即任何他人均须尊重此项权利且该项权利可针对任何人主张；其二，终局性，即该项权利对权利人具有终局性的归属内容。对于单纯的占有本身，应认为其为暂时性的保护，当遇到真正权利人时，仍然以真正权利人之保护为终局性的保护。但这并不意味着占有本身所带来的任何利益均无终局性。

由于法律对有权占有、善意占有与恶意占有的保护程度不同而有所区别，因此应就不同的占有状态进行具体分析。占有根据其是否有本权可以分为有权占有与无权占有。占有人是基于物权或债权甚至是法律的授权而占有标的物的为有权占有，而无任何法律上原因而占有标的物的为无权占有。在无权占有之下，根据当事人的主观区分为善意占有与恶意占有。对于善意与恶意之区分，以占有人无怀疑地误信其有占有的权利为善意的判断标准。

对于损害赔偿的范围，包括以下几个方面：占有对于个人来说，其直接利益体现为对标的物的利用本身。当占有被侵害时，占有人无法对标的物进行使用，其使用收益受到损害。除此之外，占有人还可能遭受支出费用的损害与责任损害。所谓支出费用的损害，即占有人对占有物支出费用，本可向物的权利人请求偿还，却因该物被侵占而毁损灭失不能求偿；责任损害是指占有人因为占有物被第三人侵占而发生毁损灭失后，从而产生对物的权利人的损害赔偿责任。①

因法律对有权占有、善意占有与恶意占有的保护程度不同而有所区别。在此就有权占有人、善意占有人、恶意占有人对于使用收益损害、支出费用损害和责任损害是否可以主张赔偿逐一分析。

1. 有权占有的占有损害赔偿

有权占有本身包含了使用收益的权源，如所有权、用益物权、担保物权等物权或租赁等债权，而这些权源具有积极的利益归属功能，能够使占有利益不同程度地归属于占有人。对于以物权为权源的占有，其本身具有绝对性和终局性，对此适用《民法典》侵权责任编的规定并无争议。但有学者认为以债权为本权的占有不能成为侵权的客体。但探究债权之所有不可以成为侵权客体的原因，学者并非认为债权不应该得到保护，而是认为债权不具有公示性、对世性，因此，债权成为侵权客体会导致第三人的风险不可控。但占有是权利公示的重要方式之一，它正好可以弥补债权不具有对世性从而不能被保护的原因。占有与债权的结合，使得占有发生强化，从而使占有人有类似物权人的地位。在生活中，债权因占有强化而得到特殊保护的情形也颇多，如承租人租赁权的“债权物权化”等。可见，以债权为本权的占有，可以成为《民法典》侵权责任编所保护的对象。而对于其使用收益损害、支出费用损害和责任损害，根据我国《民法典》物权编第458条的规定，其使用、收益、违约责任根据当事人之间的合同约定。当占有人按照合同的约定享有使用权、收益权时，其可以向侵害人主张相应的损害赔偿，但如若占有人享有使用权，但不享有收益权，此时，因对于收益之部分，占有人本身并无损害，因此也无法向侵害人主张。

① 参见赵健：《物权法中占有保护请求权的理解》，载《山东审判》2007年第12期。

2. 善意无权占有的占有损害赔偿

通说认为,善意也往往是一种占有利益的正当化因素,因此,对于善意的占有法律也赋予部分保护。首先,根据我国《民法典》第 462 条的规定,占有人享有占有返还请求权。并且根据时效取得的规则,善意占有人经过一定的时间,可以最终取得标的物的所有权。因此可见,善意占有人的占有本身是为法律所保护,只是不能对抗权利人而已。对于使用收益,我国实体法规定不区分善意占有人还是恶意占有人,根据《民法典》第 460 条的规定,权利人可以请求占有人返还原物和孳息。但理论上更多学者认为,之所以要区分善意占有人与恶意占有人的权利与责任,旨在保护善意信赖自己的权利外观。善意占有人因无重大过失地信赖自己为有权占有人而对物为使用收益,若此时仍须有返还孳息的危险,实在有违善意信赖保护原则。据此,善意占有人的孳息收取权甚至被称为“最小限度的善意取得”。因此,应当认可善意占有人在此期间的占有、收益权限。其次,根据《民法典》第 461 条的规定,善意占有人有权向所有权人主张维护该动产或不动产的必要费用。善意占有人甚至可以向所有权人主张必要费用,意味着善意占有人可以终局地保有必要费用利益。此外,根据《民法典》第 461 条的规定,当标的物毁损灭失后,与恶意占有人不同,善意占有人只需将标的物毁损灭失而取得的保险金、赔偿金或补偿金等返还给权利人即可,无须赔偿其他的损害。由此可见,善意占有人对于权利人无须承担赔偿责任。综上,善意占有人可以向侵害人主张使用收益损害、支出费用损害,但无须承担责任损害。

3. 恶意无权占有的占有损害赔偿

如前所述,单纯的占有并不包含终局性的利用归属。法律对占有进行保护的目的也是出于社会和平秩序的考虑,正如人大常委会法工委的解释所言,占有保护的理由在于,已经成立的事实状态不应受私力而为的扰乱,而只能通过合法的方式排除,这是一般公共利益的要求。但有权占有与善意占有赋予了占有正当化的理由,从而对其部分利益予以保护。而恶意占有无任何的正当化理由。恶意占有人本身的行为往往侵害到真正的权利人,此时若仍然赋予其保有占有、使用收益的权利,与法律规范目的不合。试想,小偷偷窃他人的标的物后将标的物出租,却仍然可以保有其租金,无异于鼓励恶意占有行为。从比较法的角度来看,日本、德国的学者也认为,占有自体的侵害无主张不法行为赔偿请求权的余地。对于支出费用损失,我国《民法典》赋予了善意占有人的必要费用请求权,而未对恶意占有人进行规定。从法条文义来看,仅赋予善意占有人必要费用请求权,可以认为立法者有意排除恶意占有人的必要费用请求权。因法律否定恶意占有人的费用请求权,客观上恶意占有人也无必要费用的损失。最后,《民法典》第 461 条规定,当标的物毁损灭失时,恶意占有人应赔偿损失。根据此条规定,所有权人有权向恶意占有人主张损害赔偿。但同时,所有权人根据《民法典》第 238 条的规定,作为权利人可以向侵害人主张赔偿,则所有权人可以受有双重赔偿。此外,若恶意占有可以向侵害人主张赔偿,而所有权人亦可向侵害人主张赔偿,则会导致侵害人因同一行为需要重复赔偿。对此,有学者提出如下构造:恶意占有人虽可就责任损害主张赔偿,但其请求权的内容却并非向自己为给付,而是向侵害人主张责任负担的排除,即要求侵害人向所有权人赔偿损失。此外侵害人也可通过向所有权人赔偿损失而使其对所有权人及占有人的赔偿义务均得以清偿。如此,既未限制所有权人,也承认了恶意占有人的损害赔偿请求权。该种途径解决了上述的冲突,存在合理性。

CHAPTER 05 >>

第五章

我国间接占有的所有权移转功能构建

根据《民法典》第 224 条的规定,动产物权的设立和转让,自交付时发生效力,但是法律另有规定的除外。此处的"交付"通常理解为直接占有的移转。但随着经济的发展,直接占有移转的物权交付形式已经无法满足现代商品经济的需要。例如,出让人甲欲将租用给乙的汽车出卖给丙,若强调现实交付,甲必须先中止与乙的租赁合同,收回汽车后,再现实交付给丙,才使买卖合同的交付及所有权移转义务履行完毕。此种做法,于甲而言,过于烦琐;于乙而言,丧失使用利益;于丙而言,并非必要(例如,丙购得车后仍然想租给乙)。此时若一味强调所有权变动必须现实交付,则不能满足交易对便捷性的要求。基于现实的需要,各种新物权变动的方式如返还请求权的让与、简易交付、占有改定等应运而生。我国《民法典》第 226 条、第 227 条、第 228 条也肯定了观念交付方式。

这些物权变动方式的产生,使学者不得不对现有的物权变动理论作出修正,以维护现有的物权变动模式。最主要的方式是将"交付"进行扩大解释,不仅包括现实交付还包括观念交付。现实交付对应的是直接占有的移转。观念交付的理论及逻辑基础则为间接占有。[①] 该种理解也得到了立法部门的支持，如人大常委会法工委《民法典物权编释义》中指出，占有改定与返还请求权的让与作为观念交付的主要方法，其前提是民法学理上的直接占有与间接占有的区分。[②] 正是以间接占有为理论基础，交付的概念得以扩张，在现实交付外发展出观念交付：前者乃动产物权之让与人将其对标的物的直接控制力，现实地移转给受让人；后者为动产物权之让与人将其对标的物的间接控制力，观念地移转给受让人。通过对交付概念的扩张，现有的物权变动体系如下：物权变动 = 合意 + 交付，交付 = 现实交付 + 观念交付。交付为移转占有，而现实交付和观念交付中的简易交付为受让人获得直接占有，而占有改定、返还请求权的让与为受让人获得间接占有。如此，将观念交付融入现有的物权变动体系。但间接占有在具体的所有权变动方式中究竟如何发挥作用，则需要进一步分析。

第一节 所有权移转的理论基础

一、交付的公示作用作为物权变动基础的质疑

"交付是动产物权变动的方式"已经成了学界通说。[③] 通说认为，之所有认为交付可以作为物权变动的方式，其原因之一在于交付具有公示功能。传统观念认为交付承担着物权动态的公示功能所持理由与"占有为静态的公示方式"并无不同。物权为绝对权、支配权，因此具有对世性、排他性、优先性等，正是基于物权所表现出来的绝对性，要求物权必须可以被他人所识别，为实现该目的，公示原则发挥了作用。[④] 从权利保护的角度来看，通过公示的信息，能够让不特定的第三人知悉特

---

① 参见朱岩：《物权法中交付的体系解释及相关疑难问题》，载《中国社会科学》2008 年第 3 期。

② 参见黄薇主编：《中华人民共和国民法典物权编释义》，法律出版社 2020 年版，第 40 页。

③ 参见梁慧星、陈华彬：《物权法》，法律出版社 2011 年版，第 85 页。

④ Vgl. Quantz T. Besitz und Publizität im Recht der beweglichen Sachen, 2005, S. 65; Wolf-Wellenhofer, Sachenrecht, 30. Aulf. 2015, Rn. 25.

定权利主体针对特定物有特定的权利,从而不能随意侵害物之状态和利益。

但笔者对此论证存在疑问。若交付的公示性作为物权变动基础的命题成立,需要以以下两个命题的证成为前提:其一,交付具有公示性;其二,交付的公示性可以作为物权变动之基础。但该两个命题,均存在疑问。

首先,交付的公示性本身就存在疑问。交付具有公示性则要求其过程具有可知性,并且对于所有的潜在的交易第三人或对于存在不作为义务的第三人而言,均具有可识别性。① 但对于现实交付而言,其在多大程度上能具有其所谓的公示性值得怀疑。某动产从一个主体的控制之下转移到另一个主体的控制之下,可以基于各种各样的法律原因。可以是基于保管、租赁等债权关系,也可以是基于抵押等他物权等,而所有权变动仅是诸多法律基础中的一种可能。而任意的第三人仅仅从占有移转这一物理现象中无法推知其背后具体的法律基础,从而无法查悉该交付所导致的法律效果。在这一点上,交付与登记完全不同。通过不动产登记的方式,可以将物权变动的具体意思进行记载并表露于外,而交付对于其背后的意思却无人能查知。即使占有是基于物权变动这一法律原因,随着现代交易的复杂程度的提高,伴随占有移转这一客观事实背后所有权的移动状态究竟如何,仍不明晰。例如,在需要运输的买卖交易中,货物交由第一承运人时,所有权移转给买受人。从占有移转之外在表现来看,事实上的占有取得人为承运人,但所有权并非移转给承运人,而何者取得所有权从占有移转的外观并无法知悉。此外,还存在大量的占有辅助人、占有媒介人参与占有移转交易的过程的情形。所有权的移转状态并不能由占有状态清晰地体现。

此外,观念交付的出现与发展对于所谓的"交付的公示性"的论点又是重要一击。虽然,有学者认为观念交付也是动产物权公示体系的重要组成部分②,却无法对此作出充分的论证。大部分学者认为,观念

① 参见聂卫峰:《交付公示:一个幻想》,载《现代法学》2014 年第 7 期。

② 参见杨震:《观念交付制度基础理论问题研究》,载《中国法学》2008 年第 6 期。

交付使交付的公示性被削弱。[1] 现实生活中，出卖人基于特定的目的，在出卖标的物之后仍然欲占有标的物，或者标的物由第三人占有时，出卖人直接将标的物的所有权移转给买受人，此种现象层出不穷。此时，所有权变动的要件则极其重要。若法律出于公示的目的，则要求当事人必须完成现实交付与再返还，物权始得移转。但仔细思考，会发现该现实交付所能承载的公示极其有限。对于不特定的第三人而言，其不可能对于任何的交付均在场，能现场知悉该交付过程的第三人也少之又少。而经历这一反复的现实交付后的状态与未经历该过程的状态完全相同，对于不特定的第三人而言毫无区别。这一现实交付的要求的公示功能有限，而徒增当事人之烦琐，于现代的便捷交付的理念亦不相符。因此，不应采之。为了满足现代交易的需求，观念交付已经为各国立法所接受。出卖人出卖标的物后，出于借用或其他目的仍欲占有标的物，法律不应否定此时的所有权的变动，也不应要求当事人作无谓的反复的现实交付。但观念交付毫无表征：出卖人与买受人之间达成买卖合同，同时达成租赁或借用等合同。除此之外，当事人无须其他的外在行为，而合同本身又无法承担起外在的公示功能。因此，观念交付为现在社会物权移转的重要方式，而无任何的公示功能。

而对于“交付的公示性应为物权变动之基础”这一观点，也存在疑问。学者对于交付公示的论证与占有公示的论证并无差别，完全从物权的绝对性出发。认为，物权与债权不同，不仅涉及合同双方的当事人，其状态还会影响不特定第三人的利益。因此，有观点认为物权的变动应以不特定的第三人知悉为时间节点，即需要以某种客观可识别的现象表现出。静态时，占有作为物权的表现，物权变动时亦应以物权的占有的变动作为标志。

但该种理论在考虑当事人的利益状态上有失偏颇。在静态的物权关系中，主要涉及的当事人为所有权人与不特定的第三人，但在动态的物权关系中，标的物的所有权的归属直接关系到出卖人与买受人的利益，所以应以出卖人和买受人的利益作为第一考虑因素，而不是不特定

① Vgl. Tobias Quantz, Besitz und Publizität im Recht der beweglichen Sachen, Duncker & Humblot, Berlin, S. 35；纪海龙：《解构动产公示、公信原则》，载《中外法学》2014 年第 3 期；聂卫峰：《交付公示：一个幻象》，载《现代法学》2014 年第 7 期。

的第三人的利益。买受人之所以进行交易,就在于欲获得标的物的所有权,与此相对应的,买受人获得所有权意味着出卖人丧失所有权,因而于何时、满足何种条件下标的物的所有权发生变动是出卖人和买受人进行所有权交易中最为重要的考量因素。相较于出卖人与买受人对于标的物的所有权的利益相关度而言,第三人对于标的物仅具有不作为义务。而对于该不作为义务的履行而言,所有权人究竟是出卖人还是买受人其实无关紧要。该不作为之义务内容并不因所有权人不同而有所差别。如某人开着某车辆,该开车之人既有可能是开自己之车辆,亦有可能是开着租来的车辆。但对于第三人来说,无论该开车之人是否为车辆的所有权人,只要其明白该车并非自己所有之物,便不得对车辆进行侵害。同样,对于违反不作为义务所致的责任也不会因所有权人的身份而有所不同。如第三人若为侵害,无论是张三还是李四,只要可以证明其所有权人身份即可,对于侵害人而言,所要承担的侵害所有权责任并无不同。因此,对于所有权的变动而言,对于第三人利益状态的影响不应作为首要的考量因素。因此,对于第三人的公示性也不应作为所有权变动的决定性因素。

"公示功能"作为交付原则的支撑,已经受到越来越多的学者的质疑。[①]《德国民法典》在确立交付原则时,立法者对于交付可以作为权利变化的外观特征就已存在疑问。第二草案立法委员会阐明,若要求所有权移转必须可识别,占有改定则完全不符合该要件。[②] 同时,通过交付而获得的占有并不能保证持续占有,在下一秒随时可能发生改变,以此作为权利变化可识别之外观难以实现其目的。[③] 可见,即使是坚持交付原则的德国,立法者并不将权利变动的公示功能作为交付原则的最主要的目的。

---

① Vgl. Voigt U. M. Die Funktion mittelbaren Besitzes beim Mobiliarerwerb: Untersuchung und Modifikation des mittelbaren Besitzes im Hinblick auf seine Bedeutung für den Mobiliarerwerb, 2012, S. 113.

② Vgl. Protokolle Ⅲ, S. 197.

③ Vgl. Quantz T. Besitz und Publizität im Recht der beweglichen Sachen, 2005, S. 153; Voigt U M. Die Funktion mittelbaren Besitzes beim Mobiliarerwerb: Untersuchung und Modifikation des mittelbaren Besitzes im Hinblick auf seine Bedeutung für den Mobiliarerwerb, 2012, S. 113.

二、从功能进路证成交付原则的尝试

公示性作为物权移转的基础受到质疑后,学者则需要寻找其他理由来论证为何物权移转在合意的基础之上仍然需要有交付行为。有学者参考《欧洲私法共同参考框架草案》(DCFR)中论证交付原则的理由,从功能角度进行分析以占有状态来衡量双方利益关系,虽然交付不具有公示性,但仍然采交付原则,并规定了交付原则的例外。[①]《欧洲私法共同参考框架草案》的起草者对此进行了详细的论证,具体的理由如下:

首先,动产所有权移转的时间点,法律规范应对此做相应的规制。统观世界各国的立法例,物权变动模式主要包括两种:合意移转,最为典型的代表为法国法,所有权自买卖合同订立时发生移转[②];交付移转(包括物权形式主义和债权形式主义),最为典型的代表为德国、瑞士法等,所有权自交付时发生变动。[③] 相较而言,合意移转的模式对于种类物的买卖、未来物的买卖、他人之物的买卖、选择之债的情形下,均无法适用。[④] 能涵盖尽可能多类型的交易情形,交付模式更加合理。其次,动产所有权移转绝大部分是基于双务合同。因此,要尽可能使当事人双方的利益对等。既然价款的所有权自交付时移转,作为对待给付的物权移转,也应自交付时实现。最后,交付原则能够保证出让人的债权人在交付之前处于同一地位。若采用合意移转的模式,在出让人破产时,特定物的买受人的地位会优先于出让人之法定之债的债权人(如侵权导致他人损害赔偿)。而通常而言,破产前自愿与破产债务人订立法律关系的人,应比被迫和破产债务人发生法律关系的人,承担更大的风险。[⑤]

---

① 参见纪海龙:《解构动产公示、公信原则》,载《中外法学》2014 年第 3 期。

② 《法国民法典》第 711 条规定,财产所有权,因继承、生前赠与、遗赠以及债的效力而取得或移转。第 938 条规定,经正式承诺的赠与依当事人之间的合意即完成,赠与物的所有权移转于受赠人,无须再经现实交付的手续。第 1583 条规定,当事人双方就标的物及其价金相互同意时,即使标的物尚未交付,加紧尚未交付,买卖即告成立,而标的物的所有权也于此时在法律上由出卖人移转于买受人。第 1703 条规定,交易与买卖同,得依当事人双方的合意为之。

③ 如《德国民法典》第 929 条规定,动产所有权的转让,所有权人必须将物交付给取得人,且所有人权与取得人之间必须达成关于所有权移转的合意。

④ Vgl. Von Bar Supra note 20, p. 4386 – 4387.

⑤ Von Bar Supra note 20, p. 4396.

上述的观点作为《欧洲私法共同参考框架草案》的立法理由，通过将合意移转所有权和交付移转所有权的适用效果进行比较，最终确定交付移转具有一定的优势，因而选择交付移转模式。《欧洲私法共同参考框架草案》从出让人与买受人利益考量、出让人债权人之间的利益考量出发，最终选择交付移转所有权模式，只能谓之法外依据。但此仍不足以从理论上阐明交付为何可以承载所有权移转的功能。此外，交付移转所有权模式对于简易交付、占有改定、返还请求权让与等模式下的所有权移转也难以提供合理解释。因此，我们仍然需要寻求法内依据作为支撑。

三、交付为移转意思严肃性的体现

有学者提出，交付行为是当事人物权移转意思严肃性（Ernsthaftigkeit）的体现。根据《德国民法典》第二草案的规定，交付能够证实当事人的移转意思。① 在当事人未交付时，仍然可以自由地撤回该物权合意。而通过物权交付行为，表明了当事人物权移转的严肃意思，而此后不得再为撤回。② 出卖人移转标的物所有权、买受人取得标的物所有权的严肃意思，作为所有权移转的前提。③ 所谓的所有权移转意思的严肃性原则上不需要具有外观可识别性，而是当事人内部的关系。现实交付仅为表明当事人严肃意思的方式之一。当交付仅用于表明当事人所有权移转的严肃意思，则所有权移转可以不需要有任何的占有地位的改变。有权让与人可以并非占有人，也无须必须创设占有。甚至在极端的情况下，只要出让人明确而清晰地表明了其所有权移转之意思，出让人可以保留所有的占有的情况下移转标的物的所有权。但若当事人有意地保留自主占有，则表明其实质上并无真正的移转所有权的意思。而其所谓的"所有权移转的意思表示"为自相矛盾之行为（Venire contra

① Vgl. Protokolle Ⅲ S. 197; Quantz T. Besitz und Publizität im Recht der beweglichen Sachen, Duncker & Humblot, 2005, S. 66.

② Vgl. Voigt U M. Die Funktion mittelbaren Besitzes beim Mobiliarerwerb: Untersuchung und Modifikation des mittelbaren Besitzes im Hinblick auf seine Bedeutung für den Mobiliarerwerb, 2012.

③ Vgl. Guido Bömer, Besitzmittlungswille und mittelbarer Besitz, Tübingen 2009, S. 170.

factum proprium)，而不具有法律上的意义。①

此种观点存在诸多难以自圆其说之处。首先，任何为法律所调整的意思表示均具有严肃性。意思表示包含内心意思和外在表示两个方面。意思表示一旦作出，则会发生相应的法律后果。若当事人仅为单纯的内心意思，因缺乏外在的表示，而不受意思表示规范的调整。若当事人虽然为一定的表示，但其主观上是处于玩笑、愚弄等动机，并无受法律拘束力的意思，且预期其他人能够知悉其意思表示缺乏真意，此时，仅为戏谑行为，并不产生法律上的效果。而除去单纯的内心意思和戏谑行为，受民法调整的意思表示均具有严肃性，不得出尔反尔。以合同为例，若当事人发出要约承诺即达成合意，无须当事人以特别的行为再表明其订立合同具有严肃性；此后可能发生当事人不按照合同约定履行合同义务，虽然法律也无法强制当事人继续履行，但仍应承担违约责任。

而对于有观点所认为的意思表示是否可以撤回，与当事人的意思严肃性无关。该观点的逻辑如下：交付表明物权变动不得撤回——→交付体现了当事人意思的严肃性——→交付作为物权变动的要件；但为何交付表明物权变动不得撤回仍然需要讨论。对于现实交付而言，出让人将占有的现实移转给了买受人之后，仍然有重新获得占有的可能性。因此，按照此观点的思路，只能认为交付导致了所有权的变动，而此后即使出卖人重新获得了占有，所有权也无法回转。由此可见，该观点的完整逻辑为：在有物权合意的基础上，交付使所有权发生变动，且该物权变动不因重新获得占有而恢复——→交付表明物权变动不得撤回——→交付体现了当事人意思的严肃性——→交付作为物权变动的要件。由此可见，该观点本身有循环论证之嫌疑：正是因交付为物权变动的要件，交付后物权发生移转，即使重新获得占有也无法撤回原来的物权变动；因为无法撤回，所以一旦交付就体现了当事人的意思的严肃性；正是当事人意思的严肃性，使交付可以作为物权变动之基础。在达成物权合意之后，当事人为交付，则满足物权行为的要件，从而发生物权的变动。在此之前，所有权并不发生移转的原因并非物权合意缺乏严肃性，而在

① Vgl. Quantz T. Besitz und Publizität im Recht der beweglichen Sachen, Duncker & Humblot, 2005, S. 65.

于并未满足物权移转的交付要件。将此观点放置中国法语境下,更无适用之余地。中国法虽然认可物权行为具有独立性,但并不认为需要有单独的物权合意,而采用债权合意+交付的物权变动模式。交付以前,并不存在所谓的可以撤回的"物权合意"。上述论点在中国的物权变动模式下更无适用之可能性。

四、交付作为"出卖能力"的载体

(一)"出卖能力"(Veräußerungsfähigkeit)的含义

有学者提出,无论是自有权出让人还是自无权出让人处取得标的物的所有权,所有权的移转都应该有共同的结构。对于所有权的移转,除了物权合意以外,还需要有履行行为(Vollzugsakt)。不完成履行行为,则出卖不可能实现。不同的履行方式,对于所有权取得而言其重要性相同。所谓的"出卖能力",就是指能够履行必要履行行为的能力。一方面,"出卖能力"是现实交付及其替代形式作为取得所有权的必要条件,另一方面,买受人作为将来的出卖人能完成将来的履行行为也需具有"出卖能力"。对于此两方面的"履行能力"的理解必须具有一致性。该"出卖能力"的概念发展于所谓的"拥有关系"(Haben-Beziehung)。根据所有权的本质,鲍尔指出,"拥有关系"为所有权的重要组成部分,该关系由出卖人移转至买受人。"拥有关系"与其发展出来的出让能力的概念并非完全都等同。出卖能力不仅仅包含所有的"拥有关系",还包括在出让人没有占有的情况下通过单纯的合意而移转和买受人可自无占有出让人处善意取得的情形。①

现实交付不仅是物权合意的履行行为,而且能够阻止出让人有机会通过善意取得而"消除"买受人的所有权。具体而言,若所有权移转无须交付,则出让人移转所有权后,仍然可以以所有权人的名义出卖标的物,其他善意买受人基于善意取得制度而取得标的物的所有权。买受人所有权则由此丧失。现实交付客观上使同一出卖人不可能对同一标的物再次交付。因此,伴随现实交付,出卖人的出卖能力也移转给了买受人。买受人不用担心出让人将标的物交付给第三人,因为买受人

① Vgl. Voigt U M. Die Funktion mittelbaren Besitzes beim Mobiliarerwerb: Untersuchung und Modifikation des mittelbaren Besitzes im Hinblick auf seine Bedeutung für den Mobiliarerwerb, 2012, S. 109.

已经自出让人处取得了标的物，据此可以确保出让人无法再次出让标的物。当出卖人将标的物交付给买受人的指令人时，出卖能力也已经移转。因为此时出让人自己丧失现实占有。指令人为买受人所选择，为买受人受领，而非为出让人受领。此外，出卖人为有权处分还是无权处分，对于“出卖能力”的丧失而言并不产生影响。①

在无权处分的情形下，当无权处分人通过现实交付来履行物权移转合意时，出让人除了丧失标的物的所有权之外，还丧失了标的物的“出卖能力”。② 所有权人在无权处分人交付以前，已经丧失了标的物的“出卖能力”。因为，出卖人已经不再遵从所有权人的指令，此时，出卖人因缺乏自主的直接占有及无权处分人的合作意思而不再具有“出卖能力”。但也有观点认为，所有权人在标的物移转之前仍然具有“出卖能力”，因为直接占有的无权处分人在履行行为之前，仍然有可能遵从有权处分人的指示。但无权处分人为交付之后，除了取得人，原所有权人的“出卖能力”也随之丧失。当出卖人为无权处分人，买受人为恶意时，买受人并不能取得标的物的所有权，但可以因为取得直接占有，而取得标的物的“出卖能力”，通过再行交付而出让标的物。出让人与所有权人因为交付本身而丧失了“出卖能力”。

因此，物权移转合意通过交付而履行，基于该交付行为，会使出让人与所有权人终局地丧失“出卖能力”。据此，将现实交付的要件与交付原则相统一。

（二）交付的必然结果为取得“出卖能力”，而非事实上的控制力

交付原则意味着买受人基于交付在取得所有权的同时，还可以取得“出卖能力”。

有观点认为，基于交付原则，可以确保买受人的事实上的控制力，

① Vgl. Voigt U M. Die Funktion mittelbaren Besitzes beim Mobiliarerwerb：Untersuchung und Modifikation des mittelbaren Besitzes im Hinblick auf seine Bedeutung für den Mobiliarerwerb, 2012, S. 118.

② Vgl. Voigt U M. Die Funktion mittelbaren Besitzes beim Mobiliarerwerb：Untersuchung und Modifikation des mittelbaren Besitzes im Hinblick auf seine Bedeutung für den Mobiliarerwerb, 2012, S. 119.

这也意味着买受人必须取得占有。① 但在指令交付的情形下,取得人并不能取得标的物的占有。例如,甲自乙处购买洗衣机,又转卖给丙,指令乙直接交付给丙,在此,乙并未获得任何的占有法上的关系,但仍然认为甲取得所有权并移转给丙。此时为所谓的“法律逻辑上的一秒”。交付同时履行了甲与乙之间的物权合意、甲与丙之间的物权合意。但在此,并未考虑到交付原则中的上述确保事实上控制力之作用,而创设甲取得占有。因此,若坚持交付功能移转事实上的控制力,则不可能发生指令交付的情形。作为交付的一项功能,不能在一些情况下适用而在另一些情况下不适用。因此,交付并不会必然移转事实上的控制力。

因此,有学者提出,与交付同时移转的是“出卖能力”。伴随着交付的移转,出让能力也随之移转。随着交付,出让人自己无法再另行交付标的物,也不可能通过指令人来实现所有权的移转。自此,买受人取得按照现实交付的方式履行出让的可能性,伴随着交付,买受人获得了自己的“出卖能力”。②

五、小结

从上述的几种理论分析而言,从功能的角度能够说明,物权移转模式中,相对于合意移转而言,交付移转更加符合我国现有的立法体系,也更加符合于世界各国的立法趋势。交付主义模式下,需要于单纯的物权合意以外有其他的表征。交付之所以可以承担该功能,早期学者通说认为是因“交付的公示性”。但无论是从交付本身是否具有公示性,还是从交付是否必须要有公示性的两个角度来看,均受到越来越多的学者的质疑。因此,有学者转向从移转意思的严肃性出发或从“出卖能力”出发,虽然上述的两种理论还存在诸多的不合理之处,但这些尝试本身也表明学者已经放弃了原有的公示性理论,交付的公示作用作为物权变动基础已经受到越来越多的质疑。

---

① Vgl. Martinek M. Traditionsprinzip und Geheißerwerb. AcP, 1988, 188 (H. 6): 573 - 648.

② Vgl. Voigt U M. Die Funktion mittelbaren Besitzes beim Mobiliarerwerb: Untersuchung und Modifikation des mittelbaren Besitzes im Hinblick auf seine Bedeutung für den Mobiliarerwerb, Duncker & Humblot, 2012, S. 120.

第二节　以间接占有为基础对《民法典》第227条返还请求权让与的构建

一、返还请求权让与中"第三人"的范围界定

我国《民法典》第227条规定了返还请求权让与,即在动产物权设立或转让前,第三人占有该动产的,负有交付义务的人可以通过转让请求第三人返还原物的权利代替交付。该条文基本沿袭了《物权法》第26条的规定,在《民法典物权编(草案)》(征求意见稿)第22条、《民法典物权编(草案)》(二审稿)第22条及《民法典(草案)》第227条都作出了与《物权法》相同的规定,但最终发布稿删除了条文表述"依法占有"中"依法"二字,是为重大进步。①

《民法典》删除了"依法"二字,事实上扩大了可以适用返还请求权让与的"第三人"的范围。《物权法》第26条明确规定,返还请求权让与必须"第三人依法占有"。第三人占有标的物可能会是以下四种情形:其一,第三人基于有效的物权或债权合同占有标的物;其二,第三人原本有有效的物权或债权合同,后合同无效或被撤销;其三,第三人拾得遗失物后占有;其四,第三人盗窃或抢劫标的物后占有。对于情形一,属于第三人依法占有之典型情形,不存在争议。对于情形二,合同无效后,第三人占有标的物无法律上的原因,因而不构成"依法占有"。此时,出卖人欲移转标的物的所有权,必须从第三人处收回,再交给受让人。但情形二与情形一相较,出让人同样为有权的处分人,同样具有返还请求权,并无区分对待的理由。情形三下,第三人自始为无权占有人,但出让人对其同样具有原物返还请求权或不当得利返还请求权等,亦无区别对待之理由。正基于此,原《物权法》第26条的"依法占有"的要件受到了学者的广泛批评。对此作茧自缚的要件,学者努力做法解释学上的尝试:为弥补《物权法》第26条规定的不足,在解释论上,应最大限度地限缩其中所言"法"的范围,将若干第三人无权占有的情形视

---

① 参见孙宪忠、朱广新:《民法典评注(物权编)》,中国法制出版社2021年版,第175页。

为“依法”,而不作为“违法”对待。[①] 但做此解释,第四种情形下即被盗物或遗失物仍然不能涵盖。因为盗赃物是违法占有,是依法占有的对立面。因此,此种情形下是否能适用返还请求权让与仍然存在争议。有学者以类似于“合同无效或到期”的相同论据,从交易便捷性来进行论证,认为此时若不承认“出让人转让被盗物或遗失物得适用返还请求权的让与(返还请求权让与),于此场合,受让人就无法便捷、径直地取走被盗人盗窃或遗失物的所有权”。[②] 有学者同时指出,出让人对于标的物无处分权并不能使买卖合同无效,因而认为买空卖空尚且具有交易价值,而卖自己占有的物更不应该否定。若按此理解,已经完全突破了“依法占有”的规定,事实上已经脱离的法条的文意。对此牵强附会的解释让我们不得不反思“依法占有”之要件是否有存在之必要。

此次《民法典》的制定,吸收了学者对此条文的建议,删除“依法”二字,消除了司法实务的困扰,也避免了学者对此不足做法解释学徒劳的努力。做此修订后,对于被盗物或遗失物即上述的第四种情形是否可以适用返还请求权让与似乎不存在制度上的障碍。但被盗物或遗失物是否可以通过返还请求权让与来移转所有权仍须进一步思考。

笔者认为,返还请求权让与作为一种物权移转方式,应有其自己独立的构成要件。对于被盗物或遗失物,出让人并无事实上的控制力。标的物一旦遗失或被盗,其是否为他人占有、为何人占有均不可知。因为无法进行事实上的占有、使用、收益、处分,而法律上的保障即物权请求权,也因无法知悉行使对象而落空。因此,失去控制力的标的物的价值显著降低,如耶林所言,“所有权的经济价值由占有决定,有所有权而无占有,就像有藏宝箱却没有钥匙,有果树却没有采摘梯”。在此,涉及的不仅是交付方式的变化,而是对于标的物价值的重新评价。这一结论从生活的一般常识即可得知,即现实生活中极少发生买卖已遗失或被盗的标的物。

在我们一般的交易模式下,返还请求权让与通常以出卖人为间接

① 参见崔建远:《再论返还请求权的让与及其后果》,载《河南财经政法大学学报》2014 年第 4 期;庄加园:《基于返还请求权的让与的动产所有权移转》,载《法学研究》2014 年第 3 期。

② 参见崔建远:《物权法视野下的返还请求权的让与》,载《法律适用》2014 年第 10 期。

占有下为主要情形,间接占有人仍然保有对物的控制力。标的物具体是处于自己还是他人的直接控制之下的具体控制方式,并不会影响买受人的利益。买受人获得暂时由第三人占有的标的物的所有权。在此期间内,第三人为间接占有人占有的意思保障了间接占有人的控制力。具体控制的方法不同仅能影响所有权移转方式的转变,该种所有权移转方式的转变仅起到便捷交易的作用,不会损害买受人的利益。① 因此,笔者认为出让人有间接占有的情形与出让人丧失了占有的情形(遗失物与盗窃物),利益状态有本质之区别,不得做同一处理。遗失物、盗窃物的所有权人移转所有权无法通过返还请求权让与移转。

最后,不得不承认存在所有权人无间接占有仍有需要变动所有权的情形。此时,可以认为物权因事实上的合意而发生移转:出让人愿意放弃对标的物进行事实上控制的请求权,而取得人获得相应的控制可能性。② 此种情形较为特殊,买受人需知悉并愿意获得无控制力的所有权。此种情形是债权形式主义突破,仅在非常特殊的状态下才得以适用。对此,可能有人提出异议,为何一方面严格要求返还请求权让与以间接占有为前提,不认可遗失物、被盗物通过返还请求权让与发生所有权的移转,另一方面又创设例外,为无间接占有所有权人创设移转所有权的可能性。事实上,做如此规范的意义如下:一般情形下,所有权移转的方式无须特别约定,买卖合同中的出卖人可以自由选择,而买受人不得因所有权移转的方式不同而拒绝。这也就要求观念交付或现实交付对于买受人的利益不应有本质的区别。而按照一般交易习惯,若买受人得知自己购买的标的物为不知在何处的遗失物、被盗窃物,必然不会购买,更不会接受以返还请求权让与的方式移转。因此,对于此种情形,必须以特约的方式达成,成为例外情形。

二、返还请求权让与中让与的"返还请求权"性质之争

让与的返还请求权的性质在学界也存在较大的争议。德国通说否

---

① 参见倪龙燕:《论间接占有理论下的返还请求权让与要件》,载《黑龙江社会科学》2016年第5期。

② Vgl. Jauernig, Kommentar zum BGB, 15. Aufl., München 2014, § 931, S. 8.

定可以通过移转物权请求权来移转标的物的所有权。[①] 其理由如下：首先，物权请求权为所有权的组成部分，其制度目的在于保护所有权，若物权请求权可以单独移转，则所有权人无法向侵害人主张返还，从而使其所有权丧失保护。[②] 其次，物权请求权并非所有权移转的前提，而是其结果，正是因所有权移转，买受人才取得标的物的所有权。[③] 最后，有学者从物权请求权的不可移转性、不可单独让与性进行论证。[④] 我国否认物权请求权可以作为返还请求权让与的对象的理由，也与德国通说的理由无异。[⑤] 但我国通说认为该返还请求权的范围，既包括物权请求权，又包括债权请求权。当第三人为有权占有时，出让人可以将其基于与第三人之间的合同关系等产生的债权请求权让与受让人；若让与人与第三人之间的合同无效，出让人可以将自己基于不当得利的返还请求权或基于侵权损害赔偿请求权让与给受让人；当让与人无债权上的返还请求权，仅有物权请求权时，通说认为所有人可以让与其物权请求权以代替交付。[⑥] 物权请求权的让与，内在于法律行为之目的，而为当事人之所欲，当事人无须就其请求权的性质有所认识。[⑦]

对于上述争议，笔者认为返还请求权既包括债权请求权，也包括物权请求权。认为返还请求权不包括物权请求权的观点，最重要的论据是物权请求权的不可移转性。对此，我们不得不从法制史的角度来探

---

① Vgl. Prütting H., Wegen G., Weinreich G. BGB Kommentar, 10. Aufl. Luchterhand, Köln 2015, §931, Rn. 4; Erman W., Westermann H. P. Handkommentar zum BGB, 1, Köln, Rn. 3; Säcker F. J., Rixecker R. Münchener Kommentar zum Bürgerlichen Gesetzbuch, Band 6, Sachenrecht, §§ 854 – 1296.

② Vgl. Hans Josef Wieling, Sachenrecht, 5. Aufl., Berlin 2006, §9 S. 103.

③ Vgl. Säcker F. J., Rixecker R. Münchener Kommentar zum Bürgerlichen Gesetzbuch, Band 6, Sachenrecht, §§ 854 – 1296.

④ Vgl. Prütting H., Wegen G., Weinreich G. Kommentar zum Bürgerlichen Gesetzbuch, 10. Aufl., Köln, 2015. §931, Rn. 4; Säcker F. J., Rixecker R. Münchener Kommentar zum Bürgerlichen Gesetzbuch, Band 6, Sachenrecht, §§ 854 – 1296.

⑤ 参见庄加园：《物权请求权独立让与之质疑》，载《师大法学》(2019 年第 2 辑)，第 132 ~ 133 页；庄加园：《基于返还请求权让与的动产所有权移转》，载《法学研究》2014 年第 3 期。

⑥ 参见黄薇主编：《中华人民共和国民法典物权编释义》，法律出版社 2020 年版，第 40 页；孙宪忠、朱广新：《民法典评注(物权编)》，中国法制出版社 2021 年版，第 176 页。

⑦ 参见史尚宽：《物权法论》，中国政法大学出版社 2000 年版，第 41 页；谢在全：《民法物权论》，中国政法大学出版社 1999 年版，第 103 页。

究“不可移转性”的始末。物权请求权的“不可移转性”为现行的德国法通说。但在早期,《德国民法典》第二草案立法委员会及判例均认为所有物返还请求权可以转让。该种变化的根本原因在于对物权请求权内容理解的差异。在共同法时期,法律以诉的种类为基础建立其体系。全部诉讼为两种:对物之诉、对人之诉。[1] 两者以诉讼为基础,均必须针对特定的诉讼对象。之后,温德沙伊德将权利剥离了可诉性的要件,而成为纯粹的实体权利。以请求权为基础建立整个权利体系,认为对物权也是请求权,为“禁止”“命令地球上一切人不得干预特定的物”。[2] 这意味着在对物权被侵害之前就已经产生了请求权。

正是基于此种认识,有学者提出物权请求权为所有权之附属,而非独立的权利。这种权能是为了保证物权的完满状态而存在,不像其他权利一样有独立的存在目的,因此该种权能完全不可与本权相脱离。但对于物权请求权,德国通说并未接受温德沙伊德认为其为“针对任何人的请求权”的构想,而是回到萨维尼的实体诉权说,认为返还请求权产生的要件为所有物受到侵害:当标的物为第三人侵占,所有权人获得为所有权圆满之目的的返还请求权,为救济性权利,其内容与债法上的请求权无异。此外,物权的客体为不特定之人,为绝对权;而物权请求权以特定人的侵占为前提,为相对权,如认为物权请求权为物权的内容,则意味着物权既包括支配权也包括请求权,在逻辑上无法自圆其说。因此,物权请求权源自物权,但性质上为独立于物权的请求权。

更多的学者承认物权请求权为独立权利,但其命运与物权同。[3] 认为若单独移转物权请求权后,则所有权无法发挥其作用。笔者对于该“所有权无法发挥其作用”之理由存在疑义。物权返还请求权发生的前提为标的物被第三人侵占,其内容为要求无权占有人返还占有,本质上与债权请求权无异。所有权人就此次的所有权返还请求权有权让与,他人主张要求返还占有后,不影响所有权人的地位。所有权人之后仍然有占有、使用、收益、处分的权能。嗣后所有权被损害,仍然可以继续

① 参见[德]弗里德里希·卡尔·冯·萨维尼:《萨维尼论对人之诉和对物之诉》,田士永译,载《中德私法研究》2006 年第 1 卷。

② 参见金可可:《温德沙伊德论债权与物权的区分》,载《中德私法研究》2006 年第 1 卷。

③ 参见[日]我妻荣:《新订物权法》,中国法制出版社 2008 年版,第 24 页。

享有物权的保护,无所谓"所有权无法发挥其作用"。德国的判例对于返还请求权可以针对特定人的情形的移转性也予以了肯定。退一步观之,通过让与物权请求权来实现所有权的移转,也不会导致所有权与物权之分离。当事人对于标的物所有权移转及移转的方式达成合意,让与所有物返还请求权的同时发生物权移转的效力,自非与物权分离而单独为物权之物上请求权之让与。①

由此可见,物权请求权并无"不可移转性",无区别于债权请求权的必要。从权利移转的目的来看,物权请求权的让与内于法律行为之目的,而为当事人之所欲,亦无区分的必要。② 综上,返还请求权让与中可让与的返还请求权包括物权请求权。

三、对"返还请求权让与是否应作通知"的理解

返还请求权让与是否需要向占有媒介人为通知或是否需要占有媒介人同意,一直为理论上讨论,且争论颇多。是否以"通知"第三人为要件,司法实务中也存在不同的观点。2010 年最高人民法院公报的案例某贸易公司与某油品公司、第三人建行某分行所有权确认纠纷案③中,最高人民法院认为"以指示交付的方式移转所有权需将返还请求权让与的事实通知实际占有人,其理由在于《担保法司法解释》第 88 条规定,出质人以间接占有的财产出质的,以质押合同书面通知占有人时视为移交。通过指示交付移转所有权也应沿袭该立法精神"。但 2015 年最高人民法院又发布一则公告案例建行某支行与某发展公司等信用证开证纠纷案④,在此案中级人民法院对于返还请求权让与的要件却有不同的理解,认为"根据《中华人民共和国物权法》第 26 条的规定,指示交付并不以通知实际占有动产的第三人作为完成交付的必要条件"。其

① 参见倪龙燕:《物权法中涉及的间接占有的功能论要》,载《北华大学学报(社会科学版)》2016 年第 4 期。

② 参见史尚宽:《物权法论》,中国政法大学出版社 2000 年版,第 41 页。

③ 最高人民法院民事判决书(2010)民四终字第 20 号,载《中华人民共和国最高人民法院公报》2012 年第 1 期。

④ See https://www. jufaanli. com/detail/88499441f7a011e8a19d00163e10149a/? q =%E9%97%B4%E6%8E%A5%E5%8D%A0%E6%9C%89%2C%E6%8C%87%E7%A4%BA%E4%BA%A4%E4%BB%98&src = search&k = &last_search_uuid = 797b8fdd2e997e1ec1a450ff3146b2e7&level_id = 1&search_uuid = .

理由在于“参照《中华人民共和国合同法》第 80 条第 1 款关于‘债权人转让权利的,应当通知债务人,未经通知,该转让对债务人不发生效力’的规定,提单交付之时,即可发生债权请求权转让的效力,进而完成提单项下货物的指示交付。只是未经通知,其债权请求权的转让对提单项下货物实际占有人不能发生对抗效力而已,不能由此得出不构成提单项下货物交付的结论”。在某控股公司与某物流公司、某连锁公司所有权确认纠纷申诉、申请民事案①中,最高人民法院也认为返还请求权的让与不需要通知,并以最高人民法院《关于适用〈中华人民共和国物权法〉若干问题的解释(一)》第 18 条第 2 款,即“返还请求权让与自有关转让返还原物请求权的协议生效时为动产交付之时”作为论据。最高人民法院的 3 个判例对于是否返还请求权的让与是否需要通知采取了完全不同的态度,可见最高人民法院对此问题上的“摇摆”。产生如此“摇摆”的根本原因在于间接占有的要件与返还请求权让与的制度目的之间存在矛盾。

(一)间接占有的移转要件与返还请求权让与的制度目的之间的矛盾

我国尚无间接占有的规定。作为该制度的发源国德国,法条未明确规定间接占有的构成要件。理论通说认为,占有媒介人的他主占有意愿是极为重要的要件。占有媒介人需有为间接占有人占有的意思,且愿意在满足一定条件下将标的物返还给间接占有人。当占有媒介人以可识别的方式表明不再为间接占有人占有的意思时,间接占有终止。为满足该要件,间接占有移转时,必须经占有媒介人同意。占有媒介人对此未表示同意,则不会产生为受让人进行占有的他主占有意思,从而受让人与占有媒介人之间无法形成间接占有关系。依此逻辑,间接占有的移转必须经过占有媒介人同意。

若此却与返还请求权让与制度的目的有根本的冲突。设立返还请求权让与制度的重要目的就在于简化交付。传统的占有指令中,出让人向占有媒介人发出指示,令其为受让人进行占有,当占有媒介人同意为受让人进行占有时所有权始得移转。所有权人移转所有权因而受限于媒介人善良的意思。为排除占有媒介人意思的限制,返还请求权让

① 最高人民法院民事裁定书(2016)最高法民申 1514 号。

与制度产生，其目的在于所有权人移转标的物所有权不依赖于其他人的意思。占有媒介人是否表示异议，并不能影响转让动产的物权移转。

因此，间接占有与返还请求权让与之间存在不可调和之矛盾：若应征得占有媒介人的同意，则该制度目的落空，无存在之价值；无须征得占有媒介人的同意，则不符合间接占有的基本构成要件。

（二）矛盾的解决：返还请求权让与向占有媒介人为通知

返还请求权让与的制度目的与间接占有的构成要件的冲突中，笔者认为，将“向占有媒介人为通知”作为物权移转的要件是较好的平衡点。

“向占有媒介人为通知”可以作为“他主占有”意思推定的前提。从当事人的利益出发，“通知”移转标的物的所有权，不会损害占有媒介人的利益。《民法典》第548条的规定，债务人接到债权转让通知后，债务人对让与人的抗辩，可以向受让人主张。据此保证了债务人的法律地位不受未经其参与的债权让与活动的影响。通常情况下，向何人返还标的物对于直接占有人的利益状态毫无差别。也正因直接占有人的利益状态无区别，实践中将债权让与的事实向直接占有人为通知后，直接占有人往往会同意。因此，可依据此通常情形，做一般事实上的推定：发生返还请求权让与时，倘若直接占有人知悉这一请求权让与，他通常也会愿意变更其占有意思，转而为受让人占有转让物。倘若直接占有人收到关于让与返还请求权通知后，郑重表示不愿为受让人占有转让物，受让人仍然取得所有权。因为该推定仍然发挥作用，只是在直接占有人表示不愿为受让人占有的时候起，受让人丧失间接占有。此时受让人可以从原间接占有人处取回。经通知后，做此推定，能避免发生强行将间接占有分配于受让人的状况。

以“向直接占有人为通知”为要件，与债权让与规则并无矛盾。返还请求权让与以让与返还请求权为前提，而让与返还请求权适用《民法典》第546条债权让与的规则。通说认为，在债权让与下应区分物权上的效力和债权上的效力。未经通知，返还请求权发生物权上的转让。但从债法上而言，直接占有人有权拒绝向受让人返还标的物，而仅向转让人返还标的物。该返还行为可以使其债务得以免除。由此可知，法律认可在未通知时直接占有人的意思仍然是为出让人占有的他主占有意思,并对此意思进行保护。若此时,法律规定未经通知,受让人获得间接占有,则亦肯定直接占有人为受让人进行占有的意思。两者互相冲突,法律不应作此矛盾之规定。返还请求权让与以债权让与为基础,物权本身是否移转并不完全受限于债权移转的规定,其完全可以于债权移转之外有独立的要件。

以“向直接占有人为通知”仍可保证交易之便捷。返还请求权让与的物权变动方式之所以设立,其重要目的就在于交易的便捷性。相较于“经直接占有人同意”,向直接占有人为无须事先受直接占有人意思拘束,显然更加便捷。而若无须“通知”,物权发生移转,最终并不必然导致交易便捷。试想,若不为通知,直接占有人主观上仍然有为原间接占有人进行占有的意思。受让人向其主张原物返还请求权,直接占有人难以判断何者为真正的所有权人。因而,可能面临巨大风险:向受让人返还,可能对出让人违约;向出让人返还,可能侵害到受让人的所有权。而根据债权让与规则,在未收到通知,向让与人返还,其债务完全履行。此时,直接占有人必然选择向让与人返还标的物。而受让人此时只能通过向让与人要求返还直接占有而获得所有权。可见,“向直接占有人为通知”才能真正保证交易之便捷。

第三节　以间接占有为基础对《民法典》第228条占有改定的构建

一、《民法典》第228条占有改定规定中存在的疑问

占有改定制度起源于罗马法中的占有协议。罗马法规定标的物的所有权移转须经过“要式”,交易形式非常严格。如此严格的程序规定,阻碍了交易的发展。为了扩展让渡的内容,罗马法通过占有协议的方式缓解法律规定的僵化。此后,该种制度为大陆法系所接受。我国的市场交易中也存在对占有改定的需求,如出卖人虽然将其动产出卖,但是在某一段时间内仍然可能还有使用的需要或者买受人已经取得了该动产的所有权但需要出卖人对该动产进行暂时的保管等。因此,占有改定制度的引入有重要意义,可以避免重复移转标的物的占有。

虽然学界通说认为，占有改定中重要的是受让人取得标的物的间接占有。我国的立法释义中也提及，占有改定是以间接占有为前提。[①]但由于我国现行的法律规定中并无关于间接占有的明确规定，《民法典》在规定占有改定时，不得直接援引间接占有这一概念，因此，《民法典》第228条对于占有改定的具体规定如下："动产物权转让时，当事人又约定由出让人继续占有该动产的，物权自该约定生效时发生效力。"但以"约定生效"作为物权移转的时间节点，在实务中存在诸多问题。

首先，以"约定生效"作为时间节点，则必须考虑此规定的"约定由出让人继续占有该动产的"的范围，即当事人是否必须明确约定"由出让人继续占有"还是可以依据推定进行判断。若当事人在合同中明确约定成立保管合同或租赁合同等，显然符合"由出让人继续占有该动产"这一标准。但若当事人仅仅约定所有权移转的时间点，尚未约定出让人继续占有的原因，是否符合"由出让人继续占有该动产"这一标准，则存在疑问。以实务中的判例为例：2009年11月20日港润公司与源宏祥公司达成买卖合同并约定7台设备的所有权自该协议生效之日起移转于源宏祥公司，且港润公司应在2010年3月31日前将该设备交付源宏祥公司。但在协议约定的交付时间到期后，港润公司并没有将这些机器设备交付源宏祥公司。在港润公司进入破产程序后，源宏祥公司要求确认港润公司7台设备的所有权归其所有。[②]对于这一情形，二审法院认为，当事人之间仅仅达成了所有权变动的内容，但并未就该7台设备继续占有使用达成协议。因此，不认可此种情形下的占有改定。[③]类似的观点在某控股公司与某物流公司、某连锁公司所有权确认纠纷申诉、申请民事案[④]中也有所体现，法院判决书中指出："交付行为既可以是现实交付，也可以是观念交付，那么确认观念交付的方式必然

---

① 参见黄薇主编：《中华人民共和国民法典物权编释义》，法律出版社2020年版，第40页。

② "青岛源宏祥纺织有限责任公司诉港润聊城印染有限公司取回权确认纠纷案"二审法院为山东省高级人民法院，审结日期2011年5月5日。案件事实涉及三方，因第三方与动产物权变动无关，故在事实陈述中省略该方并对无关事实予以简化。

③ 参见欧阳明程：《仅达成物权变动协议并不成立占有改定》，载《人民司法》2013年第20期。

④ 最高人民法院民事裁定书(2016)最高法民申1514号。

应当与买卖合同本身予以区分，在一份买卖合同中，如果当事人只约定了购买标的物的数量和价款，而没有约定交付方式，那么根据一般原则，负有交货义务的一方应当直接交付，或者另行签订转让返还原物请求权的协议；如果当事人在买卖合同中即约定指示交付，那么至少应当在合同中明确表述该合同项下的标的物现由第三人合法占有，否则，合同买受方不能因合同而取得向合法占有的第三人请求返还标的物的权利。"可见，上述法院的判决都认为"继续占有"必须具有额外明确的意思表示。但有观点认为，此种情形下，如果当事人已经明示所有权变动，同时对出让人继续占有转让物达成一致，也可推断当事人具有默示约定占有媒介关系的意思。出卖人继续占有约定的基础，按照事实状态进行判断。若为无偿，可以认为是无偿借贷，若出让人支付买受人价款，可以认为是租赁，若买受人支付出卖人价款，可以认为是保管，无论是何种具体类型的合同，并不影响标的物的所有权。[①] 因此，仅以"继续占有标的物"为标准，难以作出明确之判断。

其次，对于约定无效的情形，何时移转所有权难以确定。当约定的法律关系出现无效或者被撤销的情形时，依据此规定，则所有权不会发生变动。以实务中发生的案例为例：某飞镖公司甲向乙出卖一台智能飞镖机，并与其订立买卖合同，随后甲又与乙订立租赁合同，乙同意将该飞镖机返租给甲经营，并收取租金。后飞镖公司因涉嫌"以高额回报为诱惑，不断扩大购机返租的模式，严重扰乱市场经济秩序"，租赁合同被认定为自始无效。[②] 若严格按照《民法典》第 228 条的规定，约定无效，物权变动也不会发生效力，则乙无法获得标的物的所有权。试想，若乙按照实际交付后再按照租赁合同将对飞镖机的占有移转给甲，即使租赁合同无效，而其仍然可以得到《民法典》的保护。比较而言，乙通过直接交付与通过占有改定的方式移转所有权，在此种情形下有明显的区别。而该种区别会导致在实务中，买受人为了规避风险，而选择后者。将此种结果放大，推演至整个市场交易中，则会导致买受人为避免

---

① 参见庄加园：《间接占有与占有改定下的所有权变动——兼评〈中华人民共和国物权法〉第 27 条》，载《中外法学》2013 年第 2 期。

② 参见成蔚冰：《从占有改定看"售后迫租"》，载 http://article.chinalawinfo.com/Article_Detail.asp? Arti-cleID = 43040，最后访问日期：2019 年 9 月 25 日。

该风险而不选择该种物权变动的方式，而要求先为实际交付再为移转，如此则会徒增交易负担，影响到交易便捷，与法律设立该制度的目的不符。此外，买受人是否取得物权需取决于租赁或保管合同的有效性亦不值得赞同。租赁合同的有效性并非完全由买受人决定，甚至出卖人恶意让合同无效，从而使买受人的物权落空。此时，恶意的出让人不仅无合同上的责任，甚至还可以得到《民法典》的保护，对买受人明显不公。因此，当事人之间的约定存在效力瑕疵，并且由此波及物权变动的效力，显然不符合立法者的立法目的。

最后，以“约定生效”作为所有权移转的时间节点，也无法解释约定先于物权转让而成立的情形。其典型情形即预先的占有改定。例如，甲正在研发生产某医疗设备，乙向甲订购该设备，此后转手卖给丙，但乙又希望能以该医疗设备参加某商会，于是又与丙订立了 3 个月的租赁合同。乙订立买卖与租赁合同时，该医疗设备尚未生产完成，故客观上尚且不存在医疗设备的所有权，但此并不影响买卖合同与租赁合同的效力，合同仍然成立生效。若按照《民法典》第 228 条的规定，以租赁合同生效作为医疗设备所有权移转的时间点，则会产生与现实相冲突之结论：在达成占有改定的约定时，出让人乙尚未具有标的物的所有权与占有，因而也无法进行所有权的移转。因此，在此种情形下，“约定生效”的时间节点的判断标准失效。

此外，依据我国《民法典》第 228 条的规定，占有改定必须通过当事人的约定才能发生，而排除了法定的情形，例如，父母赠与财产给未成年子女，因不放心将贵重的财产交由未成年子女保管，基于监护人的身份而代为管理，等子女将来成年后再为实际交付。此种情形下，无法适用我国《民法典》关于占有改定的规定，则只能于成年实际交付之日，所有权发生移转；若认可法定的占有媒介关系，则父母作为直接占有人，其占有的意思从自主占有而转换成他主占有的时间点可以作为所有权移转的时间点。[①] 两种状态相比较，若不承认法定的占有媒介关系，对未成年人保护不利。因此，我国《民法典》排除法定的情形，甚至不存在解释的空间，可谓立法上的遗憾。

---

① Vgl. Jürgen F. Baur/ Rolf Stürner, Sachenrecht, 18. Aufl., München 2009, S. 647; BGH NJW 1989, S. 2544 – 2546.

二、以间接占有为基础对《民法典》占有改定规定疑问的回应

我国《民法典》物权编第228条对于占有改定的规定总体沿袭了《物权法》,未做太多的修订,仍然存在诸多的不足,其根本原因在于未重视间接占有制度。虽然人大常委会法工委《民法典》物权编释义中提到间接占有是占有改定的基础,但并未在法条中明确间接占有的移转对于所有权移转的意义。[①] 我国《民法典》关于占有改定的规定,未直接指向"间接占有"这一核心要件,而仅仅停留在以"出让人继续占有"的约定生效这一表征上。当买受人取得间接占有的时间点与"出让人继续占有"的约定生效的时间点相同时,往往不存在争议。但若买受人取得间接占有与"出让人继续占有"的约定时间不一致时,对于所有权移转的时间点则存在争议。如上分析,若以"出让人继续占有"的约定生效作为标准,则会产生诸多不合理之处。下文试以出卖人取得间接占有作为判断标准进行分析。

首先,在占有改定中买受人欲取得标的物的所有权,需要与出卖人订立权利义务关系。但何种权利义务关系符合占有改定的要件,其本身却难以回答。而以间接占有为媒介,则该问题迎刃而解。买受人欲取得间接占有,则应符合间接占有的要件,其中要件之一为占有媒介关系。通说认为的占有媒介关系须满足特定性之要件,此处的特定性具体表现为标的物必须特定化、占有的权利义务内容必须特定两个方面。从标的物特定的角度来看,必须确定标的物所有权移转的范围。法律关系存在特定(bestimmt Oder individualisierten),则要求据此直接占有人享有使用权利或负有保管义务并且产生在特定的时间或条件下,直接占有人有向间接占有人返还占有之义务。[②] 出卖人单纯抽象(bloß abstrakt)地表明其将来为取得人占有的意愿不具有特定性。[③] 当然在此,并不要求占有媒介关系必须明示,可以通过明示或默示的方式实

---

① 参见黄薇主编:《中华人民共和国民法典物权编释义》,法律出版社2020年版,第40页。

② Vgl. Soergel-Mühl, Kommentar zum Bürglichen Gesetzbuch, Stuttgart 2002, §868 Rn. 9; Vieweg. Werner, Sachenrecht. 3. Auf. §2, Rn. 29.

③ Vgl. Vieweg. Werner. Sachenrecht. 6. Aufl. §23, Rn. 29.

现，[①]也不要求该特定的法律关系必须符合法条明文规定的合同类型。在上述案例情形中，出卖人与买受人约定所有权交付的时间，该约定明确了占有所指向的标的物，同时可以明确在约定的所有权移转的时间点后，买受人以自主占有的意思占有标的物，出卖人以他主占有的意思占有标的物。通过具体情形可以推定此时出卖人与买受人之间默示地达成了保管合同或借用合同等，借助该具体的合同类型也可以推知具体涉及占有的权利义务关系。因此，通过占有媒介关系的特定性要件可以理解出让人与买受人之间订立何种权利义务关系可以移转所有权。

其次，借助间接占有也可以理解为何"约定无效"并不影响间接占有的成立。"约定无效"对于买受人取得间接占有并不会有所影响。根据通说，当事人约定的法律关系的有效性与间接占有的成立无关。[②] 占有媒介关系的有效性应不依赖于发生占有媒介关系的法律关系，如租赁、保管等合同关系的效力。两者应当被分别确定。因为占有是事实关系，那么发生间接占有的关系也不能是法律关系，必须在此之外还存在一个事实类型的关系，即占有媒介关系。它应是一个不依赖于形成它的原因关系的、抽象的事实上的关系，而发生该占有媒介关系的法律关系应该是通常所理解的租赁、保管等协议。[③] 因此，"约定无效"并不会阻碍受让人取得间接占有。当约定无效时，受让人仍然可以以不当得利、无因管理等法定原因作为其占有的媒介关系的基础，成立间接占有。

---

① Vgl. Soergel-Mühl, Kommentar zum Bürglichen Gesetzbuch, Stuttgart 2002, § 868 Rn. 9. Vieweg. Werner. Sachenrecht. 6. Aufl. § 2, Rn. 29.

② Vgl. RG135, 78, BGH NJW 55, 499; Motive zu dem Entwurf eines Bürgerlichen Gesetzbuchs für das Deutscehe Reich 3 (1888), S. 99; Protokolle der 2. Kommission für die Zweite lesung des Entwurfs eines Bürgerlichen Gesetzbuches, Band3, Berlin 1899, S. 6071; Mugdan, Die gesammten Matrialien zum Bürgerlichen Gesetzbuch für das deutsche Reich 3 (1899). S. 516f; Windscheid Kipp, Lehrbuch des Pandektenrechts (1906), S. 797; Reiß, Über mittelbaren Besitz, Diss, Merburg (1904), S. 21; Prizibill, Erwerb und Verlust des mittelbare Besitz, Diss. Freiburg (1905), S. 26.

③ Vgl. Westermann/GurskySachenrecht, 7. Aufl., Heidelberg1990, S. 191; Ernst, Eigenbesitz und Mobiliarerwerb, Tübingen 1992, S. 125 – 126. 转引自庄加园：《间接占有与占有改定下的所有权变动——兼评〈中华人民共和国物权法〉第 27 条》，载《中外法学》2013 年第 2 期。

再次,对于约定先于物权转让而成立的情形,适用间接占有的相关理论也迎刃而解。在上述情形下,在该医疗设备尚且未生产完毕时,乙与丙达成了占有媒介关系,但间接占有成立的另一要件尚且不满足,即乙作为占有媒介人尚未取得标的物的直接占有。因此,不成立占有媒介关系,不发生所有权的移转。出让人取得转让物所有权时,为受让人占有转让物之时;所有权也将自那一时刻起移转给受让人。在这一过程中,乙的所有权仅持续了“法律逻辑上的一秒”,就移转于受让人丙。[①]如此,可以解释“出让人尚未取得标的物的所有权与占有,而已经处分了标的物的所有权”这一现象的发生原因。

最后,法定的占有媒介关系为学者通说所认可。当约定的占有媒介关系无效、被撤销时,出卖人与买受人可以基于不当得利或者侵权等法定之债的关系而成立间接占有;当事人之间也可基于直接的法定之债如无因管理、监护等成立间接占有。[②] 如此,对于上述的父母对子女保管赠送礼品的情形,可以使所有权移转的时间提前,从而对未成年人提供更有利的保护。

---

① Vgl. Jürgen F. Baur/ Rolf Stürner, Sachenrecht, 18. Aufl., München 2009, S. 652; MünchKommBGB/Oechsler, 5. Aufl., 2009, § 930 Rn. 27.

② 参见朱岩:《物权中交付的体系解释及相关疑难问题》,载《中国社会科学》2008 年第 3 期。

CHAPTER 06 >>

第六章

我国善意取得对间接占有的适用构建

罗马法有言,“任何人均不得将大于自己所享有的权利交与他人”,[①]强调对于所有权的绝对保护。据此,若所有权人之物被他人无权处分,从保护所有权的角度来看,无论该标的物流转至何人之手,所有权人均有权依据物权的追及效力,而向占有人主张所有物原物返还请求权。对与之相对应,日耳曼法中有“以手护手”原则(Hand muss Hand wahren),即任意与他人以占有者,除得向相对人请求返还外,对任何第三人不得追及,唯得对相对人请求损害赔偿。[②] 这一原则是对所有权绝对保护的例外。“以手护手”原则仅仅是对所有权的追及效力的限制,而不涉及所有权的变动。但“以手护手”原则的适用会导致一方面所有权仍然保留在原所有权人处,有占有的第三人并无所有权,另一方面所有权人却无法向第三人主张返还,如此会形成进退两难的境地。因此,在此基础之上发展出善意取得制度:基于交易行为,标的物为第三人善意取得时,第三人因此获得所有权,而原所有权人丧失所有权。善意取得制度为各国民法中所认可,我国《民法典》第311条也对善意取得制度作出相

---

① 参见杨立新:《论善意取得制度》,载《法学家》1993年第3期。

② 参见史尚宽:《物权法论》,中国政法大学出版社2000年版,第122页。

关规定。但无权处分毕竟是贸易中的非正常状态，法律非依所有权人意思而剥夺所有权人的所有权亦属非常态。在无权处分中，涉及的是所有权人和买受人之间的利益，若没有充分的理由，法律应优先保护所有权人的利益。因此，我们需要探究善意取得制度背后的理论基础，以明确在何种状态下得适用善意取得从而优先保护买受人。

第一节　善意取得的理论基础

一、法政策的考量——善意取得旨在保障交易安全

学者在论证善意取得的理论基础时，无一不从交易安全和交易便捷的角度出发。[①] 德国立法者也明确表述，善意取得对于动产交易有重大意义，能够保证善意的取得人能获得标的物的所有权。[②] 善意取得的制度目的在于保障交易便捷与交易安全。在市场交易中，若对所有权人提供绝对的保护，将会导致所有权的买受人的审查义务过重：欲取得标的物所有权之人需要对出卖人是否具有所有权作出完全正确的判断，否则到手之物可能会变成"煮熟的鸭子"因真正的权利人的追索而"不翼而飞"。在商品交换频繁的市场经济下，买受人很难对于出卖人是否有处分权做详尽的排查。若法律规定只要出让人客观上不具有处分权，则业已形成的法律关系有可能会被推翻，买受人获得的标的物须依法返还，如此，要么导致当事人交易时耗尽大量的人力物力进行调查，要么干脆为了避免风险而不为商业交易。无论哪种结果，均不符合现在商品市场快速、便捷、频繁的商品交换的要求。此外，在标的物进行多次转让时，任何一个环节的出让人不具有处分权都有可能导致之后的所有物权变动被推翻，而原所有权人得追及至物现有的买受人。如此，最终的买受人承担着前手所有出让人无权处分的风险总和，于买

① 参见史尚宽：《物权法论》，中国政法大学出版社 2000 年版，第 559 页；王泽鉴：《民法物权》，北京大学出版社 2009 年版，第 453 页以下；梁慧星、陈华彬编著：《物权法》，法律出版社 2003 年版，第 206 页；尹田：《物权法理论评析与思考》，中国人民大学出版社 2004 年版，第 311 页；王轶：《物权变动论》，中国人民大学出版社 2001 年版，第 218 页等。

② Vgl. Motive Ⅲ, S. 344.

受人而言风险过大。善意取得制度正好能弥补此缺陷，只要买受人有可值得保护之善意，则买受人可不受出让人无处分权之缺憾的影响，根据善意取得制度获得标的物的所有权；只要其中一个环节的买受人为善意取得人，则可以切断前手无权处分之风险。正基于此，学者认为，在具体的交易行为中，虽然是所有权人与买受人之间的利益对抗，但买受人是需要保护的交易利益的代表，[①]其实质为"个别正当利益"与"整体利益"的较量，根据利益的等级，法律无一例外地牺牲"个体利益"而保护"整体利益"。[②] 基于此，法律保护的天平倒向了善意的受让人。因此，善意取得也被称作贸易精神对所有权规范的胜利。[③] 从交易安全与交易便捷的角度论证善意取得的必要性为法政策上的充分依据。但"整体利益""贸易精神"的代表是否在所有的情形下均为买受人，则不无疑问。

所谓的交易的利益，应当为中立的利益，可能会辐射地或多或少地保护到原所有权人或者取得人的利益，但其本身是服务于交易。[④] 交易的安全性与便捷性不应导致所有权人仅因为信赖直接占有人而需承担所有的风险。从交易利益的角度来看，有时应保护买受人。例如，企业之间，买受人欲在支付全部价款之前使用机器。所有权人从经济的角度来看，让买受人及早地使用上机器，能够让其有更好的经济能力来支付价款。因此，所有权人与买受人选择所有权保留买卖的方式交易，通过所有权来担保买受人能及时支付价款。因此，所有权保留买卖的交易模式符合交易利益。[⑤] 但若标的物在买受人处，所有权人存在丧失标的物所有权的风险，所有人则会选择至价款支付前保留标的物的直接占有。如此，会损害原所有权人的利益、买受人的利益，也会损害到相

---

① Vgl. Hübner H. Der Rechtsverlust im Mobiliarsachenrecht, Universitätsbibliothek, 1955, S. 85.

② 参见尹田：《物权法理论评析与思考》，中国人民大学出版社2004年版，第316页。

③ Vgl. Musielak, Eigentumserwerb an beweglichen Sachen nach §932ff. BGB, JuS. 1992, 713.

④ Vgl. Hübner H. Der Rechtsverlust im Mobiliarsachenrecht. Universitätsbibliothek, 1955, S. 84.

⑤ Vgl. Picker, Mittelbarer Besitz, Nebenbesitz und Eigentumsermutung in ihrer Bedeutung für den Gutgläbenserwerb, AcP 188, 511; Kindl J. Gutgläubiger Mobiliarerwerb und Erlangung mittelbaren Besitzes. Archiv für die civilistische Praxis, 2001, 201(H. 3): 391 – 410.

关的交易利益。所有权人交出标的物的占有,往往也是为了物尽其用,符合交易的利益。因此,交易利益不仅仅应有利于买受人,如上述情形下,也应有利于所有权人。[①]

由此可见,交易安全与便捷可以为善意取得抽象的法政策依据。但对于哪些具体情形下买受人的利益应优于所有权人的利益而得到保护则应寻找具体的法逻辑内的基础。

二、法逻辑内基础的探究

(一)时效取得理论及其评析

部分学者认为,善意取得为即时时效取得作用的结果。善意取得之所以能使善意受让动产的人自此前对动产的无权利状态变为动产的所有人,完全是即时时效或瞬间时效的作用。[②] 法国法立法即以此为基础。《法国民法典》将善意取得规定于时效编,可见立法者也认为善意取得是时效取得的特殊形式。但依罗马法,时效取得的前提有四:具有时效取得可能性的动产、有效的让与行为、受让人的善意、占有及其期间的届满。[③] 时效取得要件中,经过法定的时效期间为非常重要的要件。时效取得的制度目的在于维持原有的状态。随着时间的经过,占有人以所有的意思公然、和平地占有他人财产达到一定期限,就会使社会公众相信占有人为真正权利人,进而与占有人基于该财产建立各种社会关系,经过足够长的时间,该标的物上的权利义务关系也越来越复杂,此后,若否定所有权,则会将现有在此标的上的权利义务关系全部推翻,不利于社会的稳定。基于此,时效取得制度为各国立法所接受。也由此可见,时间的经过在时效取得中有重要的作用。将时效取得中最为关键的时间要件予以排除是论证"善意取得本质上为即时时效取得"的最大障碍。

对此,有观点认为,此乃因为教皇 1214 年的教令。根据当时的教令规定,若想主张时效取得,必须自始至终均为善意。但对于善意的强调会导致时效取得制度难以发挥作用:即使经过了 3 年的时效期限,只

---

① Vgl. Hübner H. Der Rechtsverlust im Mobiliarsachenrecht, Universitätsbibliothek, 1955, S. 84.

② 参见梁慧星、陈华彬:《物权法》,法律出版社 2007 年版,第 206 页。

③ Vgl. Kaser/Knütel, Römisches Privatrecht, 20. Aufl. München 2014, § 25, Rn. 7ff.

要在其中任何时间受让人变成恶意，则不得适用善意取得。在不损害基督教道德的前提下，为继续维持时效取得制度的效率，“时效期间被缩减至零”。[①] 但这一观点并未为更多的德国学者所接受。同样，效仿法国立法的日本旧民法也将善意取得置于时效一章，但日本现行民法转而将善意取得规定在占有的效力一节中。与此相类似，深受《法国民法典》影响的《奥地利民法典》对于善意取得部分的规定，也未按照《法国民法典》的体系，而是将善意取得置于占有效力部分，与时效取得并列。由此可见，将“时效取得”作为善意取得的理论基础的观点，并未为更多的学者及立法例所接受。

我国善意取得制度规定于“所有权取得的特别规定”一章，亦无时间要件的规定。此外，善意取得制度在我国一直有所规定，但直至《民法典》出台，时效取得制度仍然未为我国成文法所接受。基于此，认为善意取得以时效取得为基础，在我国现行的法律体例下亦不适用。

（二）权利外观说及其发展

由于善意取得的法政策考量在于保障交易安全，因此，确保善意的买受人取得标的物所有权尤为重要。德国学者对善意取得的法理基础多从买受人的善意出发，以权利外观说为其基础，并由此发展出相关的不同学说。在各个学说下，虽然买受人信赖的对象有所不同，但均以其信赖基础为逻辑起点。下文逐一进行分析。

1. 权利外观说与权利外观招致说等相关学说

权利外观说理论由胡贝尔和基尔克所提出，并经过发展而成为一时之通说。该说认为，买受人之所以受到法律的保护而免受所有权人的追及，在于出让人对于动产实际支配而产生的他人认为出让人为权利人的表象。[②] 正是基于该表象，善意的受让人对于出让人的所有权产生了合理的信赖，为保护该信赖，法律认可此种情形下善意的受让人获得了所有权。德国联邦最高法院对善意取得的基础也做过相关的论述：动产所有权善意取得的前提，除了善意外，还要有建立在占有基础

---

① 参见［德］施塔格尔：《善意取得作为“即时取得”》，王立栋译，载《中德私法研究》2014年第10卷。

② 参见王立栋、任倩霄：《论日耳曼法的权占、以手护手与〈德国民法典〉的善意取得》，载《中德私法研究》2015年第11卷。

之上的权利外观。[1] 但权利外观说在面对“盗赃物无法适用善意取得”的问题上，却无法给出合理的解释。在盗赃物、遗失物等所有权人非自愿丧失标的物占有的情形下，买受人看到的权利外观与保管物、租赁物的情形下并无差别，买受人仅从出卖人占有这一事实状态上无法判断出让人的权利状态和所有权人到底基于何种理由而使出让人具有占有之外观。两者外观完全相同，善意买受人的信赖也完全相同，结果却相去甚远，权利外观说对于两者的区别对待无法给出圆满的说明。

善意取得对于所有权人因自愿或非自愿地丧失占有的情形而法律效果有所区别，表明善意取得的法理基础除了考虑受让人的善意、占有外观以外，所有权人的因素也不应排除在外，仅从买受人的角度进行论证尚不充分。针对权利外观说存在的不足，德国学者在权利外观说的基础之上发展出了权利外观招致说。认为善意取得的基础在于所有权人自愿将标的物转交他人的占有行为，给第三人创造了一个可使之信赖的权利表象。因此，只有在出让人的占有外观是由所有权人的自愿行为所招致时，才适用善意取得。之所以将占有人背信的风险给所有权人，是认为所有权人将物托付给他人，他比受让人更有能力去估量该人的可靠性。虽然，在一个人以最大善意将其所有权由手中交出这一点上，并不存在能使权利丧失正当化的过错，[2]但其行为本身创造了一种假象，即无权处分人的占有，且他应该能够认识到他人可能会信赖该假象。因此，表意人未曾具备的自觉，为责任原则的替代。[3] 权利外观招致说在考虑买受人善意的同时，引入了所有权人方面的因素，从风险分配或诱发的思想出发，解释了为何原所有权人会丧失所有权。

权利外观招致说克服了权利外观说的不足，能与善意取得制度及其他制度的法理相一致。因而，现为德国和我国台湾地区的部分学者所采。但对于权利外观说和权利外观招致说最大的抨击在于占有与所有权常常分离的现状。学者认为，因占有在现代社会并不足以充当权

---

① Vgl. Palandt/Bassenge, Bürgerliches Gesetzbuch, 2009, Vorbemerkungen vor §929, Rn. 6.

② 参见[德]鲍尔·施蒂尔纳:《德国物权法》(下册)，申卫星、王洪亮译，法律出版社2006年版，第398页。

③ 参见[德]卡尔·拉伦茨:《德国民法通论》(下册)，王晓晔等译，法律出版社2003年版，第484页。

利外形而颇有可疑之处,因而难以为信。[①] 而权利外观说与权利外观招致说的基础在于公示公信。但占有的公示公信这一基础受到越来越多的学者的批判。[②] 如前所述,随着占有状态的多样化发展,对于占有的确定,难以通过单纯的物理上的控制进行辨识。在某些情形下,可能存在多个占有人,如房屋出租中出租人与承租人在法律上均为占有人;在某些情形下,享有物理上控制的人却并非法律上的占有人,如占有辅助人的情形。此外,随着占有的观念化、间接占有的出现也让占有的公示功能逐渐削弱。可见,再由占有来承担公示功能,似乎有些力不从心。[③] 当占有无法承担公示功能时,以此为理论基础的权利外观说、权利外观招致说也无法自圆其说。

针对占有公示功能的弱化,有学者提出了"扩展的权利外观要件说",认为是否"善意"仅根据是否具有占有并不完善,而需要结合其他的具体的因素,如买卖的价格、交易的环境、标的物的状态等,根据所有的交易因素产生的整体印象,而此整体情况成为权利外观,据此产生的信赖。[④] 但该说并未受到学者和理论的青睐。该说所列举的一系列因素使得信赖的要件具有不确定性,而难以满足交易安全的需要。简言之,该说除了重新阐述了一些判断善意的公认的标准外,并未对权利外观的构成要件予以实质地明晰化。[⑤]

2. 占有获取力(Besitzverschaffungsmacht)为权利表征说

对于上述学说的不足,德国学者提出具有公信力的基础并非出让人的占有的权利外观,而是出让人的占有获取力,该说也成为德国之通说。[⑥] 该说的核心观点在于,出让人有使受让人获得占有的能力是买受人对于出让人具有处分权信赖的基础。只有当受让人事实上获得占有

---

① 参见苏永钦:《私法自治中的经济理性》,中国人民大学出版社 2004 年版,第 171 页。

② Vgl. Johann Kindl, Gutgläubiger Mobillarerwerb und Erlangung mittelbaren Besitzes, AcP 201(2011),391,392f; Wolfgang Brehm, Rezesion zu, Eigenständiges Sachenrecht von Jens Thomas Füller, AcP 207(2007),268,273. 朱广新:《不动产适用善意取得制度的限度》,载《法学研究》2009 年第 4 期;汪志刚:《动产善意取得的法理基础》,载《法学研究》2009 年第 3 期。

③ Vgl. Schwab/Prütting, Sachenrecht,30. Aufl. 2002, Rn. 371.

④ Vgl. Hübner, Der Rechtsverlust im Mobiliarsachenrecht,1955, S. 65.

⑤ 参见庄加园:《动产善意取得的理论基础再审视》,载《中外法学》2016 年第 5 期。

⑥ Vgl. Johannes Hager, Verkehrsschutz durch redlichen Erwerb,1990, S. 239ff.

时,他的信赖基础才能成立。此时的权利外观并不是静态的占有状况,而是占有获取力,以占有变动作为权利外观才更合适。[①]

在此,我们需要考虑两点:其一,占有获取力能否作为信赖的基础。德国通说认为占有获取力可以作为买受人信赖的基础。但占有获取力只能通过交付(实际交付或观念交付)表现。当标的物已经完成交付,客观上也不存在所谓的信赖问题。具体而言,出让人承诺自己为有权处分,事后又确实通过某种方式使买受人获得了占有,在获得占有之前,受让人并不能仅仅凭借出让人的承诺而信赖其具有使受让人获得占有的能力;在获得占有之后,善意取得的交易过程已经实施完毕,又不存在所谓的信赖问题。因此,有学者认为,在此种情形下受让人获得占有起到决定作用,但并没有权利外观的形成,而是仅仅描述了处分结果。[②] 其二,此种情形下,买受人是否具有合理的信赖。在《德国民法典》第 934 条第 2 款的情形下,买受人在欲进行交易时,并未对标的物的现实状况进行了解,此未尽到交易的一般注意义务。试想,某人声称自己为标的物的所有权人,但却无法告知标的物现在处于何人控制之下,而买受人对此仍然信赖,不可谓无过失。若此种情形下的买受人可以善意取得,实质上是善意要件会部分地被交付要件吸收。除了当事人明知的情形外,只要完成了交付,则认为是善意。于买受人而言,可谓一场赌博,即买受人在购买标的物时不主动了解标的物的现实状态,不影响善意的判断,最终是否能够获得标的物的所有权完全取决于是否交付。此与法律鼓励当事人谨慎交易之目的不符。善意取得为了保障谨慎交易的买受人,甚至可以牺牲出卖人的所有权,而买受人最终能够获得所有权若完全取决于交付这一事实,显然与目的背道而驰。

3. 新说——基于正常物权变动方式的抽象信赖

有学者提出了买受人的善意是基于正常物权变动方式的抽象信赖。[③] 该观点认为,受让人可以信赖其正常市场交易行为的有效性,即只要按照正常的交易规则从事了交易行为,便可以信赖自己能够取得标的物的所有权。认为此种信赖有别于前者,而是对交易规则和交易

---

① Vgl. Kindl, Rechtsscheintatbestände und ihre rückwirkende beseitigung, 1999, S. 312.

② Vgl. Hager, Verkehrsschutz durch redlichen Erwerb, 1990, S. 244.

③ 参见纪海龙:《解构动产公示公信原则》,载《中外法学》2014 年第 3 期。

秩序的信赖。该观点似乎也能对此问题进行合理解释,但仔细分析仍然存在不足。法律对于所有权变动的交易规则为:出让人具有处分权+完成交付行为=所有权的移转。出让人不具有处分权时,在无善意取得制度下,买受人并不能取得所有权。当买受人充分了解交易规则时,若欲获得标的物的所有权,则必须尽量地满足所有权变动的前提。若出让人确实具有处分权,满足上述要件时,该交易规则生效,若此时不发生权利变动的效力,可以认为买受人对于交易规则的信赖未得以实现;但善意取得的情形并非如此:善意取得发生的前提即为出让人不具有处分权,即不满足上述要件,按照规则,也不会发生所有权移转的后果。深知交易规则的受让人对于该交易规则下,发生如此的法律后果并不震惊。可见,在此并非交易规则与预期不符,而是交易规则"出让人处分权"这一适用前提出乎买受人的预料。因此,该种观点最终仍然回到"对于出让人具有处分权"这一信赖是否合理上。正如有学者指出,该种所谓的抽象交易规则的信赖并未提供完整的解决路径,并非具有建设性的解决方案。①

(三)放弃权利外观

对于动产而言,占有是所有权人唯一有可能有的权利外观,即使是否定占有的权利表征功能的学者也不得不感叹动产物权的存在无合适的公示方式。② 对于其他学者试图构建的权利外观,均存在各种不足。因此,有学者干脆转而否定权利表征方式。如德国学者沃尔夫冈·恩斯特(Wolfgang Ernst)认为,人们以权利外观作用来构建善意取得的基本原则,在方法论上是错误的。因为根据《德国民法典》第932条以下的规范,权利外观根本不属于法定的构成要件。善意取得只需要完成占有取得要件,无须进一步的论证。权利外观学说只是纯粹的概念建构,但该说却试图赋予善意取得以一个内在的、其本身不享有的结果。③根据其主张,所有人与受让人之间的利益冲突在法学上的决定原因只

① 参见庄加园:《动产善意取得的理论基础再审视》,载《中外法学》2016年第5期。

② 参见纪海龙:《解构动产公示公信原则》,载《中外法学》2014年第3期。

③ Vgl. Ernst, Ist der gutgläubige Mobiliarerwerb eine Rechtsscheinwirkung, in: FS Gernhuber, 1993, S. 95.

是占有移转。[1] 一旦占有发生移转,物权则终局地发生变动。受让人对于物的占有变为终局的自主占有意思。而对于原所有权人而言,受让人取得占有,而所有权人不再保有任何占有,所有人失去了标的物的所有权。[2]

这一观点强调了占有移转在善意取得中所发挥的决定性作用值得赞同,[3]但它完全否定权利外观的核心思想则略显极端,难以令人信服。"善意"为善意取得中的核心要件,若完全以当事人的主观作为判断标准,则会回到"主观善意"之上。若买受人因重大过失而并不知悉所有权的真实状态仍然可以善意取得,则买受人会尽量不履行注意义务,如此会对出卖人明显不公。因此,"客观善意"一直为学者所认可。但客观善意必然需要有清晰的判断的支点,也即存在某一客观的权利外观。因此,完全放弃权利外观,实不可取。信赖构成要件的权利外观作用越弱,只会导致善意的前提越严格。[4]

由此可知,完全放弃权利外观的主张不仅不会带来显著益处,而且还会抹杀外观构成要件的强弱区分,进而导致必要的利益衡量由于缺少支撑点而陷入泥潭。因此,这一主张似有矫枉过正之嫌。

(四)尽到了一般交易规则的注意义务+控制力的对比

1. 善意的标准:尽到了一般交易规则的注意义务

通过上述分析可知,买受人的善意对于善意取得构成有重要意义,善意的判断并非完全取决于当事人的主观,而应以某一客观善意为标准。占有是人们所能想到的最主要的权利外观,但如上分析占有的公示功能受到了越来越多的质疑。于是有的学者转而寻找其他的权利外观,有的学者就直接放弃了权利外观理论。对此,我们首先需要探明,占有是否与买受人的善意已经毫无关系。

首先,学者批判占有公信力多从占有的公示功能式微出发。通说

---

① Vgl. Ernst, Ist der gutgläubige Mobiliarerwerb eine Rechtsscheinwirkung, in: FS Gernhuber, 1993, S. 108.

② Vgl. Ernst, Ist der gutgläubige Mobiliarerwerb eine Rechtsscheinwirkung, in: FS Gernhuber, 1993, S. 115.

③ Vgl. Karner, Gutgläubige Erwerb, 2006, S. 176.

④ Vgl. Staudinger, Kommentar zum Bürgerlichen Gesetzbuch. 12. Aufl., Berlin 2005, § 932. Rn. 37.

认为,公示公信两者紧密相连,公信原则以公示原则为基础。动产物权以占有的方式向不特定的人公示,不特定的第三人对于该公示之状态产生合理的信赖,而法律保护该种信赖,因而产生公信。但因公示原则要求针对不特定的第三人,因此要求权利表征必须能具有对世性,能向不特定的人表明权利状态。占有与所有分离现象越来越普遍、占有辅助人的出现,使直接占有这一能被不特定第三人所感知的权利外观所能表现的权利状态与事实的权利状态不一致的情形越来越多。而间接占有更无法为不特定的第三人所认知。因此,公示原则不具有说服力。

但与此相关的公信原则对善意取得的解释是否也就此止步,仍需要进一步分析。实质上,公信原则无此要求。公信原则为法律所建立的某种权利表征方式为真实权利的一种规则。[1] 法律确定权利以某种方式表征,而该表征方式是否具有对世性在所不问,基于对此表征方式的信赖应当得到法律的保护。[2] 较为典型的,如现代法对于不属于可证券化或记载于账簿的动产并不坚持公示原则,而是通过公信原则来保护交易安全。[3] 可见,公示原则与公信原则并非形影不离,而可以各自发挥作用。占有具有公信功能,则需满足以下逻辑前提:其一,占有可以被感知(不要求对不特定人感知);其二,从生活经验的角度来看,占有通常与所有权联系;其三,占有是法定的权利表征方式。此种逻辑简化为:经验支持了占有是动产物权的公示方式,而法律认可此种公示方式。正是基于法律的认可,当他人信赖此种法定的公示方式发生错误时,法律仍然应予以保护。

首先,无论是直接占有还是间接占有,其本身为某种客观事实存在,因而可以被感知。直接占有的范围虽然随着社会的发展有所变化,但根据当下的社会一般交易规则,仍然可以判断当事人是否直接占有。对于间接占有而言,返还请求权、占有媒介人的占有媒介意思等要件,虽然不可为不特定第三人知悉,但却应其客观存在,仍然可以被感知。即使是占有媒介人的意思,也非单纯的内心意思,而必须以某种形式表

---

① 参见高富平:《物权公示与公信力原则新论》,载《华东政法学院学报》2001 年第 5 期。

② 参见叶金强:《物权法第 106 条解释论之基础》,载《法学研究》2010 年第 6 期。

③ 参见[日]我妻荣:《新订物权法》,有泉亨补订,罗丽译,中国法制出版社 2008 年版,第 45 页。

现出来,具有外在的可识别性。例如,间接占有人可以通过展示与他人的租赁合同、了解占有媒介人的占有意愿的形式来体现间接占有。

其次,占有与所有权联系关系这一经验在当下是否仍然成立。有学者认为占有与所有权分离是常态的生活经验,而认为占有与所有相一致为过去的经验,①并借以德国学者的观点用以论证:在所有权保留、融资租赁以及担保所有权等商品通常都被非所有权人的占有人适用,因此,占有作为公示手段的功能在已经大大丧失,②时至今日,占有推断所有权比以往更缺乏正当性。③ 并且认为占有是一个与整个物权领域平行的事实关系领域,④所有权与占有毫无相同之处。“占有与物权为相互平行的领域”,这一阐述有实体法上的依据:物权有物权的相关规范,占有作为独立的制度,无须考虑背后的权利状态,有自己的规范制度。但这并不意味着占有不可能与物权发生交集,如时效取得中,占有人和平善意地占有标的物,经过特定的时间,即有可能成为所有权人。因此,所谓的占有与物权平行这一论点,主要是从占有规范的独立性角度出发,而不能作为占有不会与物权发生任何关系的依据。而认为占有与所有权分离是常态的生活经验这一论点亦过于武断。当发生所有权保留、融资租赁以及担保所有权等情形时,认为“占有与所有相分离”,可以看出这里的占有仅指代直接占有。但如前所述,占有不仅包括直接占有,也包括间接占有。虽然间接占有不能为不特定第三人所知悉,但并不否定其具有外观可识别性。在此种情形下,所有权人虽然不再是直接占有人,但仍然保有间接占有。因此,不能谓之“占有与所有相分离”。唯有当标的物被他人盗窃等情形下,所有权人才丧失完全占有,所有权人保有所有权,而盗贼获得标的物的占有,此时“占有与所有相分离”。而发生所有权人非自愿丧失标的物占有的情形显然不再是生活之常态。常态情形应为:所有权人或自己占有使用,保有直接占

---

① 参见汪志刚:《动产善意取得的法理基础》,载《法学研究》2009 年第 3 期。

② 参见[德]曼弗雷德·沃尔夫:《物权法》,吴越、李大雪译,法律出版社 2002 年版,第 15 页。

③ 参见[德]鲍尔·施蒂尔纳:《德国物权法》(上册),申卫星、王洪亮译,法律出版社 2004 年版,第 24 页。

④ 参见[意]彼德罗·彭梵得:《罗马法教科书》,黄风译,中国政法大学出版社 2005 年版,第 273 页。

有,或交由他人占有使用,保有间接占有。由此可见,所有权人保有占有仍然是常态的生活经验。这也是为何学者认为善意取得制度的一个重要基础在于出卖人对于买受人占有的信赖。

在间接占有的情形下,存在多个占有人,即间接占有与直接占有。按照法律的预设,应认为上位的间接占有人为所有权人,此与实际状态相符。但由于间接占有的公示性弱于直接占有,当占有媒介人隐瞒间接占有之事实,基于其直接占有,而向第三人谎称自己是所有权人时,第三人难以知悉是否还存在间接占有人,从而发生权利表征与事实不一致的情形。此时,立法者有两种选择:要么放弃法定的权利表征方式;要么对于权利表征与事实状态不符的情形提供补救方式。显然放弃法定的权利表征方式不符合市场交易之目的。若放弃权利表征方式,也就意味着,动产物权无法定的信息传播途径。如此,则将对于权利真实状态的审核义务完全丢给买受人并承担由于审查未到位所可能承担的风险。这样的结果会导致买受人无所适从,不知注意义务的具体标准究竟为何,而只有在发生纠纷时,由法院作出裁定。否定法定的权利表征方式,会增加信息调查成本,使欲证明自己具有所有权的出卖人与欲确认出卖人是否具有所有权的买受人均陷入魔怪证明之中,不利于促进正常的市场交易的进行。相较于无法定的信息传播途径,而要求交易当事人必须核查权利的真实状态并自己承担错误信息风险而言,认可法定的权利表征方式,同时允许存在一定的错误率,并针对该错误的情形下作出补救措施,更能满足市场交易便捷的需求,也更有利于促进交易的进行。善意取得正是这种错误率的一种有效的补救方式。正如有学者指出,公信力通过善意取得制度来实现,两者是一体两面的关系,所谓的一体,为第三人对表征方式的合理信赖受法律保护,两面分别是从表征方式之法律上作用力角度得出的表征方式为公信力,与第三人取得权利及其基础的角度观察得出善意取得。[①] 当买受人信赖占有这种法定的权利表征方式且不存在其他应引起买受人对占有人所有权怀疑的事实时,即使传播的信息有误时,法律仍选择保障买受人的善意信赖。如此也进一步加强了占有这种信息传播途径的法律认

---

① 参见叶金强:《物权法第106条解释论之基础》,载《法学研究》2010年第6期。

可。由此可见,动产物权为了方便交易,需要一种权利表征的方式,而占有即使在今天,亦可以承担该功能。善意取得正是补救权利表征与事实上权利不一致的有效途径,从而加强了占有的公信力。

随着现代社会的发展,远程交易、连锁交易也越来越频繁,与此对应的交易规则也进一步发展。买受人在购买标的物时可能无法知悉标的物的占有状态,甚至在购买标的物时,出卖人是否为所有权人也无关紧要,更有甚者,出卖人可以从来都没有取得标的物的所有权或标的物的占有(例如在连锁交易中,出卖人的所有权完全是根据法律逻辑上的一秒推论而来)。因此,此种情形下善意取得与出卖人的所有权状态也并无必然联系。善意取得的立法目的在于保护善意的交易者,从而保护整体的宏观交易秩序。在上述的交易情形下,若买受人不受善意取得的保护,相应的交易也会受到限制:出于风险的考虑,买受人不愿意接受连锁交易;远程交易也会因买受人无法查知标的物的占有状态而受到限制。这显然与善意取得的立法目的不符。因此,对于标的物占有状态的认知、对于标的物所有权的状态的理解均已不能作为判断善意取得中的唯一标准。买受人是否为"善意"需结合不同的交易类型下的交易习惯来进行判断。此亦符合我国《最高人民法院关于适用〈中华人民共和国民法典〉物权编的解释》的相关规定。

2. 交付的要求:控制力的对比

善意取得中,除了买受人的善意外,还要求买受人取得对标的物的占有。买受人的善意弥补了出卖人对于标的物处分权上的不足。此时,真正的权利人与买受人处于法律上利益的平衡状态:真正的权利人虽然原本具有标的物的所有权,但因其将标的物的占有交给不应信赖之人,存在一定"过错",成为丧失标的物所有权的风险的原因;买受人虽然从无权利之人处购买标的物,但其已经尽到了一般交易下所需尽到的注意义务,因此存在了取得标的物的可能性。此时,法律要将标的物的所有权归属于原所有权人还是买受人,需要借助另一个评价标准:控制力的对比。

以控制力的对比作为评价标准,能更好地平衡动态安全与静态安全。发生善意取得的情况,从某种程度上来说,出卖人与买受人均为"无辜之人",让一方取得所有权,对于另一方均有所不利。试想,若此时买受人已经取得标的物的占有,而法律规定其丧失标的物的所有权让其归还,买受人在法感情上难以接受;同样,若标的物仍然处于真正权利人的占有控制力之下,令原所有权人将标的物交给买受人,亦违背了出卖人的感情。如此既不符合当事人的法感情,也难以为买受人或原所有权人所遵守。因此,若买受人尚未取得标的物的占有,即使处分权人客观上具有处分权时,其仍然有可能处于不确定的状态;而所有权人一旦将标的物的占有交出,其所有权必然受占有人的影响,如占有人将标的物毁损、灭失等。因此,控制力的对比对于当事人的利益而言,为较好的平衡点。换言之,第三人与权利人谁占有着标的物,应是决定保护谁的利益的一个重要考量因素。从动产质权的取得规定来看,若要取得动产质权,必然以取得占有为前提,举轻以明重,买受人若要取得标的物的所有权,必然以取得占有为前提。以此,我们亦能理解为何在占有改定的情形下买受人是否可以善意取得存在较大的争议。在此种情形下,真正的权利人与买受人对于标的物的控制力差别对比极其微小。真正权利人原与占有人之间存在间接占有关系,后占有人与买受人订立了占有关系。两人的控制力对比的唯一差别因素就在于占有人的占有媒介意思。占有媒介意思也正是保证间接占有人占有的重要桥梁。因此,控制力的对比是善意取得中判断交付的重要标准。

第二节 善意取得对间接占有的适用

一、"善意"与间接占有

讨论下述两种情况:一是乙租用甲的电脑,并向不知情的丙介绍,此为自己的电脑,而为销售,丙信赖且完成电脑的交付;二是乙将从甲处租来的电脑转租给丁,并向不知情的丙介绍此为自己的电脑,并出示了乙丁之间的租赁合同,丙信赖其具有所有权,与之签订合同,并完成交付。情形一中乙有直接占有,情形二中乙具有间接占有。

善意取得之所以能使原所有权人丧失所有权,其重要原因之一在于受让人存在"善意"。对于何为善意,王泽鉴基于我国台湾地区的学理和司法实务,整理出四种见解:(1)所谓善意,系指不知让与人无让与权利,有无过失,在所不问;(2)所谓善意,乃指不知让与人无让与权利,是否出于过失,虽非所问,但依客观情势,在交易经验上,一般人皆可认定让与人无让与权的,即应认为恶意;(3)所谓善意,指不知或不应知让与人无让与权;(4)所谓善意,应参考德国立法例,解释为须非明知或因重大过失而不知让与人无让与权。[①] 无论上述的哪种定义,当第三人客观上已经知悉出让人无处分权,则不构成善意,此毫无疑问。存在争议的情形在于,当第三人客观上并不知情的情况下,哪些情形下买受人为善意取得所保护的善意。在上述的四种对善意的定义中,除了第一种以外,后三种定义下的"善意",均需要考虑当事人客观的注意义务,从而更好地兼顾保护交易安全和所有权人的利益。如上述的两种案例情形下,买受人并不知道出卖人为无权处分,但是在此两种情形下,受让人是否尽到了必要的注意义务,是否均具有善意取得制度下所欲保护的"善意",则需要考虑。善意取得制度中,对于何种善意进行保护,属于信赖合理性问题,属于法律评价问题。[②] 需要考虑买受人是否尽到了必要的注意义务,若应知而不知,则对其不知存在过失。注意义务的具体内容,应结合交易过程的各项因素,根据客观理性人的标准进行判断。各国立法例中也明确,受让人因过失而不知,非属善意。[③] 在此,我们仅就交易中的出让人是否具有"占有"与买受人的善意之间的关系进行讨论。

有学者提出,"公示公信原则"是构建客观认定标准的桥梁。[④] 认为占有作为动产的公示方式,使权利人的物权具有一定的外观可识别性。第三人在不知道标的物物权的真实状态时,只能认为占有表征所传达

---

① 参见王泽鉴:《民法物权》,北京大学出版社 2009 年版,第 470 页。

② 参见盛雷鸣:《论善意取得制度中"善意"要件——兼论我国〈物权法〉第 106 条的解释与完善》,载《东方法学》2012 年第 4 期。

③ 《日本民法典》第 92 条规定:平稳而公然地开始占有动产者,如系善意且无过失,则即时取得行使于该动产上的权利;《德国民法典》第 932 条第 2 款规定,受让人明知或因重大过失不知物不属于出让人的,视为受让人非善意。《意大利民法典》第 1147 条规定,不知晓侵犯他人权利进行占有的人是善意占有人,但不适用于因重大过失造成不知的情况。

④ 参见候魏:《论善意取得中的善意》,载《广西大学学报(哲学社会科学版)》2008 年第 2 期。

的物权信息为真实。人大常委会法工委在对《民法典》物权编进行释义时也认为:“善意取得对所有权人是有一定限制,但善意取得基于占有的公信力,旨在维护交易安全,这项制度的存在是必要的。”[①]同时,占有具有“占有——→物权的正确性推定——→第三人善意”的推定模型,使第三人的信赖存在合理性。[②] 公示性要求以某种可识别的方式为不特定的第三人所查知。占有基于其事实上的控制力,客观上具有一定的公示性。但由于占有辅助人、遗嘱占有等形式的出现,占有的公示性逐渐受到诸多学者的批判,而对于间接占有,更鲜有学者认为其具有公示性。因此,若坚持以“公示公信”为基础,则仅仅当出让人具有直接占有时,买受人才构成善意。若出让人不具有直接占有,不具有公示外观,买受人仍信赖其具有所有权,不满足尽到“注意义务”,非善意取得所保护的“合理信赖”。上述的两种情形下,仅情形一可以构成善意取得,而情形二被排除在外。但若情形二被排除在善意取得之外,必然会影响现实生活中的交易:市场鼓励最大限度地利用标的物,所有权人将标的物的占有、使用交由他人正是标的物价值充分发挥的方式之一。但若在出让人将标的物出借或由他人保管的情形下,买受人自无直接占有的出让人处购买标的物不能善意取得,则买受人承担出卖人为无权处分的风险。为规避风险,买受人则会要求出卖人收回标的物重新获得直接占有后再购买标的物,如此会增加交易负担。同时会导致善意取得的适用受限制,不能满足善意取得的制度目的。因此,买受人的善意不能完全取决于出卖人保有公示的直接占有。

有学者认为,善意取得的目的在于纠正占有与所有权不一致的状态。通常情况下,占有人为所有权人,为了避免出卖人证明其所有权的繁复证明,法律上将占有人推定为所有权人,将一种无法被客观感知的法律上的权利状态转化为一种可以感知的事实状态,能够帮助买受人更便捷地判断出卖人的所有权状态,从而便捷交易。以“占有为所有”的推定作为善意取得的基础,则要求出让人为占有人,而无须区分直接

① 参见黄薇主编:《中华人民共和国民法典物权编释义》,法律出版社 2020 年版,第 260 页。

② 参见叶金强:《论善意取得构成中的善意且无重大过失要件》,载《法律科学》2004 年第 5 期。

占有人还是间接占有人。情形一中出让人为直接占有，情形二中出让人为间接占有，两种情形下，出让人均为占有人，均可以适用所有权推定规则，第三人基于对占有这一事实的认知而认为出让人具有所有权，从而与其进行所有权移转的交易应属善意，此善意应属于善意取得应保护的善意的范畴。

但根据我国现行法的规定，买受人是否善意与出卖人是否具有占有无直接关系。虽然“占有”这一事实状态相较于“权利”这一抽象的概念而言具有可识别性，但根据通常的交易习惯，买受人在购买标的物时也不尽然会审查标的物的占有状态，特别是随着远程交易的发展，买受人根本无法知悉出卖人的占有状态。若要求买受人只有审查了占有状态之后才能符合善意取得中所保护的“善意”的范畴，则远程交易、连锁交易等必然受到不合理的限制。我国《最高人民法院关于适用〈中华人民共和国民法典〉物权编的解释(一)》的相关规定，即其中第 14 条规定中“善意”认定的基本标准，即“受让人受让不动产或者动产时，不知道转让人无处分权，且无重大过失的，应当认定受让人为善意。真实权利人主张受让人不构成善意的，应当承担举证证明责任”。第 16 条也明确了受让人受让动产时，交易的对象、场所或者时机等不符合交易习惯的，应当认定受让人具有重大过失。根据该司法解释可知：其一，对于“善意”的举证责任的立场，与德国法相同，受让人无须就自己的善意承担举证责任，而由所有人对于其恶意进行证明。证明恶意的方式可以通过证明受让人已知或对于未知存在重大过失。其二，无论出让人为直接占有人还是间接占有人，买受人均有可能构成善意。出让人是否为占有人并非判断买受人是否为善意的唯一标准，而仅为诸多参考标准之一。

二、“交付”与间接占有

基于法律行为而发生物权变动的情形下，除了要求有合意以外，还要求有交付。如前所述，根据我国通说，交付不仅包括现实交付还包括观念交付，即简易交付、占有改定、返还请求权让与。我国《民法典》对善意取得要件沿袭了《民法典》第 106 条的规定，也要求了“交付”，但并未对“交付”的具体形式进行规定，即究竟仅指现实交付还是包括观念交付并不明确。《最高人民法院关于适用〈中华人民共和国民法典〉物权编的解释(一)》第17条中,对于判断“善意”的时间点进行解释时规定,是以“交付”的时间点作为判断的依据,随后的“交付”中提及以简易交付的形式移转和以返还请求权让与的方式转移所有权时间点的判断。但对于占有改定是否满足善意取得中的交付,存在很大的争议。立法者在对此进行说明时论述到,占有改定被认为在善意取得时具有适用余地,只是由于受让人的善意时点存有争论,而未将其纳入司法解释之中。① 但司法实务中的判例却认为,“占有改定公示性不足”而否定据以善意取得。② 有学者提出,在占有改定中,出让人为间接占有人创设了间接占有,在返还请求权让与中买受人移转了间接占有。而创设间接占有不能适用善意取得。③ 但为何创设间接占有与移转间接占有在善意取得是否适用上有所区别,则并无充分的论证。无论是通过创设间接占有还是移转间接占有,买受人的最终地位均称为间接占有人,究竟以何种方式获得的间接占有难以成为区分善意取得的客观标准之一。另外,当出卖人无任何占有,标的物为第三人占有的情况下,第三人为买受人创设间接占有时,通说也认可此种情形下,买受人得善意取得。因而,“创设间接占有”与“移转间接占有”的区别不应作为占有改定不得适用善意取得的理论基础。此种论证难以具有说服力。但为何我国学者甚至立法者在对待占有改定时都犹豫不决主要是深受德国立法的影响。我国立法沿袭德国法为代表的大陆法系的立法模式,而《德国民法典》在占有改定的善意取得上做了明确的区分。基于此,后文将对德国法上的相关规定进行分析。

(一)占有改定与返还请求权让与下善意取得规则的冲突——德国铣床案

案件事实:原告甲将一台铣床以所有权保留的方式出售并交付给乙企业,乙虽然未付清款项,但仍然以占有改定的方式将机器所有权转让给丙银行,丙又通过向丁银行让与它对乙的返还请求权的方式将该

① 参见杜万华主编:《最高人民法院物权法司法解释(一)理解与适用》,人民法院出版社2016年版,第412、431、418页。

② 上海市黄浦区人民法院民事判决书(2013)黄浦民五(商)初字第6265号。

③ Vgl. Michalski, Versuch einer Korrektur der Inkongrünz von §933 und §934 BGB, ACP (1981), S382f.

机器的所有权转让给了丁。现甲与丁就该机器的所有权归属发生争议并提起诉讼。①

《德国民法典》第933条规定,以占有改定的方式交付的,必须于实际取得占有时才能适用善意取得;《德国民法典》第934条规定,以返还请求权让与的方式交付的,若让与人为间接占有人,则即时适用善意取得,否则,须实际交付时适用善意取得。简言之,对于占有改定,认为取得间接占有尚不足以善意取得,但在通过返还请求权让与来移转所有权时却可以适用善意取得。实务中的铣床案将这一冲突再次呈现在学者面前。

该案件经过三次审理,地方法院支持了甲的返还请求权,但上诉法院驳回了甲的该诉求。德国联邦最高法院认定该机器所有权属于丁。联邦法院认为乙未支付清价款,尚未获得标的物的所有权。因此,乙为无权处分人。根据《德国民法典》第933条的规定,丙通过占有改定无法善意取得标的物的所有权。此后,丙通过返还请求权让与的方式将标的物的所有权让与丁的行为也属于无权处分,因此应该适用《德国民法典》第934条的规定,如果丙为间接占有人,则受让人从第三人处取得让与的返还请求权时就成为所有权人。直接占有人乙与丙之间达成占有改定的约定,通过占有心素的改变,不再为甲媒介占有,转而为丙媒介占有。丙取得间接占有。因此,根据《德国民法典》第934条的规定,受让人丁善意取得该机器的所有权。② 但该判决之"离标的物越远反而能取得所有权"结果使人匪夷所思。因此,学者们纷纷就《德国民法典》第933条与第934条冲突努力做合理化的解释。

1. 以《德国民法典》第933条为善意取得的基本原则,对第934条做限缩解释

大部分学者认为,《德国民法典》第933条的规定内容应该是正确,

---

① Vgl. BGHZ 50, 45ff., NJW, 1968, 1382ff. z. n. Picker, Mittelbarer Besitzt, Nebenbesitzt und Eigentumsvermutungin ihrer Bedeutung für den Gutglaubenserwerb, AcP 188 (1988), S. 511 – 571.

② Vgl. BGHZ 50, 45ff., NJW, 1968, 1382ff. z. n. Picker, Mittelbarer Besitzt, Nebenbesitzt und Eigentumsvermutungin ihrer Bedeutung für den Gutglaubenserwerb, AcP 188 (1988), S. 511 – 571.

《德国民法典》第 934 条第一种情况的规定存在错误。其理由在于,标的物无外部的有形的变动,所有权人会丧失其所有权,所有权人对其权利丧失既无知觉,更谈不上加以阻止。他人间简单的约定或第三人的一句话会导致所有权的变动,甚至在所有权人对其物正在实施控制的同时,所有权人已经丧失其权利。这一无从认知的所有权的攫取的结果使对于无论是外行还是法律人来说,均为怪事,使善意取得制度产生令人毛骨悚然的结果。① 但此种观点最大的不足在于,此为立法论,而非解释论,②与法律规定明显冲突。对此,另一些学者从解释论的角度出发,通过限缩《德国民法典》第 934 条的理解,以缓和《德国民法典》第 933 条和第 934 条之间的矛盾。例如,提出必须通过占有移转,而创设间接占有并不足矣③或必须完全放弃占有才认为是为交付。④ 但这种解释方式也难以令人信服,对于第一种解释,难以说明缘何占有移转与占有的创设可以有此区分。其次,《德国民法典》第 934 条第 2 款下通说认为只需要创设间接占有则已满足条件;⑤对于第二种解释,《德国民法典》第 934 条第 2 款中,出让人无任何占有可以被放弃但却同样可以善意取得⑥。对此,又有学者提出了同一性理论:间接占有与揭示其特征的返还请求权具有同一性,只要返还请求权存在,占有媒介人就不能单方面地终止占有媒介关系,因而也就不可能成为另一人的占有媒介关系。⑦ 但此种解释的不足在于,其与间接占有理论不符。通说认为,占

---

① Vgl. Picker, Mittelbarer Besitzt, Nebenbesitzt und Eigentumsvermutungin ihrer Bedeutung für den Gutglaubenserwerb, AcP 188 (1988), S. 511 – 571.

② 参见[德]托马斯·吕福纳:《间接占有与善意取得》,张双根译,载《中德私法研究》2006 年第 2 卷。

③ Vgl. Michalski, Versuch einer Korrektur der Inkongrünz von § 933 und § 934 BGB, ACP (1981), S402f.

④ Vgl. BGHZ 50, 45, 49f; Westermann-Gursky, 48 Ⅱ2 S. 398; Wieling, Sachenrechts Band I, 1990, 10 Ⅳ 4a S. 375.

⑤ Vgl. Protokolle der Kommission für die zweit Lesung des Entwurfs des Bürgerlichen Gesetzbuchs, Band 3 Sachenrecht, 1899, S. 210; Herm. Lange, Jus1969, S. 162 – 165.

⑥ 对此有批评意见的是: Wacke, Das Besitzkonstitut als Übergabesurrogat in Techtsgeschichte und Rechtsdogmatik, 1974, S. 51; Picker, AcP 188 (1988), S511, 516f; Musielak, JuS 1992, 720; Weber, JuS 1988, 1, 4; Kindl, AcP 201 (2001), S. 391 – 399。

⑦ 参见[德]托马斯·吕福纳:《间接占有与善意取得》,张双根译,载《中德私法研究》2006 年第 2 卷。

有媒介人必须有占有媒介意思。一旦占有媒介人放弃其占有媒介意思,占有媒介人可以单方面消灭间接占有。此外,还有人提出了并存占有理论,即直接占有人可以同时为两个彼此间互相牵连的不同的人的占有媒介人。当两个并存占有处于竞争关系时,受让人非单独的直接占有人,因此不足以导致《德国民法典》第 934 条第一种情况所规定的善意取得效果发生。此种理论也存在颇多问题,甚至可以认为并存占有是一个纯粹的目的预设的概念,其主张者只是借此来论证铣床案等类似情形中所希望达到的结论。[①] 上述学者均以《德国民法典》第 933 条为善意取得的根本原则,从而限缩《德国民法典》第 934 条的适用范围,认为《德国民法典》第 933 条显然合理,其合理性的理由在于,防止标的物被秘密地善意取得。[②] 第一草案立法委员会的立法理由中也写到,要尽可能地减少因无外观表示的占有改定所导致的权利丧失。[③]

但该种合理性本身存在疑问。当所有权人将标的物交由他人保管后,第三人因占有改定而善意取得,则无任何外观表现,原所有权人即丧失标的物所有权,对其不公平;但即使要求现实交付,也无法保证原所有权人的所有权:所有权人既然已经将标的物的现实占有交给保管人,即使再谨慎的所有权人也不可能时时查看标的物的占有状态,无法避免保管人可能随时会移转标的物直接占有。[④]

此外,当所有权人已经将标的物的直接占有移转后,无法阻止所有物的占有的变动,也无法阻止标的物所有权的移转。例如,保管人违背所有权人的意思将标的物的占有移转给第三人,即使所有权人知悉,却也无法阻止所有权移转至第三人的法律效果。因为,保管人与第三人之间订立的物权合意具有不可识别性,当占有交付给第三人时,则第三

---

① Vgl. Martin Wolff, Sachenrecht, 10. Aufl., Tübingen 1957, S. 33 – 35.

② Vgl. Picker, Mittelbarer Besitzt, Nebenbesitzt und Eigentumsvermutungin ihrer Bedeutung für den Gutglaubenserwerb, AcP 188 (1988), S. 511, 524; Wacke, Das Besitzkonstitut als Übergabesurrogat in Techtsgeschichte und Rechtsdogmatik, 1974, S. 53.

③ Vgl. Motiv zu dem Entwurfe eines Bürglichen Gesetzbuches für das Deutsche Reich, Bd. 3, Sachenrecht, 1888, S. 345.

④ Vgl. Wellspacher, Das Vertrauen auf äussere Tatbestände in Bürgerlichen Rechte, 1906, S. 7.; Sebastian Lohsse, Gutgläuber Erwerb, mittelbarer Besitz und die Väter des BGB, AcP 206 (2006), S. 527ff.

人则可以善意取得所有权,原所有权人嗣后无恢复所有权的救济途径。可见,原所有权人的所有权会因第三人的善意取得而丧失,即使不允许通过占有改定、返还所有权的让与的方式来善意取得,也无法排除“标的物被秘密的善意取得”的可能性。

2.《德国民法典》第933条的规定是立法疏忽①

对此,有学者从德国立法史出发展开研究,并认为第933条规定,是第二草案立法委员会引入间接占有后未对其法律后果做充分考虑后的疏忽。

关于《德国民法典》第933条与第934条之间的冲突,德国立法时并非完全未察觉。在第二草案立法委员会立法的过程中,佐思(Sohn)多次在提案中提及该冲突,甚至也提到了与铣床案中类似的冲突情形。② 但其提议均为立法委员会所否定,可见第934条的规定,并非立法委员会的疏忽,而是其有意为之。立法者在否定佐思的提案中提到,第934条的立法目的在于便捷交易,正基于这一立法目的,不应对第934条进行限制。③ 所有权变动中认可了占有改定与返还请求权让与,且从交易便捷的立法目的出发,法律认可了返还请求权让与下的善意取得,疑问就落在了为何第二草案立法委员会立法时仍然保留第933条的规定。对此,我们可以从第933条的立法过程中探出究竟。

《德国民法典》第933条的规定源于“以手护手”原则,即当善意的第三人取得标的物时,虽然第三人不能成为所有权人,但却可以不受原物返还请求权的追索;若标的物仍然为无权处分人占有,则此时的善意第三人不受任何保护。④ 在《德国普通商法典》制定过程中,最开始该“以手护手”的原则仅适用于行纪中,但后基于商业交易的需要,将此行纪中的原则做一般化的适用,即善意第三人自商人的商业营业中取得

---

① Vgl. Sebastian Lohsse, Gutgläuber Erwerb, mittelbarer Besitz und die Väter des BGB, AcP 206(2006), S. 527ff.

② Vgl. Antrag Nr. 101 in Prot. Ⅱ Bd. 6, S. 263.

③ Vgl. Protokolle der 2. Kommission für die Zweite lesung des Entwurfs eines Bürgerlichen Gesetzbuches, Band 6, Berlin 1899, S. 263f.

④ Vgl. Sebastian Lohsse, Gutgläuber Erwerb, mittelbarer Besitz und die Väter des BGB, AcP 206(2006), S. 532.

标的物时,原所有权人不得对该第三人主张所有物返还请求权。[①] 但该“以手护手”原则,既肯定了原来的所有权人的所有权,但又使善意第三人得排除所有权人的所有物返还之诉。因而,所有权人虽然保有所有权,却无法要求第三人返还;第三人虽然无所有权,却可以保有所有物的占有。基于此,《德国普通商法典》最终直接规定,善意第三人可以取得所有权。[②] 但《德国普通商法典》中并不认可占有改定在善意取得中的交付效力。其一方面仍然基于“以手护手”原则,即第三人只有在取得现实交付时,才受有保护;[③]另一方面,在当时,并不认可占有媒介人为占有人,而仅仅认可其为持有人。在此种情形下,占有媒介人自身非占有人,因而也无权通过占有改定为他人创设占有。间接占有人有心素,占有媒介人有体素,只要占有媒介人不丧失体素,则占有一直为间接占有人享有。

此后在《德国民法典》立法中,认为占有改定符合占有及所有权移转的目的,因而认可了占有改定有所有权移转功能;同时认为,对于善意取得,应与商法保持一致,不应因该行为是商事行为还是民事行为结果上有所差别。[④] 为了与《德国普通商法典》保持一致,《德国民法典》中否认了买受人可以因占有改定而善意取得。[⑤] 此外,第一草案立法委员还提出了另一点理由,即信赖利益的衡量:占有改定难以外部识别,所有权人与第三人有相同的信赖。[⑥]

但第二草案立法委员会引入了间接占有的概念,即“占有媒介人”亦为占有人,此时,“占有媒介人”不得创设占有的论据不再成立。因此,《德国普通商法典》第306条关于占有改定不得适用善意取得的规定无理论依据,而再强调与商法典保持一致亦无充分的说服力。[⑦] 另一

---

① 参见《德国普通商法典审议委员会会议记录》第561次会议,第4605页。

② 《德国普通商法典》第306条:商人于其商业活动中让与并交付商品或其他动产者,即使让与人非所有权人,善意取得人仍获得所有权。具体参见《德国普通商法典审议委员会会议记录》第561次会议,第4610页。

③ Vgl. Goldschmitdt, ZHR 9(1866)1ff, S. 15f; auch RGZ, S. 27, 26, 29.

④ Vgl. Prot. I 4006 bei Jakobs/Schubert, S. 599.

⑤ Vgl. Prot. I 4006 bei Jakobs/Schubert, S. 602.

⑥ Vgl. Prot. I 4006 bei Jakobs/Schubert, S. 603.

⑦ Vgl. Sebastian Lohsse, Gutgläuber Erwerb, mittelbarer Besitz und die Väter des BGB, AcP 206(2006), S. 548.

个原因是基于“以手护手”的原则下的信赖权衡。但该理由在存在《德国民法典》第 934 条第 2 款的规定而不具有说服力。因为根据《德国民法典》第 934 条第 2 款的规定，占有人只需要与他人订立法律关系，可以使该他人获得占有，从而获得所有权。此时，标的物的状态无任何变化，而所有权人的所有权也会偷偷地丧失。[①] 但法律在此种情形下却认可第三人的善意取得。因此，所谓的信赖权衡亦无说服力。

综上，两者之冲突在于《德国民法典》第 933 条与第 934 条有不同的价值追求，而第 933 条的规定在第二草案立法委员会引入了间接占有之后已经缺乏说服力。由此可见，《德国民法典》第 933 条与第 934 条规定之间的冲突客观存在，难以为学者理论所调和。

(二)“占有改定”是否可以善意取得的再思考

由上述分析可知，在《德国民法典》对于不同形式的观念交付在适用善意取得的问题上作区分对待，并没有具有说服力的论证。从历史分析的角度来看可知，该种区分对待是引入间接占有后未对占有改定下的善意取得做及时调整所产生的一个历史遗留问题。因此，《德国民法典》第 933 条并不应该作为金科玉律为我国所继受，而应做独立之分析。

1. 占有改定是否符合善意取得的“交付”要件的争议

对于占有改定是否满足善意取得中交付的要件，理论上存在肯定说、否定说、折中说和类型化说等。

肯定说认为，首先从立法政策来看，善意取得制度是为了解决受让人与所有权人之间的利益冲突，必须考虑的是，受让人对于出让人有处分权的事实有法律所欲保障的信赖，因此，合理信赖是善意取得的根本。只要存在该合理信赖，则应保护受让人的物权取得。此为善意取得的信赖保护价值逻辑的一致性的要求。[②] 既然立法者已经规定，占有改定为动产所有权的取得方式，其目的在于方便货物的交付，故为交易的便利，应容许以占有改定的方式善意取得动产所有权。[③] 对于买受人

① Vgl. Sebastian Lohsse, Gutgläuber Erwerb, mittelbarer Besitz und die Väter des BGB, AcP 206(2006), S. 548.

② 参见郑永宽：《占有改定与善意取得》，载《北方法学》2011 年第 5 期。

③ Vgl. Wiser, Gutgläubiger Fahrnierweb und Besitzesrechtklage, Basel 2004, S. 25ff.

而言,无论何种交付方式,均为法律所认可,产生的信赖也不存在差别。是否应受善意取得制度的保护,也不应区别对待。此外,真正权利人因信赖出让人而将标的物之占有移转给出让人,该不诚信的第三人是真正权利人主动选择的结果,完全符合私法意思自治的原则,风险自担。

但是,多数学者否定占有改定会发生善意取得。① 该种观点的主要理由在于,观念交付缺乏公示性,特别是以占有改定的方式移转所有权,欠缺移转动产所有权的公示方式,一般人根本无法从外部观察其权利变动,是最不明确的移转占有的方式。如果以占有改定的方式可以善意取得所有权,真正权利人无从知晓,无从保护自己的利益,但却因而受到不利益,不公平孰甚。② 因此,若以此来剥夺真正权利人的权利,纵谓为维护交易安全,但对原权利人未免过于严酷而欠缺妥当性。③ 此外,无权处分人以占有改定的方式移转所有权时,权利人与受让人的信赖相同,对此不能厚此薄彼。④ 另有理由认为,占有改定的情形下,为了交易的便捷,而不要求有权利外观,正是缺乏权利外观,则有可能"欺骗了一般债权人的信赖",如此会导致信赖利益的被保护人同时又扮演着信赖利益的破坏人的角色。⑤

折中说认为,占有改定并非现实移转占有,其公示公信力较弱,在标的物未真正地现实交付之前,仍然处于不确定的状态,只有结合后面的现实占有才能确定权利的最终归属。若真正的权利人先对物恢复占有,则所有权仍然归属于原权利人;若受让人获得标的物的占有,则受让人取得标的物的所有权。⑥ 笔者认为,折中说本身存在不合理性。折

① 持有此观点的有:庄加园:《动产善意取得的理论基础再审视:基于权利外观学说的建构尝试》,载《中外法学》2016 年第 5 期;刘保玉:《物权法中善意取得规定的理解与适用》,载《南都学坛》2008 年第 6 期;李建华、傅穹:《论占有与善意取得》,载《法制与社会发展》1998 年第 3 期;叶金强:《取得占有与动产善意取得》,载《甘肃政法学院学报》2005 年第 2 期。

② Vgl. Wieling, Sachenrechts, Berlin 1990, S. 70.

③ 参见[日]舟桥淳一:《物权法(法律学全集)》,有斐阁 1964 年版,第 246 页,转引自刘得宽:《民法诸问题与展望》,中国政法大学出版社 2002 年版,第 371 页。

④ Vgl. Picker, Mittelbarer Besitzt, Nebenbesitzt und Eigentumsvermutungin ihrer Bedeutung für den Gutglaubenserwerb, AcP 188 (1988), S. 511 – 571.

⑤ 参见税兵:《占有改定与善意取得——兼论民法规范漏洞的填补》,载《法学研究》2009 年第 5 期。

⑥ 参见[日]我妻荣:《新订物权法》,中国法制出版社 2008 年版。

中说试图模仿合同中效力待定的状态进行阐释。但就物权而言,效力处于不特定状态的后果难以想象。合同利益下所影响的仅为合同双方当事人,合同效力待定也仅影响合同双方当事人。但在物权关系中,物权的状态有可能涉及第三人的利益。若出让人未为现实交付,标的物的所有权到底归真正的权利人还是买受人,法律不给出明确结论。此时,第三人再欲为交易时,究竟应与何者进行不无疑问。简单而言,此与物权中"一物一权"的基本原则相冲突。

类型化说则区分是否为二重让与,善意取得的适用而有所不同。若非二重让与,则此时的冲突存在于真正权利人和受让人之间。此种情形下,以动态的财产交易优先,而认为此种情形下,成立善意取得;若为二重买卖,两个受让人均为动态的财产交易保护的对象,不存在优先的问题,此种情形下,采取折中说,即由取得现实占有的人取得标的物的所有权。① 笔者认为,类型化说中,非二重让与的结论仅为肯定说的具体体现。例如,权利人甲将标的物出租给乙,而乙出让给善意的丙,并以占有改定的方式移转所有权。此后,乙又以所有权人身份将标的物出让给买受人丁。按照肯定说的观点,在标的物出让给买受人丙时,经过占有改定,丙取得了标的物的所有权,因此,甲不得对抗之。此为善意取得制度的结论,而非回到上升至动态交易安全与静态财产安全的衡量结果。类型化说中对于二重买卖的情形所产生的结论,笔者持否定观点。如上例中,若丙和丁均为善意第三人,丙选择标的物的直接占有继续保留在乙处,则应当承担由此带来的风险。因此,标的物为丁占有时,丙的所有权丧失。此时,丙地位与前一权利人甲无异。相较于丁而言,其为权利人。若丙丁中谁可以善意取得以谁先实际占有为标准,则难以解释为何不赋予甲以同样的待遇。

总结四种观点,类型化说与折中说不值进一步探讨。而肯定说以"交付""买受人的善意"的同一性出发进行论证,否定说从"权利外观""所有权人的信赖"角度进行说理,均具有一定的依据。而欲回答该问题,我们不得不进一步思考,善意取得中对于"交付"的理解。

---

① 参见孙嫦婵:《论占有改定方式下的善意取得》,载《前沿》2005 年第 6 期。

2. 占有改定得适用善意取得的理由

善意取得制度,在于以买受人的"善意"来弥补"无权处分"的缺憾。从善意买受人的角度来看,无论是基于善意取得还是基于一般法律行为而取得标的物的所有权,于其并无差别。在因一般的法律行为而发生物权移转中,若未为交付,出卖人仍然有可能违约而不移转标的物的所有权,因此,买受人也存在无法取得标的物所有权的风险。而对此风险,作为一般的交易主体,应当有所知悉。在出卖人无权处分的情形下,买受人并不应基于"善意取得"而存在优于基于法律行为而取得标的物的所有权。因此,对于善意取得而言,"交付"为取得所有权必然要件。在基于法律行为而取得标的物所有权的情形下,简易交付、占有改定、返还请求权让与等均被认可,已经不存在争议。我国《民法典》第226条、第227条、第228条也分别就此进行了规定。因此,从"交付"的角度来看,占有改定与其他交付形式并无不同之处。但需要注意的是,在此仅为举轻以明重。善意取得相较于基于法律行为而取得标的物的所有权而言,真正的权利人非自愿地丧失标的物的所有权,除了"处分权",在其他要件上善意取得不应低于基于法律行为而取得标的物的所有权。善意取得作为一种法定的物权取得方式,其制度设计可以有高于基于法律行为而取得标的物所有权的要件。但区别对待不同的交付方式,需要有充分的区别对待依据。

首先,不同的交付方式无涉"善意"。诚然,占有改定是物权变动的方式之一,从买受人的角度来看,与现实交付并无差异。买受人无论选择何种物权变动的方式,其信赖并无差别,此则毫无疑问。但买受人的善意并非善意取得所考虑的唯一的因素,否则为何遗失物、盗赃物无法适用善意取得则难以有合理的解释。由此可见,善意取得是真正权利人与善意买受人利益衡量后的制度。衡量之后,立法者选择了"善意"与"交付"作为善意取得两个并列之要件。而善意取得中交付与物权变动中"交付"的范围是否相同,取决于两个具体制度对于交付要件的目的。因此,不能抽象地认为,买受人均为善意且均完成了物权变动中的交付即可善意取得。

其次,公示性的区别不足以支撑对"占有改定"区别对待。否定占有改定可以善意取得的学者认为,观念交付缺乏公示性,而以占有改定犹然。因此,为防止所有权人的所有权被“隐秘而鬼祟地善意取得”,否定占有改定得善意取得所有权。[①] 强调公示性的作用,无非有二:为保护不特定的第三人;为保护真正的权利人。对于“保护不特定的第三人”而言,在基于法律行为而取得标的物的所有权的情形下,占有改定足以移转标的物的所有权。而基于善意取得而取得标的物的所有权,其结果对于不特定第三人而言,并无不同。因此,无区别对待占有改定的理由。从真正权利人的角度来看,诚然,在占有改定的情形下,出让人仍然占有标的物,因而,真正的权利人无法有任何外观知晓其丧失标的物的所有权,也无从阻止。但缺乏公示性并非仅仅为占有改定的缺陷,所有的观念交付均缺乏“公示性”:对于简易交付中的占有外观而言,买受人一直占有标的物,出让人与买受人之间的物权合意亦不存在权利外观。在返还请求权让与中,标的物一直为第三人占有,而出让人与买受人达成返还请求权让与的协议,也不存在权利外观。对于简易交付与返还请求权让与,学者似乎又不提及此理论,而均认为简易交付和返还请求权让与可以适用善意取得。另外,即使不缺乏公示性,所有权人对于善意取得所能采取的阻止行为也极其有限:真正权利人对于占有移转的目的无法知悉,占有人可以谎称将标的物借与他人观赏等而将标的物交付;真正权利人也无法阻止现实交付,从客观而言,真正权利人不可能时时刻刻对标的物的占有状态进行了解,即使偶然发现占有媒介人移转标的物的占有,即使占有媒介人违背真正权利人的意思而继续为之,在现实交付的一瞬间,买受人即取得标的物的所有权,真正权利人丧失所有权。由此可见,“缺乏公示性”也无法作为区分对待之理由。

最后,将出让人与买受人的信赖进行比较毫无意义。更多的学者否定占有改定下的善意取得,是从出让人与买受人具有相同信赖的角度来分析的,他们认为当无权处分人一直占有标的物时,真正的权利人与买受人对于无权处分人的信赖相同,而不应厚此薄彼。[②] 原所有权人

---

① Vgl. Picker, Mittelbarer Besitzt, Nebenbesitzt und Eigentumsvermutungin ihrer Bedeutung für den Gutglaubenserwerb, AcP188 (1988), S. 511 – 571.

② Vgl. Picker, Mittelbarer Besitz, Nebenbesitz und Eigentumsermutung in ihrer Bedeutung für den Gutglaubenserwerb, AcP 188, S. 511.

之所以丧失标的物的所有权,其理由在错误地信赖了直接占有人。在占有改定中,买受人同样基于信赖将标的物的直接占有保留在出让人手中。[①] 但该论据亦经不起推敲。善意取得制度的理论基础并非通过比较真正权利人与买受人之间的信赖而决定是否赋予买受人以善意取得制度的保护。受让人基于合理信赖而为相应的交易行为,虽然该信赖的事实与客观现实不符,但因该信赖为合理,善意取得制度弥补了客观现实不符的缺陷,发生相应的物权变动效力。因此,在受让人经占有改定而善意取得所有权的情形下,有可能对其所有权产生影响的情形是,存在另一个第三人基于对出让人的直接占有信赖,而与出让人进行交易,成为又一善意的买受人,此时,该买受人可以依据善意取得而享有标的物的所有权。权利人对于出让人的信赖基础在于达成移转占有的合同并现实地移转占有之前,而非之后出让人的状态。例如,所有权人甲将标的物出租给承租人乙,达成出租合同并交付出租物之前,会对乙之人品、资历进行考察,而欲达成该出租合同,此后,所有权人甲不得随意以不信赖承租人乙而终止合同。对于出让人而言,并不以移转占有后对于出让人与善意受让人之间的物权移转方式而有所区别。可见,真正权利人与处分人的信赖基础不同,所发挥作用的情形也不相同,而不应粗略地将此进行比较。

---

① Vgl. MünchKomm/Öchsler,6. Aufl. ,München 2013, § 933,Rn. 1.

CHAPTER 07 >>

第七章 我国间接占有相关的其他规则构建

第一节　间接占有的占有推定适用

我国《民法典》中并未规定占有的推定功能。作为《民法典》物权编的前身即《物权法》中也没有占有推定的相关功能。但学术理论、最高人民法院的相关民法解释以及其他国家的立法例中,均对占有的推动功能予以肯定。事实上,我国《物权法》起草的第一次至第五次审议稿中,均有关于占有权利推定效力的规定,并且曾引起学者的相关讨论[①],但因涉及国有资产保护等问题,在第六次审议稿中被删除。虽然我国的《民法典》中没有关于占有推定规则的规定,但占有推定在我国的司法适用中对于所有权的认定的证明而言,却有重要意义。在中国裁判文书网上,以"占有推定"为关键词进行检索,可以搜索到196篇相关的法律文书。判例中虽然未直接援引法条,但基本认可占

① 参见王利明:《物权立法研究——试述占有的权利推定规则》,载《浙江社会科学》2005年第6期;程啸、尹飞:《物权法草案中占有权利推定规则的两个问题》,载《人民法院报》2006年第4期。

有推定原则为物权法的基本原则。[①] 在申请人华夏银行某分行与被申请人某船舶公司、某船务公司诉前海事请求保全案[②]中,法院论证到,"虽然《物权法》中没有明确规定占有推定所有权制度,但是《物权法》中有规定善意取得制度,这也是默认了占有推定所有权"。可见,虽然我国未明确规定占有的所有权推定,但该制度在已经在司法适用中起到了重要作用。

一、占有推定的原理

早期,多数学者认为,之所以能适用占有推定,其原因在于根据生活经验,所有权与占有一般情况下是为统一。一般的占有人即所有权人,因此,占有之推定得以适用。但这一"占有与所有通常情况下是为统一"基础,随着社会的发展,已渐渐不再存在。现代社会,为了物尽其用,并伴随租赁、保管、用益物权、融资租赁等法律制度的保障,所有权与占有分离已经并不罕见。随着这一现象的增多,人们的交易习惯也在发生改变。在很多情形下,依据交易习惯,占有与所有权已经并非必然联系。例如,对于专业的仓储公司储存的货物,根据客观第三人观念,不会认为仓储公司为该货物的所有权人等。从标的物使用人的角度来看,想要取得标的物的使用权已经并不必然需要取得标的物的所有权。其可以根据债权合同、设定他物权等方式取得使用之价值。换言之,占有的背后,并不必然为所有权,亦有可能是他物权、债权,单纯的占有无法表现出其权利背后的状态。因此,这一理由已经无法成为占有的权利推定的基础。

随着对于"占有即所有"理解的深入,将此推定从法律上的权利推定变为法律上的事实推定,其背后的理解基础也发生了改变。当某人占有标的物时,推定现占有人取得占有的同时取得了标的物的

---

① 参见天津市高级人民法院民事判决书(2020)津民终 407 号;甘肃省高级人民法院民事判决书(2020)甘民申 672 号;河北省高级人民法院民事判决书(2020)冀民终 354 号;安徽省高级人民法院民事裁定书(2019)皖民申 874 号;黑龙江省高级人民法院民事裁定书(2015)黑高民申二字第 91 号;河南省安阳市中级人民法院民事判决书(2020)豫 05 民终 2810 号;上海市第一中级人民法院民事判决书(2016)沪 01 民终 2467 号等。

② See https://www.jufaanli.com/detail/54XuPBvt/?q=%E5%8D%A0%E6%9C%89%E6%8E%A8%E5%AE%9A&src=search&k=&last_search_uuid=30fe8dbb048eee9bff6bb35daa588a2f&level_id=1&search_uuid=.

所有权。[①] 而该种解释背后的法律逻辑是动态的权利移转来源的推定。[②] 通常情况下,现占有人自前手处取得标的物的自主占有是基于移转标的物所有权的法律行为。当前手具有标的物的处分权时,则现占有人根据法律行为的物权变动规则取得标的物的所有权;当前手不具有标的物的处分权时,则现占有人为善意时,可以根据善意取得制度来取得标的物的所有权。虽然,现占有人有可能为恶意,但按照"法律不推定恶意"的规则,一般认为无相反证据时,现占有人为善意。因此,按照市场最普遍之情形,现占有人在取得自主占有的同时,也就取得了所有权。由此可见,占有推定最重要的理论基础,并非占有该事实具有公示性,而是所有权移转伴随占有移转而发生,自主占有移转推定取得占有人取得所有权,从而现实的占有人被推定已取得所有权。

按此种理解,也能够解释为何占有的推定无法适用于脱离物和他主占有。在脱离物的情形下,当前占有人能够证明所有权非基于主观原因而丧失标的物的占有,则占有人从"自主占有到取得所有权"这一法律上的事实推定被推翻。前占有人非自愿丧失标的物占有,当前占有人为有权处分人时,因不具备相应的物权合意,不能根据一般的所有权移转规则发生所有权移转;若前占有人为无权处分人时,脱离物不得被善意取得,亦不能发生所有权变动,因此,脱离物不得被所有权推定。对于他主占有而言,现占有人无法根据依法律行为而发生的物权变动获得标的物的所有权,亦不得依据善意取得获得标的物的所有权。因此,他主占有也当然的排除了占有推定。值得一提的是,占有人是否为自主占有,完全取决于占有人主观,在发生所有权争议时,现占有人多数会主张自己为自主占有人,此时仍然可以适用占有推定。但若有证据证明现占有人是基于租赁合同等自前手处取得的占有,则取得占有的同时取得所有权的推定被推翻。占有人仍然需要有其他证据证明自己为所有权人。这也是为何学者们认为对于简易交付的情形,买受人

---

① Vgl. Jürgen F. Baur/ Rolf Stürner, Sachenrecht, 18. Aufl., München 2009, § 10 Ⅱ 2; Westermann. Sachenrecht, Band Ⅰ Grundlagen und Recht der beweglichen Sachen, 6. Aufl. § 12 Ⅷ 1a.

② 参见孙维飞:《〈物权法〉实施中的热点、难点问题研究》,载《华东政法大学学报》2011年第4期。

不得直接适用占有推定。

简言之，占有所有权推定功能是以占有的善意取得和所有权变动功能为基础的。将此推之间接占有，若间接占有得以具有占有的推定功能，只要论证间接占有具有善意取得功能和物权变动功能即可。

二、占有推定的内容

占有推定制度设计目的在于减轻当事人的举证责任。动产的所有权人若要主张关于所有权的相关权利，需要证明自己具有所有权。但对于动产之所有权证明往往存在很大的困难。一方面，所有权人需要证明自己是从有权处分人处取得标的物，且自己的前手、再前手等均为有权处分人；另一方面，还需要证明自己在取得所有权之后，未因其他事由丧失所有权。如此会导致证明责任繁重，陷入证明枷锁之中。因此，占有推定功能将占有人从此繁重的证明责任中解脱出来。占有推定制度虽然在我国的成文法中无法找到直接的实体法依据，却在理论上已为通说，甚至在司法实务中，法官也会运用这一规则。①

所谓的推定，包括事实上的推定与法律上的推定。事实上的推定是法官的自由心证的范围，是一种经验法则，即法官根据经验从当事人所举证的事实来确认其所争议的主张的真实性。当事人要推翻该推定，只需要让法官对此产生合理的怀疑即可。而法律上的推定则涉及的是民事诉讼中证明责任的问题，主要在于降低当事人的证明责任。法律上的推定又可以分为法律上的事实推定和法律上的权利推定。法律上的事实推定在于通过证明相对较容易被证明的事实（前提事实）来替代证明难度较高的法律构成要件；而法律上的权利推定则是通过证明相对较容易被证明的事实（前提事实）来替代证明难度较高的权利存在或不存在之状态，即，从某一基础事实，推导出某一权利存在或不存在之状态。② 早期的一些学者认为，占有之推定，为法律上的权利推

---

① 广东省东莞市中级人民法院民事判决书（2012）东中法民二终字第1081号；东莞市第二人民法院民事裁定书（2011）东二法执外异字第89号；广东省东莞市第二人民法院民事裁定书（2012）东二法民四财保异字第2号。

② Vgl. Rosenberg, Beweislast, 5. Aufl., München 1965, S. 227; Dieter Leipold, Beweislastgereln und gesetzlicheVermutungen, Berlin 1966, S. 94; Hans Joachim Musielak, Die Grundlage der Beweislast im Zivilprozess, Berlin, New York, 1975, S. 77 ff.

定，[①]即根据占有这一事实，可以推导出所有权的存在。若他人要推翻这一占有推定的效力，要么推翻推定之前提，即不存在占有；要么必须有证据证明被推定权利相反之事实，即需要推翻占有人具有所有权，[②]这也意味着对于非占有人而言，需要证明占有人不具有所有权，必须排除任何时候占有人以任何方式取得所有权的可能性。例如，非占有人甲要推翻占有人乙的所有权推定，则需要证明乙在任何时候都未经过买卖、互易、善意取得等任何方式取得所有权，此亦不可能完成之证明责任。因此，将占有理解为权利推定，又将该过重之举证责任分配给了相对人，对相对人而言，使原本同等的防御进攻机会再次显著失衡。

因此，学者认为"占有即所有"的推定，非法律上权利推定，而是法律上的事实推定。即通过占有人占有之事实，推定占有人在取得占有的同时取得了所有权。此后，根据经验法则，除非相对人证明该权利消灭，该权利取得的效果可以延续到占有取得之后的状态。[③] 按此理解，所有权推定效力如图 3 所示：

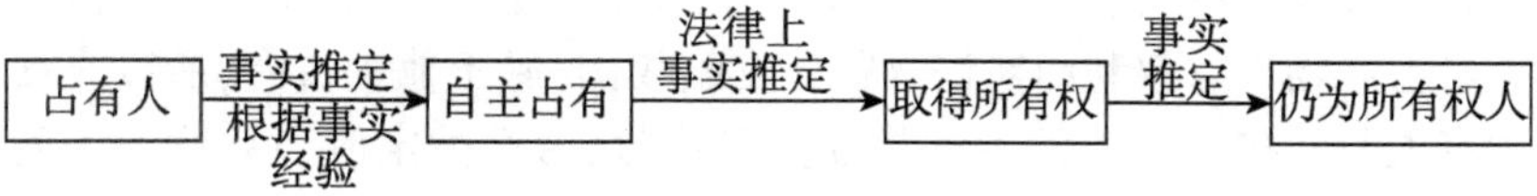

图 3　所有权推定效力

据此，相对人要推翻占有人的所有权推定，首先，可以根据事实上的推定，否定占有人的自主占有，例如，对于仓库保管员仓库内所保管的货物而言，根据生活经验，可以否定占有人之自主占有。其次，可以推翻在自主占有的同时取得所有权的法律事实推定，例如，可以证明前占有人根据保管、借用合同而交付标的物，移转占有的同时并不移转所有权，从而推翻该法律上的事实推定。最后，还可以通过推翻所有权状态延续之推定，来否定占有人的所有权，即证明占有人在取得所有权后

---

① 参见朱广新：《论物权法上的权利推定》，载《法律科学》2009 年第 3 期。

② 参见庄加园、李昊：《论动产占有的权利推定效力——以〈德国民法典〉第 1006 条为借鉴》，载《清华法学》2011 年第 5 期。

③ Vgl. Dieter Medicus, Ist Schweigen Gold? —Zur Widerlegung der Rechtsvermutung aus §§ 891, 1006 BGB, in: Festschrift für Fritz Baur, Tübingen 1981, S. 66.

丧失了所有权即可。基于此，占有之推定需要做限缩解释：一方面，脱离物不能适用所有权推定，即当前占有人非因主观原因而丧失标的物的占有时，现占有人不能据此而适用占有的权利推定效力；另一方面，他主占有亦不得适用所有权推定，即当占有人已经自称为承租人、保管人，则不得再推定其为所有权人。

三、间接占有人的占有推定适用

由于我国并无关于占有推定的规定，因此，间接占有是否可以适用所有权推定，司法实践中更加存在疑问。在某纸业公司与孔某志、一审第三人王某涛案外人执行异议纠纷案①中，法院认为"按照某纸业公司关于其出资购买并（间接）占有诉争纸机的主张，则租赁双方均为占有人，动产物权占有推定规则以及动产物权变动交付生效和公示规则，均不适用于本案，故某纸业公司关于应依其占有状态认定其为诉争纸机所有权人的申请事由，无事实和法律依据。"但在某燃料公司与谢某明、周某波民间借贷纠纷二审的判决②中，法院却指出"根据有关法律精神，当存在直接占有人和间接占有人时，由于直接占有人是基于间接占有人对占有物享有权利而对该物行使支配权的，属于他主占有，所以直接占有人与间接占有人就占有物发生争议时，占有推定应当只适用于间接占有人。"对此，可以从占有推定的原理等出发，回答间接占有人是否可以适用占有推定。

根据前述占有推定的原理可知，占有推定的基础并非其客观公示性，而是因为通常情况下自主占有人被推定为善意的、自主占有人。而善意的、自主占有人取得标的物的占有或基于有权处分人的所有权移转或基于无权处分的移转。间接占有人的占有推定的基础较直接占有并无区别。当出卖人具有处分权时，取得自主占有之买受人可以根据交易规则取得标的物的所有权；当出卖人不具有处分权时，取得自主占有之买受人可以根据善意取得取得标的物的所有权。因而，第三人根据占有人自主占有之外观可以推定其具有所有权。

另外，间接占有人得适用占有推定能更好地物尽其用。为了尽可能地发挥物之效用，所有权人将标的物的使用的权能交由他人，从而获

---

① 黑龙江省高级人民法院民事裁定书（2015）黑高民申二字第91号。

② 广东省佛山市中级人民法院民事判决书（2016）粤06民终4925号。

得对应的收益。而此种适用符合所有权人的利益也能够使社会整体利益最大化,因此法律应对此提供保障。除了债权方面的保护外,所有权人享有对于不特定的第三人的所有权保护。但此保护以能证明自己有所有权为前提。因此,所有权人出租标的物或将标的物交由他人保管时,所有权人欲证明其为所有权人的证明责任上不应有巨大差别。在自主直接占有时,占有人通过直接占有的事实可以推定所有权;在自主间接占有时,法律应予同样的对待,即间接占有人通过间接占有的事实可以推定所有权。试想,甲将自己占有的电脑借由乙使用,若被丙损害,甲欲向丙主张所有物返还请求权,需证明自己为标的物的所有权人,若自主的间接占有不能适用占有之推定,则甲会陷入所谓的"所有权证明之恶魔"中,使甲无法得到充分的保护,不符合法律保障"物尽其用"的立法宗旨。从此法律目的出发亦应赋予间接占有人以所有权推定的效力。

从比较法的角度来看,对于间接占有人得适用占有推定,在德国学理上也并不存在过多的争议。《德国民法典》第 1006 条第 3 款明确规定,间接占有关系中,同时存在直接占有人和间接占有人,为双重占有。而所有权推定效力必然只能适用于两个占有人中一人,而不得兼得适用,此时占有推定适用于间接占有人。当存在多层级的间接占有人时,仅最高级别的间接占有人得适用所有权推定,因为仅最高级别的间接占有人为自主占有,而其他占有人均为他主占有。

第二节　间接占有的时效取得

占有的维持功能最主要体现在时效取得上。根据《德国民法典》第 900 条规定的"登记的时效取得"(Buchersitzung),对于不动产,若占有人 30 年自主占有且他人无异议,则可以时效取得;根据《德国民法典》第 937 条至第 945 条规定的"时效的取得"(Fahrnisersitzung),对于动产,若占有人 10 年自主占有,并且为善意时,即可善意取得。但我国立法对于时效取得的规定确实一波三折。《大清民律草案》率先在我国近现代民事立法上确认了时效取得制度,其具体表现为第 300 条规定:自主地、无瑕疵地占有他人的不动产、动产30年,便可取得标的物的所有权;自主地、无瑕疵地、善意占有他人的不动产,并以自己的名义为登记,20年后取得其所有权。[①] 但《大清民律草案》尚未实施,便随着清王朝的崩塌而终止。1931年中华民国颁布《中华民国民法典》,与《大清民律草案》相比,降低了对于动产的取得时效的期限,只要求5年即可。1986年颁布的《民法通则》(已废止)中,受苏联民法的影响,并未就取得时效作相应规定。在《物权法》(已废止)颁布之前,学者就是否将时效取得规定在《物权法》中进行了激烈的争论,但最终《物权法》(已废止)中的时效取得踪迹全无,《民法典》中也未做相关规定。对此,本节就时效取得是否应作出规定,以及如果规定,间接占有能否适用时效取得等问题进行讨论。

一、取得时效制度的立法分析

时效取得的基础源于自然法的思想:自然法禁止任何财物属于任何不知道如何利用它、使用它的人。[②] 时效取得制度之所以能剥夺所有权人的所有权,则必然存在有比个人财产权更高的利益。该制度始于罗马法,在《十二铜表法》中已经有所规定。罗马法时期提出时效取得的是为了调节所有人与需要人之间的矛盾,平衡有余与不足,鼓励使用他人废置之物,以使物尽其用。以物尽其用为目的的时效取得制度为各国民法典所继承和发展,至今已经形成了较为完整的理论。因此,在时效取得的构造中,原所有权人丧失所有权需要满足一定长的时间内未进行使用控制,其未对标的物进行任何的使用控制本身也表明了标的物的所有权对于所有权人无关紧要,最终丧失对于所有权人而言并无大碍;取得人若欲取得所有权则需要其在标的物上进行了长期的利用,经过时间的积累,取得人在标的物上产生了诸多利益,甚至有可能在标的物上建立了较多复杂的权利义务关系。随着时间的流逝,权利义务关系发生了重大的变化,占有人对于标的物的利益可能大于所有权人的利益,否定占有人的所有权,可能使其利益受到根本性影响,甚至有可能波及其他的不特定的与物发生权利义务关系之人,影响到经济秩序。

---

① 参见张喻忻:《占有的变迁史考——从〈大清民律草案〉到〈物权法〉》,载《海南大学学报(人文社会科学版)》2016年第1期。

② 参见周枏:《罗马法原理》,商务印书馆1984年版,第311页。

所有权人对于标的物的使用控制不限于自己直接的使用。所有权人将标的物出租时，虽然其未直接占有标的物，标的物由承租人使用亦为原所有权人利用标的物的体现。因此，所有权人无论将标的出租给他人使用多久，均不会因此而丧失标的物的所有权。相应的，占有人占有使用标的物的方式亦包括间接占有。当占有人将标的物出租给他人时，虽然其丧失了直接占有，但并不妨碍其满足占有取得中的时间上的连续性的要求。由于时效取得的理论相对完善，鲜有学者认为时效取得是基于占有的公示性理论。从原所有权人方面来看，原所有权人丧失标的物的所有权需满足其较长时间内不占有使用标的物的条件，从取得人的角度来看，取得人应在较长时间内持续地占有使用标的物。由此可见，原所有权人丧失对标的物的控制与取得人保有对标的物的控制对于时效取得至关重要。

《民法典》并未对时效取得进行规定，其理由笔者结合学者观点总结如下：第一，基于时效取得与我国的“拾金不昧”“物归原主”等传统美德不符，而未作规定。第二，取得时效应当与诉讼时效接轨，故物权法上无须规定。[①] 针对第一点理由，即所谓的与“拾金不昧”“物归原主”等传统理念不符的论据，学者纷纷提出批判，认为时效取得并非道德上正当与否的问题，而是不同价值目标之间的平衡问题，[②]是现代民法物尽其用的价值要求的体现，并且与先占、善意取得等制度相互协调，而成为完善的所有权取得体系。[③] 而对于取得时效制度在市场经济下的必要性，司法实务和学者已经达成共识。[④] 认为取得时效制度可以安定社会秩序，稳固业已形成的社会关系，促使权利人积极行使权利，使物尽其用。[⑤] 以传统美德这一抽象的观念上的原因来否定取得时效制度的意义，已经不再具有说服性。

对于第二点理由，即有诉讼时效则无规定取得时效制度的必要性，仍需仔细审视。取得时效在功能上与诉讼时效存在一定程度的重合。

---

① 参见尹田：《论物权法规定取得时效的必要性》，载《法学》2005 年第 8 期。

② 参见甘功仁、白彦、丁亮华：《取得时效制度的适用性研究》，载《现代法学》2002 年第 4 期。

③ 参见易继明：《取得时效在民法中的功能》，载《河北法学》1997 年第 5 期。

④ 参见梁慧星：《制定中国物权法的若干问题》，载《法学研究》2000 年第 4 期。

⑤ 参见温世扬、廖焕国：《取得时效立法研究》，载《法学研究》2002 年第 2 期。

若无权利人占有他人之财产,从诉讼时效的角度来看,若权利人在一定期间内不行使其权利,则丧失其权利或权利保护;从取得时效的角度来看,若无权利人在一定时间内持续持有标的物,则可以取得标的物的所有权或其他权利,原权利人不得向其追索。初略观之,时效取得与诉讼时效殊途同归,但仔细比较,可发现两者实则有天壤之别。从债权层面来看,当原权利人超过诉讼时效未行使权利,则丧失胜诉权,无法通过法律途径来保护自身的权利,但法律并不否认此种情形下的债权关系,成立自然之债,若占有人自觉履行债务,不构成不当得利。从物权层面来看,原权利人之权利并未发生变化,其仍然可以主张原物返还请求权。但时效取得不同。占有人经过一定时间的占有,取得标的物的所有权。原权利人不得再主张所有物原物返还请求权。若仅有诉讼时效而无取得时效之规定,则超过一定期限,虽然债务沦为自然债,原权利人仍然可以通过主张原物返还请求权来要求返还标的物,而诉讼时效的制度目的落空。若认为原物返还请求权也受时效取得的限制,虽然可以将此矛盾解释,却有面临新的无法解释之障碍:原权利人仍然为所有权人,但丧失了对现占有人要求返还之权利。所有权人沦为无法恢复占有、无法控制标的物,而徒有法律上所有权人之名之人。此结论令人匪夷所思。[①] 由此可见,时效取得与诉讼时效之规定并非替代关系,而是相互配合,共同发挥作用。

由此可见,在立法中排除时效取得并无充足之依据。在王利明老师与梁慧星老师的民法典草案建议稿中均已添加了时效取得制度。[②] 可见,将时效取得制度入法实有必要。但遗憾的是,《民法典》并未增加相关规定,这一遗憾希望能在以后的立法中得以弥补。

二、间接占有与时效取得

在中国物权法立法时,学者们就“是否应规定间接占有”进行过讨论。而时效取得的适用也是主张应规定间接占有的重要理由。学者认为,在规定了时效取得的前提下,若不承认间接占有,则出租人对于出

① 参见杨佳红:《我国物权立法应确立时效取得制度》,载《西南民族大学学报(人文社会科学版)》2006 年第 5 期。

② 参见梁慧星:《中国民法典草案建议稿》,法律出版社 2004 年版;《中国民法典草案建议稿及说明》,中国法制出版社 2004 年版。

租物的时效取得将会中断,从而会给出租人带来不利。出租人正是基于善意的自主占有的意图,对标的物进行占有、使用、收益、处分,而时效取得是为了对于此长期稳定状态给予法律上的认可。若仅仅因出租人将标的物借用给他人等,就会使取得时效中断,则时效取得制度能适用余地会非常有限。因此,承认间接占有,则认为在此期间,出租人并未丧失占有,仍得继续该时效,为其时效取得的继续提供了理论基础。[①]若不认可间接占有,则时效取得仅发生于占有人从始至终对于动产直接占有,从不发生租赁、借贷、保管等任何将标的物的占有交付他人的情形。而此种情形实为罕见,不符合现代社会法律促进物尽其用之宗旨,也导致时效取得的适用范围十分狭隘。因此,认可间接占有对此有重大意义。

但也有学者对此提出不同意见,认为此问题可以通过占有合并来予以解决。[②] 所谓占有的合并,是指占有继受人(包括占有继承人与占有受让人)得将自己的占有,与其前占有人的占有合并,而主张有关占有上的效力,主要是基于占有的取得时效的效力。[③] 虽然出租人将标的物的占有交给了直接占有人,但其仍然可以主张自己的占有与直接占有人的占有合并,从而得继续取得时效。

但对于出租人适用占有合并存在诸多疑问。此处的情形并不符合占有合并的要件。首先,占有合并一般要求仅限于继受取得,即继承人或者受让人,原始取得不适用;其次,前后的占有均要为持续状态,且须性质相同或者相容;最后,后占有人要承受前占有的瑕疵。[④] 但在此,出租人将标的物的占有交付给承租人,是承租人继受了出租人的占有,而非出租人继受承租人的占有。同时,在此两者的性质亦不相同。当出

① 持此观点的有:张双根:《间接占有的功能》,载《华东政法大学学报》2006 年第 2 期;温世扬:《论间接占有制度之存废》,载《北京政法干部管理学院学报》2001 年第 3 期;刘来平:《论间接占有制度之存废》,载《江西社会科学》2002 年第 1 期;李黎键:《物权法应确认间接占有制度》,载《法制与社会》2007 年第 3 期。

② 持此观点的有:梁慧星:《中国物权法草案建议稿:条文、说明、理由与参考立法例》,社会科学文献出版社 2000 年版;蔡琳:《我国物权立法的间接占有制度探讨》,载《广东青年干部学院学报》2005 年第 2 期。

③ 参见王泽鉴:《民法物权》,北京大学出版社 2009 年版,第 446 页。

④ 参见刘来平:《论间接占有制度之存废》,载《江西社会科学》2002 年第 1 期。

租人将标的物交付给承租人后，已经丧失了占有，而承租人取得占有，两者的占有状态为“一有一无”，已经无法讨论占有是否性质相同。对此，有学者提出，此时虽然与占有合并的要件不符，但可以准用该制度。[①] 但准用亦须符合该制度之制度目的。占有合并是为了便利受让人而设计，其目的在于使得直接占有人更容易取得占有动产的所有权。[②] 而此种情形下正好相反，此时出租人已非直接占有人。因此，并不符合该制度便利直接占有人的目的。可见，此种情形下，既不符合占有合并的要件，也不满足占有合并的立法目的。因此，通过占有合并并不能完满地解决上述问题。

由此可见，时效取得有其重要的意义，而认可间接占有是使得时效取得在社会中真正发挥作用的前提。

① 参见蔡琳：《我国物权立法的间接占有制度探讨》，载《广东青年干部学院学报》2005 年第 2 期。

② 参见刘来平：《论间接占有制度之存废》，载《江西社会科学》2002 年第 1 期。

参考文献

一、著作(含译著)

1. 孙宪忠、朱广新:《民法典评注:物权编》,中国法制出版社 2020 年版。

2. 黄薇主编:《中华人民共和国民法典物权编释义》,法律出版社 2020 年版。

3. 崔建远:《物权法》(第 5 版),中国人民大学出版社 2021 年版。

4. 梁慧星、陈华彬:《物权法》(第 7 版),法律出版社 2020 年版。

5. 陈华彬:《物权法要义》,中国政法大学出版社 2018 年版。

6. 尹田:《物权法》,北京大学出版社 2017 年版。

7. 申卫星:《物权法原理》(第 2 版),中国人民大学出版社 2016 年版。

8. 谢在全:《民法物权论》(修订 5 版)(上、中、下),中国政法大学出版社 2011 年版。

9. 高富平:《物权法讲义》,法律出版社 2011 年版。

10. 王泽鉴:《民法物权》(第 2 版),北京大学出版社 2010 年版。

11. 尹田:《法国物权法》(第 2 版),法律出版社 2009 年版。

12. 孟勤国:《物权二元结构论》,人民法院出版社

2009 年版。

13. [日]我妻荣:《新订物权法》,罗丽译,中国法制出版社 2008 年版。

14. [日]近江幸治:《民法物权Ⅱ物权法》,王茵译,北京大学出版社 2006 年版。

15. 孙鹏:《物权公示论——以物权变动为中心》,法律出版社 2004 年版。

16. 刘家安:《买卖的法律结构——以所有权转移问题为中心》,中国政法大学出版社 2003 年版。

17. 孙宪忠:《中国物权法总论》,法律出版社 2003 年版。

18. [德]曼弗雷德·沃尔夫:《物权法》,吴越、李大雪译,法律出版社 2002 年版。

19. 傅穹、彭诚信:《物权法专题初论》,吉林大学出版社 2001 年版。

20. 史尚宽:《物权法论》,中国政法大学出版社 2000 年版。

21. 孙宪忠:《当代德国物权法》,法律出版社 1997 年版。

22. 章正璋:《占有保护疑难问题研究》,中国政法大学出版社 2019 年版。

23. 覃远春:《论占有及其民法保护:兼谈占有诉讼对我国民事诉讼模式完善的影响》,中国社会科学出版社 2014 年版。

24. [意]鲁道夫·萨科:《占有论》,贾婉婷译,中国政法大学出版社 2014 年版。

25. 隋彭生:《民法典"占有与本权章"建议稿:条文说明、案例模型和理论阐释》,北京大学出版社 2017 年版。

26. 周梅:《间接占有中的返还请求权》,法律出版社 2007 年版。

27. 刘智慧:《占有制度原理》,中国人民大学出版社 2007 年版。

28. [德]鲍尔、[德]施蒂尔纳:《德国物权法》(上册),张双根译,法律出版社 2004 年版。

29. [德]鲍尔、[德]施蒂尔纳:《德国物权法》(下册),申卫星、王洪亮译,出版社 2006 年版。

二、论文类

1. 张翔:《论动产占有返还请求权的构造及其要件的扩张解释》,载

《法律科学(西北政法大学学报)》2021 年第 5 期。

2. 冉克平:《论〈民法典〉视阈中的占有保护》,载《烟台大学学报(哲学社会科学版)》2020 年第 5 期。

3. 席志国:《论德国民法上的所有人占有人关系——兼评我国〈民法典〉第 459—461 条之规定》,载《比较法研究》2020 年第 3 期。

4. 房绍坤:《民法典物权编之检视》,载《东方法学》2020 年第 4 期。

5. 庄加园:《物权请求权独立让与之质疑》,载《师大法学》2019 年第 2 期。

6. 刘家安:《论动产所有权移转中的交付——若干重要概念及观念的澄清与重构》,载《法学》2019 年第 1 期。

7. 靳文静:《我国〈民法典·物权编〉制定中如何对占有改定制度进行完善——从大陆法系立法例进行分析》,载《暨南学报(哲学社会科学版)》2018 年第 7 期。

8. 陈华彬:《我国民法典物权编立法研究》,载《政法论坛》2017 年第 5 期。

9. 张静:《论作为抽象公示手段的占有》,载《西部法学评论》2017 年第 5 期。

10. 滕佳一:《返还原物请求权体系解释论》,载《比较法研究》2017 年第 6 期。

11. 章正璋:《占有保护理论与实践问题之反思》,载《学术界》2016 年第 5 期。

12. 章正璋:《论侵害占有的损害赔偿责任》,载《江苏社会科学》2015 年第 1 期。

13. 庄加园:《间接占有与动产物权变动——肯考帝亚公司诉富虹公司案二审判决评释》,载《交大法学》2014 年第 3 期。

14. 庄加园:《动产所有权变动中的"交付"》,载《环球法律评论》2014 年第 3 期。

15. 纪海龙:《解构动产公示,公信原则》,载《中外法学》2014 年第 3 期。

16. 章正璋:《我国民法上的占有保护——基于人民法院占有保护案例的实证分析》,载《法学研究》2014 年第 3 期。

17. 崔建远:《物权法视野下的返还请求权让与》,载《法律适用》2014 年第 10 期。

18. 崔建远:《再论返还请求权让与及其后果》,载《河南财经政法大学学报》2014 年第 2 期。

19. 庄加园:《基于返还请求权让与的动产所有权移转——兼评〈中华人民共和国物权法〉第 26 条》,载《法学研究》2014 年第 3 期。

20. 吴香香:《论侵害占有的损害赔偿》,载《中外法学》2013 年第 3 期。

21. 季境:《占有在现代财产制度中的地位申明——一种基于动态冲突的考察》,载《河北法学》2012 年第 6 期。

22. 庄加园、李昊:《论动产占有的权利推定效力——以〈德国民法典〉第 1006 条为借鉴》,载《清华法学》2011 年第 5 期。

23. 邱鹏:《通知不应作为返还请求权让与构成要件——对我国〈物权法〉第 26 条的思考》,载《福建法学》2015 年第 3 期。

24. 叶金强:《物权法第 106 条解释论之基础》,载《法学研究》2010 年第 6 期。

25. 崔建远:《再论动产物权变动的生效要件》,载《法学家》2010 年第 5 期。

26. 彭诚信:《占有的重新定义及其实践应用》,载《法律科学》2009 年第 2 期。

27. 周梅:《德国法上的占有中介关系之构成要件》,载《南京大学法律评论》2009 年第 2 期。

28. 汪志刚:《动产善意取得的法理基础》,载《法学研究》2009 年第 3 期。

29. 徐涤宇、胡东海:《证明责任视野下善意取得之善意要件的制度设计——〈物权法〉第 106 条之批评》,载《比较法研究》2009 年第 4 期。

30. 杨代雄:《拟制交付在物权变动中的公示效力——兼论我国〈物权法〉第 26 条的修订》,载《重庆工学院学报(社会科学版)》2008 年第 6 期。

31. 朱岩:《〈物权法〉中“交付”的体系解释及其相关疑难问题》,载《社会科学研究》2008 年第 3 期。

32. 李锡鹤:《物的概念和占有的概念》,载《华东政法大学学报》2008 年第 4 期。

33. 金可可:《论对物权、对人权与向物权概念的缘起——兼论注释法学派及后注释法学派对债权物权区分论的贡献》,载《社会科学家》2008 年第 9 期。

34. 张双根:《间接占有制度的功能》,载《华东政法学院学报》2006 年第 2 期。

35. 金可可:《论支配权的概念》,载《中国法学》2006 年第 2 期。

36. 张双根:《占有的基本问题——评〈物权法草案〉第二十章》,载《中外法学》2006 年第 1 期。

37. 杨佳红:《罗马法上占有保护的理论重构》,载《内蒙古社会科学》2006 年第 4 期。

38. 杜启顺、李宏伟:《占有的物权法保护略论——兼评〈物权法(草案)征求意见稿〉的有关规定》,载《云南大学学报(法学版)》2006 年第 2 期。

39. 程啸、尹飞:《论物权法中占有的权不明准定规则》,载《法律科学》2006 年第 6 期。

40. 刘家安:《含混不清的"占有"〈物权法〉草案"占有"概念之分析》,载《中外法学》2006 年第 2 期。

41. 叶金强:《取得占有与动产善意取得》,载《甘肃政法学院学报》2005 年第 2 期。

42. 孙鹏:《动产善意取得本质论——价值的、逻辑的、制度的考查》,载《西南民族大学学报(人文社会科学版)》2004 年第 4 期。

43. 常鹏翱:《物权法之形式主义传统的历史解读》,载《中外法学》2004 年第 1 期。

44. 喻文莉:《占有制度与物权立法》,载《云南大学学报(法学版)》2003 年第 1 期。

45. 温世扬、廖焕国:《取得时效立法研究》,载《法学研究》2002 年第 2 期。

46. 傅穹:《我国占有制度三论》,载《吉林大学社会科学学报》1998 年第 4 期。

47. 易继明:《取得时效在民法中的功能》,载《河北法学》1997 年第 5 期。

48. 尹田:《法国物权法上动产的即时取得制度》,载《现代法学》1997 年第 1 期。

49. 孟勤国:《占有概念的历史发展与中国占有制度》,载《中国社会科学》1993 年第 4 期。

三、外文论著类

1. Joost D.. Münchener Kommentar zum Bürgerlichen Gesetzbuch. VI, Sachenrecht, München, 2009.

2. Jauernig O.. Berger, Christian/Mansel, Heinz-Peter/Stadler, Astrid/Teichmann, Arndt (Bearb.): Bürgerliches Gesetzbuch: BGB-Kommentar, 16. Aufl., München, 2015.

3. Westermann H. P., Eickmann D., Gursky K. H.. Sachenrecht. CF Müller GmbH, 2011.

4. Wieling H. J.. Sachenrecht: Band 1: Sachen, Besitz und Rechte an beweglichen Sachen. Springer Science & Business Media, 2006.

5. Wilhelm J.. Sachenrecht. Walter de Gruyter, 2010.

6. Prütting H., Lent F., Schwab K. H.. Sachenrecht: ein Studienbuch. CH Beck, 2008.

7. Baur J. F., Stürner R.. Sachenrecht, 18 Auflage, München, 2009.

8. Wolf M.. Sachenrecht, 21. Auflage, München, 2005.

9. Schellhammer K.. Sachenrecht nach Anspruchsgrundlagen. CF Müller GmbH, 2013.

10. Salje P.. Funktion und Inhalt von Eigentum und Besitz. Springer Berlin Heidelberg, 1993, S. 79 – 93.

11. Schnatenberg P.. Der falsch verstandene "mittelbare Besitz". Shaker, 1995.

12. Weimann K. H.. Über das Wesen und den Schutz des mittelbaren Besitzes. Konrad Triltsch, S. 1934.

13. Ernst W.. Eigenbesitz und Mobiliarerwerb. Mohr Siebeck, 1992.

14. Quantz T.. Besitz und Publizität im Recht der beweglichen

Sachen. Duncker & Humblot,2005.

15. Handel O. E.. Der mittelbare Besitz und der gutgläubige Fahrniserwerb. Gatzer & Hahn,1934.

16. Sosnitza O.. Besitz und Besitzschutz. Sachherrschaft zwischen faktischem Verhältnis, schuldrechtlicher Befugnis und dinglichem Recht Referent: Karl-Heinz Gursky,2003,907.

17. Voigt U. M.. Die Funktion mittelbaren Besitzes beim Mobiliarerwerb: Untersuchung und Modifikation des mittelbaren Besitzes im Hinblick auf seine Bedeutung für den Mobiliarerwerb. Duncker & Humblot,2012.

18. Wieling H.. Voraussetzungen, Übertragung und Schutz des mittelbaren Besitzes. Archiv für die civilistische Praxis, 1984, 184 (H. 4/5): 439 –464.

19. Wendt O.. Der mittelbare Besitz des bürgerlichen Gesetzbuches. Archivfür die civilistische Praxis,1897: 40.

20. Picker E.. Mittelbarer Besitz,Nebenbesitz und Eigentumsvermutung in ihrer Bedeutung für den Gutglaubenserwerb: – Zur Korrektur und Harmonisierung der § § 933, 934 und 1006 BGB. Archiv für die civilistische Praxis,1988,188(H. 5): 511 –571.

21. Lohsse S.. Gutgläubiger Erwerb,mittelbarer Besitz und die Väter des BGB: Die Entstehung des Wertungswiderspruchs zwischen § 933 und § 934 BGB. Archiv für die civilistische Praxis,2006,206(H. 4): 527 –554.

22. Kindl J.. Gutgläubiger Mobiliarerwerb und Erlangung mittelbaren Besitzes. Archiv für die civilistische Praxis,2001,201(H. 3): 391 –410.

23. Giehl F.. Der gutgläubige Mobiliarerwerb-Dogmatik und Rechtswirklichkeit. Archiv für die civilistische Praxis, 1962, 161 (H. 4): 357 –379.

24. Michalski L.. Versuch einer Korrektur der Inkongruenz von § 933 und § 934 BGB. Archiv für die civilistische Praxis, 1981, 181 (H. 5): 384 –422.

25. Schreiber K.. Die Besitzformen. JURA - Juristische Ausbildung, 2012,34(7): 514 - 516.

26. HENKE H. E.. Der Vorbehaltskäufer—doppelter Besitzmittler?. JuristenZeitung,1959,14(7): 202 - 204.

27. Wadle E.. Die Übergabe auf Geheiß und der rechtsgeschäftliche Erwerb des Mobiliareigentums. JuristenZeitung,1974,29(22): 689 - 696.

28. Weyers H. L.. Über Die, Unmittelbarkeit " als Rechtsbegriff. JuristenZeitung,1991,46(21): 999 - 1003.

29. Martinek M.. Traditionsprinzip und Geheißerwerb. Archiv für die civilistische Praxis,1988,188(H. 6): 573 - 648.